Méthodes en mouvement

Logiques sociales
Collection dirigée par Bruno Péquignot

En réunissant des chercheurs, des praticiens et des essayistes, même si la dominante reste universitaire, la collection « Logiques Sociales » entend favoriser les liens entre la recherche non finalisée et l'action sociale.

En laissant toute liberté théorique aux auteurs, elle cherche à promouvoir les recherches qui partent d'un terrain, d'une enquête ou d'une expérience qui augmentent la connaissance empirique des phénomènes sociaux ou qui proposent une innovation méthodologique ou théorique, voire une réévaluation de méthodes ou de systèmes conceptuels classiques.

Dernières parutions

Stéphanie TRALONGO, *L'import/export scientifique. Ethnographie d'un projet international, pluridisciplinaire et financé*, 2024.
Sandy LAROSE et Francky SAINT-FLEUR, *L'invention du sujet moderne à travers la mode*, 2024.
Serge EBERSOLD, *Le temps de l'accessibilité*, 2024.
Lionel CLARIANA, *Violences conjugales et protection de l'enfant. Enjeux et tensions*, 2024.
Georges JOURDAM, *Regards croisés sur le monde du travail d'aujourd'hui. Les mutations en cours dans le champ professionnel*, 2023.
François-Xavier BAUDUIN, *Rael et les mirages d'internet, Prosélytisme et pratiques communautaires : quand le Réseau brouille les réseaux*, 2023.
Alexander MARIA LEROY, *Normes et valeurs dans les longs métrages d'animation Disney et Pixar, La nature, le féminin et le masculin dans le plus célèbre des répertoires*, 2023.
André PECHEUR, *Les structures génératives du subjectif dans la production du social. Généalogie des croyances postmodernes*, 2023.
Sous la direction de Raúl MORALES, *Handicap, histoires confinées*, 2023.
Claude GIRAUD, *Dynamiques des logiques de contrainte. Interdire, contrôler, juger, sanctionner*, 2023.

Sous la direction de
Marie-Hélène Delavaud-Roux, Florence Poudru
et Aude Thuries

Méthodes en mouvement

Pour une histoire décentrée de la danse,
volume 1

Des mêmes autrices

Marie-Hélène Delavaud-Roux
Les Danses armées en Grèce antique, Aix-en-Provence, PUP, 1993
Les Danses pacifiques en Grèce antique, Aix-en Provence, PUP, 1994
Musiques et danses dans l'Antiquité (dir.), Rennes, PUR, 2011
Anthropologie, mythologies et histoire de la chevelure et de la pilosité. Le sens du poil, Paris, L'Harmattan, 2011 (avec B. Lançon)
Corps et voix dans les danses du théâtre antique (dir.), Rennes, PUR, 2011

Florence Poudru
Serge Lifar, la danse pour patrie, Paris, Hermann, 2007
Violette Verdy, Pantin, Centre national de la danse, 2008 (avec D. Delouche)
Un siècle de danse à Lyon, Lyon, S. Bachès, 2008
Dans le sillage des Ballets russes 1929-1959, Pantin, Centre national de la danse, 2010

Aude Thuries
L'Apparition de la danse, Paris, L'Harmattan, 2016

© L'Harmattan, 2024
5-7, rue de l'Ecole-Polytechnique, 75005 Paris
http://www.editions-harmattan.fr
ISBN : 978-2-336-44774-2
EAN : 9782336447742

Les directrices de l'ouvrage

Marie-Hélène Delavaud-Roux, Université de Bretagne occidentale

Florence Poudru, Conservatoire national supérieur de musique et de danse de Lyon

Aude Thuries, docteure de l'Université Lille 3

Ce volume 1 de *Pour une histoire décentrée de la danse* est le pendant de *Chorégraphier l'égalité culturelle*, tome dirigé par Laura Cappelle (Université Sorbonne Nouvelle), Elizabeth Claire (CNRS/EHESS) et Mariem Guellouz (Université Paris Cité) après un travail de concert, à six, sur le processus scientifique.

Les autrices et auteurs

Chloé d'Arcy, doctorante à l'EPHE-PSL

Michel Briand, professeur émérite à l'Université de Poitiers

Collectif Entre-Lignes, étudiantes et étudiants au CNSMD Paris (Johanna Classe, Cindy Clech, Laurianne Faure, Gustavo Long, Helena Van Riemsdijk, Angela Vanoni)

Jacyan Castilho, Federal University of Rio de Janeiro, Brésil

Ann Dils, University of North Carolina, États-Unis

Elie Goldschmidt, professeur de philosophie et anthropologue

Guilherme Hinz, doctorant à l'Université Paris 8

Maëva Lamolière, docteure de l'Université de Paris 8

Madison Mainwaring, University of Notre Dame in South Bend, Indiana, États-Unis

Tatiana Nikitina, docteure de l'Université de Bordeaux Montaigne

Mélanie Papin, maîtresse de conférences à l'Université de Bretagne occidentale

Madeleine Planeix-Crocker, doctorante à l'EHESS

Remerciements

Nous remercions vivement celles et ceux qui ont soutenu ce colloque et contribué à sa mise en œuvre jusqu'à l'édition de ces deux volumes, à commencer par Laurent Barré, responsable du service Recherche et Répertoires chorégraphiques au Centre national de la danse, à Pantin ; Mathieu Ferey, directeur du CNSMD de Lyon qui a accueilli avec enthousiasme ce projet ; Kylie Walters, directrice du département des études chorégraphiques (2021) ; Alain Poirier, directeur de la recherche (2021) ; Anne de Fornel, directrice de la recherche ; Dominique Hervieu, directrice de la Biennale de la danse de Lyon jusqu'en 2022 ; Elisabeth Tugaut, directrice du service des publics et relations avec les professionnels de la Biennale de Lyon ; Jean-Paul Brunet et Laura Lamboglia, du service de presse de la Biennale de la danse ; ainsi que l'ensemble des personnels ayant contribué au succès des journées partagées entre le CNSMD de Lyon et les Usines Fagor dans le cadre de la Biennale, avec le précieux soutien du Centre national de la danse, dirigé par Catherine Tsekenis.

L'événement à l'origine de cette publication n'aurait pu avoir lieu sans le soutien des laboratoires partenaires suivants : le Centre de Recherches Historiques (CRH, UMR 8558), qui a également permis à ces deux volumes de voir le jour dans de bonnes conditions, le Centre de recherche sur les liens sociaux (CERLIS, UMR 8070), Lettres, langages et arts (UT2J, LLA CREATIS, Toulouse), Héritage et création dans le texte et l'image (HCTI UR4249, Université de Bretagne occidentale) et le LabEx ICCA (Industries culturelles et création artistique).

Notre reconnaissance va également à l'ensemble des membres du comité scientifique : Adrien Belgrano, EHESS ; Pauline Boivineau, Université d'Angers ; Adeline Chevrier-Bosseau, Sorbonne Université ; Federica Fratagnoli, Université Côte d'Azur ; Yosef

Garfinkel, Hebrew University of Jerusalem ; Patrick Germain-Thomas, sociologue de la danse ; Marie Glon, Université de Lille ; Michael Houseman, École pratique des hautes études ; Sylvie Jacq-Mioche, historienne de la danse ; Sergey Konaev, historien de la danse ; Hélène Marquié, Université Paris 8 Vincennes – Saint-Denis ; Geraldine Morris, University of Roehampton, Londres ; Gerald Siegmund, Justus-Liebig Universität, Giessen.

Marie-Hélène Garelli, professeure en langue et littérature latines à l'Université de Toulouse 2, Felicia McCarren, professeure d'études françaises à Tulane University (États-Unis), et Laurent Barré ont tous trois pris une part active et essentielle au comité d'organisation du colloque, avec la contribution également de Christine Détrez à l'ENS de Lyon.

Nous remercions enfin chaleureusement les relectrices et relecteurs que nous avons sollicités dans le cadre de la publication de ces actes pour leurs précieux apports scientifiques, Marianne Lagueunière, qui a soigneusement accompagné en tant que correctrice la finalisation de ces deux volumes, ainsi que Bruno Péquignot, directeur de collection à L'Harmattan, pour ses conseils et son regard avisé.

Vers une histoire décentrée de la danse

Laura Cappelle, Elizabeth Claire,
Marie-Hélène Delavaud-Roux, Mariem Guellouz,
Florence Poudru et Aude Thuries

Comment l'histoire de la danse est-elle reconfigurée, bousculée et stimulée par la recherche actuelle ? À la suite de la sortie de l'ouvrage collectif *Nouvelle Histoire de la danse en Occident* aux Éditions du Seuil en septembre 2020, sous la direction de Laura Cappelle, auquel nous avons participé comme autrices, nous avons souhaité développer les questionnements que la rédaction de l'ouvrage avait suscités. *Nouvelle Histoire de la danse en Occident* se présente comme un état de la recherche en histoire de la danse accessible à toutes et à tous, et met l'accent dès son titre sur le caractère évolutif, non figé, de cette discipline. Une des évolutions majeures des dernières décennies est la prise de conscience que l'histoire de la danse, telle une étoile double, s'était organisée en deux centres autour desquels gravitait l'essentiel des recherches et des enseignements universitaires : l'institution, d'une part, l'Occident, d'autre part.

L'institution, au sens large d'organisation collective dont la structure perdure au-delà des individus, possédant un ordre et une hiérarchie – comme les universités, les ballets, les académies de danse, les Scènes nationales, les DRAC, etc. – a longtemps façonné l'histoire de la danse en France et en Occident, pour des raisons simples. Outre la reconnaissance et la visibilité qu'elle apporte immédiatement aux artistes qu'elle adoube, sa structuration même permet la constitution d'archives classées, facilement accessibles et consultables, qui permettent aux historiennes et aux historiens de tracer aisément le parcours des œuvres, des danseurs, des danseuses et des chorégraphes passés en son sein. Ainsi, il est relativement facile de connaître l'intégralité de la programmation du Ballet de l'Opéra de Paris en 1883. Comment savoir, en revanche, ce qui est passé au

Divan Japonais, célèbre cabaret de Montmartre, ou dans le nouveau Rokumeikan (鹿鳴館) à Tokyo[1], tous deux ouverts la même année ? Les difficultés pour l'historienne et l'historien se multiplient lorsqu'on cherche des traces de danses dites « traditionnelles » ou « du monde » faisant partie d'une culture orale dont les archives sont inexistantes, ou lorsque les pratiques s'élaborent dans des contextes politiques où leur statut fait en sorte que l'usage même du mot « danse » soit interdit par la loi[2] ? Mais les oublis ne sont pas uniquement dus aux difficultés des terrains de la recherche historique.

L'Occident, dans son acception à la fois géographique et culturelle, a longtemps produit une histoire dont il se percevait comme le cœur rayonnant. Ce modèle historiographique était particulièrement répandu en France, qui s'est identifiée depuis l'époque de Louis XIII comme porteuse et passeuse d'une culture dansée étroitement liée aux enjeux de pouvoir aristocratiques et politiques qui structuraient les contours de l'Europe elle-même[3]. Un *storytelling* élaboré dès la Renaissance, quand le ballet de cour s'est revendiqué l'héritier des traditions antiques grecque et romaine, entériné par les historiens amateurs du XVIIe siècle comme Michel de Pure ou Claude-François Ménestrier (il y aurait d'autres exemples dans l'historiographie italienne, pour ne citer qu'un autre pays). Cette perspective de rayonnement se reconditionne au XIXe siècle avec l'émergence d'une culture bourgeoise et littéraire en France qui a surtout promu une écriture hagiographique sur le vedettariat du ballet romantique privilégiant le regard fortement genré du balletomane. Ce regard sera ensuite renforcé par l'apport d'institutions étatiques telles que l'Opéra de Paris en France, qui n'hésite pas à soutenir, jusqu'à encore très

---

[1] McClain James L., 1987, « Mr. Ito's Dance Party », *The Wilson Quarterly*, vol. 11, n° 5 : 154-160 ; Mehl Margaret, 2005, « Dancing at the Rokumeikan : A New Role for Women ? », *in* Tomida Hiroko, Daniels Gordon (dir.), *Japanese Women : Emerging from Subservience, 1868-1945*, Kent, Global Oriental (Brill).
[2] Meftahi Ida, 2020, « Scandaleuses, marginalisées et hors-la-loi : mes notes de terrain sur les archives (vivantes) de l'histoire de la danse iranienne », *Perspective*, 2 | 2020 : 237-248.
[3] Franko Mark, 2005, *La Danse comme texte. Idéologies du corps baroque*, trad. par Sophie Renaut, Paris, Éd. de l'Éclat.

récemment, l'idée d'une histoire de l'art de la danse centrée sur le paradigme du rayonnement culturel du ballet[1].

Si des danses non occidentales ont suscité attrait et fascination en Occident, elles ont longtemps été perçues comme sans histoire : soit comme répertoire immuable d'œuvres issues de traditions sacrées (c'est par exemple le regard que porte Antonin Artaud sur le théâtre balinais), soit comme expression collective et sans auteur, émanation persistante d'une énergie du fond des temps (c'est le biais connu, en anthropologie de la danse, sous le nom de « primitivisme »), soit comme pratiques exotiques et érotiques qui ne méritaient pas inclusion dans la catégorie d'« art » de la danse (l'argument d'Élise Voïart en 1823 se retrouve dans de multiples sources dès les premières rencontres coloniales[2]). Ces danses exoticisées dans les foires universelles coloniales finissent par être récupérées comme matière pour l'invention d'un art de la danse « moderne » (par exemple chez Ruth St. Denis) à l'aube du XXe siècle. Or, elles souffrent elles-mêmes d'une réelle exclusion des catégories d'art moderne et contemporaine, problème encore récurrent dans la programmation des institutions théâtrales en Europe et dans les livres d'histoire. Ce constat nous pousse en tant qu'historiennes à pointer un besoin critique de « décoloniser la pensée[3] » sur la danse et ses histoires, et ainsi poser la question d'une possible pluralité de sa définition même.

Dans cette perspective, nous souhaitons ici interroger la pluralité des « centres » et des publics de la danse à travers les âges, et explorer la place de l'autodétermination dans la production culturelle des danses d'hier qui continue à avoir un impact sur les danses

---

1 Delattre-Destemberg Emmanuelle, Glon Marie & Olivesi Vannina, 2014, « Review Essay : *Le Ballet de l'Opéra. Trois siècles de suprématie depuis Louis XIV*, edited by Mathias Auclair and Christophe Ghristi », *DRJ : Dance Research Journal*, 46 : 1, trad. par Elizabeth Claire, Cambridge University Press : 104-113.
2 Voïart Élise, 1823, *Essai sur la danse antique et moderne*, Paris, Audot Libraire-Éditeur.
3 Thiong'o Ngugi wa, 1986, *Decolonizing the Mind : The Politics of Language in African Literature*, Nairobi, Heinemann Kenya Press, surtout les chapitres « Towards the Universal Language of Struggle » et « The Quest for Relevance » ; Thiong'o Ngugi wa, 1998, *Penpoints, Gunpoints & Dreams. Towards a Cultural Theory of the Arts and the State in Africa*, Oxford, Clarendon Press. Il existe tout un débat contemporain sur la réception de l'œuvre philosophique postcoloniale de Ngugi wa Thiong'o autour de la question décoloniale qui mérite d'être consulté également.

d'aujourd'hui[1]. La lutte pour la « liberté culturelle » esquissée dans les philosophies de Ngugi wa Thiong'o (sa théorisation des arts théâtraux et des littératures africaines) nous rappelle à la vigilance nécessaire au sujet de la diversité des valeurs qui se logent dans les productions culturelles. Il est impératif de dégager des idéologies parfois néfastes nichées dans la neutralité des lieux communs de l'histoire de la danse, tels que les mots « art », « esthétique », « moderne », « contemporaine » ou encore « universelle ».

Sortir de ce système de pensée historique qui a laissé de côté tant de danses et tant de publics, échapper à la force gravitationnelle des précédents travaux pour essayer de penser la danse comme une galaxie dont nous mesurons modestement l'ampleur, l'observer et l'analyser non depuis notre seule lorgnette, mais en tentant de nous déplacer nous-mêmes : ces objectifs nous semblent devoir façonner l'histoire de la danse aujourd'hui. Intituler un ouvrage collectif non pas *Nouvelle Histoire de la danse* mais *Nouvelle Histoire de la danse en Occident* en témoignait, en soulignant qu'il s'agit d'une histoire particulière portant sur une aire géographique donnée, que nous considérons comme un domaine de danse comme un autre.

La publication de cet ouvrage en 2020 nous a donné envie de mettre en lumière les approches actuelles du décentrement dans la recherche en danse, avec pour résultat cet ouvrage en deux volumes. Pleinement conscientes du besoin urgent de recherches plus pointues sur ces questions, il nous a semblé que l'étude de notre discipline devait s'ouvrir sur l'ensemble du monde et des pratiques, en sollicitant un travail collectif de plus grande ampleur et en faisant appel à une nouvelle génération de chercheuses et chercheurs.

À cette fin, Laura Cappelle a pris l'initiative d'organiser un colloque international avec le soutien de la Biennale de la danse de Lyon, du Centre national de la danse (CN D) et du Conservatoire national supérieur de musique et de danse (CNSMD) de Lyon[2] du 10

---

[1] Guellouz Mariem, 2017, « Contemporanéités plurielles. De la construction de la figure de la danseuse orientale à une danse contemporaine arabe », *Tumultes*, vol. 48, n° 1 : 141-155.

[2] En plus de ces trois institutions impliquées directement dans l'organisation des trois journées de colloque à Lyon (journées partagées entre le site du CNSMD de Lyon et les Usines Fagor, alors occupées par la Biennale de la danse), les laboratoires suivants ont soutenu cet événement en tant que partenaires : le Centre de recherche sur les liens sociaux (CERLIS, UMR 8070), le Centre de Recherches Historiques (CRH, UMR 8558), Lettres, langages et arts (UT2J, LLA CREATIS, Toulouse), Héritage et création dans le texte et l'image (HCTI UR4249, Université

au 12 juin 2021, avec pour objectif de réunir une multiplicité de méthodes et d'approches[1]. Il a été dédié à tous les chercheurs et chercheuses travaillant sur la danse et a invité particulièrement doctorant·e·s et jeunes docteur·e·s à proposer des communications pensant les formes de décentrement déjà à l'œuvre ou en cours de développement dans les travaux en histoire de la danse.

Autre nom d'une multipolarité en actes, le décentrement désigne aujourd'hui de fécondes applications à l'œuvre dans de nombreux champs académiques. Le concept polysémique de décentrement invite à s'attacher à toutes les formes de réévaluation des méthodes et récits existants dans le domaine de la danse. Soucieux de s'inspirer du corps dansant, nous avons observé de nombreux exemples de chorégraphies issues d'expériences déjà bien étudiées et attestant d'un désir artistique d'explorer la notion et la pratique du décentrement dans l'écriture de la danse scénique. Apparue dans les années 1950 aux États-Unis, la notion de décentrement a été développée dans les années 1970 par le chorégraphe américain Alwin Nikolais[2] pour désigner un processus moteur d'affranchissement, de dégagement et d'ouverture spatiale[3] – en premier lieu, celui du corps dansant vis-à-

---

de Bretagne occidentale) et le LabEx ICCA (Industries culturelles et création artistique).

1 Aux côtés des six autrices de cette introduction, Marie-Hélène Garelli et Laurent Barré ont pleinement contribué à l'organisation du colloque « Pour une histoire décentrée de la danse ».

2 En référence à la définition qu'en donne Alain Foix, aux travaux de Marc Lawton et de Dominique Rebaud : Foix Alain, 1999, *in* Le Moal Philippe (dir.), *Dictionnaire de la danse*, Paris, Larousse : 722.

3 Comme l'a rappelé Laurent Barré, responsable du département Recherche et Répertoires chorégraphiques au Centre national de la danse (CN D), dans sa prise de parole inaugurale au colloque « Pour une histoire décentrée de la danse » : « Cette pratique émancipatrice de danseur, éprouvant l'idée d'un corps libre porté par sa propre intelligence et la conscience profonde, cellulaire, de se vivre comme partie et non comme centre de l'univers, émergea dans le contexte de ce qu'on a désigné comme "le tournant spatial" de l'histoire de l'art. Nourri de courants théoriques tels que les pensées postcoloniales et décoloniales, la géographie postmoderne radicale, cette nouvelle histoire de la danse ne se départit pas d'une spatialisation active, pour ne pas dire activiste – l'espace acquérant une primauté nouvelle permettant de procéder à une critique du paradigme historiciste longtemps prédominant. C'est au cours de la décennie 1960 que paraissent des travaux comme *Provincialism* (1962) de Kenneth Clark qui engagea l'histoire de l'art dans une réflexion faisant appel aux notions de "centre" et de "périphérie", que Michel Foucault identifia que si "la grande hantise qui a obsédé le XIXe siècle, avait été, on le sait, l'histoire […], l'époque actuelle serait peut-être plutôt l'époque de l'espace". » (Foucault Michel,

vis de la centralité hiérarchique, codifiée et organique du mouvement. Ses démarches ont en partie inspiré nos réflexions collectives et expliquent – en plus de notre choix, pour des raisons pragmatiques, de nous réunir et d'échanger en deux langues, le français et l'anglais – l'importance des contributions de recherche sur la France et les Amériques.

Affectant notamment les relations entre diverses « régions » du monde, la faculté de (savoir) faire circuler le centre explorée par Nikolais (*travelling center*) s'applique ici à un ensemble de phénomènes et de situations très différents mais caractéristiques d'une histoire où la pratique est constamment nourrie d'échanges. Décentrer le regard devient donc un geste théorique et méthodologique qui nécessite un effort de réflexivité et une prise en compte du risque de vide conceptuel, où les catégories sont à réinventer et à redéfinir.

De la même manière qu'Alwin Nikolais proposait au danseur d'expérimenter une multiplicité de points conducteurs et une polyfocalité, le colloque comme ces deux volumes transdisciplinaires ont donc cherché à mettre en valeur – et à faire converger et cristalliser – les manières dont chercheuses et chercheurs modulent aujourd'hui les points de vue (géographiques, périodiques, esthétiques, genrés, éthiques, ainsi que dans la relation artiste/public) sur l'histoire du mouvement et des danses scéniques comme sociales. Plusieurs manières de penser le décentrement ont été abordées à cette occasion.

Décentrer les sources

La nature des sources en danse est un obstacle central au travail des historiennes et historiens : face à l'objet absent qu'est le mouvement, l'histoire de la danse doit souvent se reposer sur des récits contemporains ou postérieurs qui représentent déjà des formes de médiation nécessairement partielles et partiales. La prééminence des sources écrites dans l'historiographie occidentale a par ailleurs des effets sur la prise en compte de périodes et d'aires géographiques qui imposent de penser l'enquête historique à partir d'autres outils méthodologiques : comment, par exemple, donner leur juste place aux danses qui sont nées et circulent sur le continent africain mais exigent

---

1984, « Des espaces autres » [conférence au Cercle d'études architecturales, 14 mars 1967], *Architecture, Mouvement, Continuité*, n° 9 : 46-49.)

des stratégies de documentation idoines ? Quant aux époques et lieux pour lesquels la documentation est relativement abondante, quel statut donner aujourd'hui à des sources comme la vidéo dans un travail sur le mouvement ? Cette approche vise à mettre en valeur des travaux novateurs sur le plan des sources historiques, qui s'appuient sur des documents exigeant une (re)lecture critique et invitant la communauté académique à explorer de nouvelles pistes, susceptibles de décentrer les pratiques méthodologiques de la recherche en danse.

Décentrer l'espace

La notion de décentrement dans l'histoire de la danse met en avant une historicité des pratiques et de leurs réceptions dans des périodes et des aires qui n'ont longtemps retenu que peu l'attention des chercheurs en Occident. Il s'agit de questionner l'européocentrisme en tant qu'espace de circulation des savoirs où se jouent différents rapports de force entre les acteurs et qui a longtemps participé à définir l'objet « danse » dans l'historiographie occidentale. Proposer un point de vue décentré sur les espaces pour les questionner en tant que topoï construits et marqués politiquement et historiquement permet d'articuler la pratique de la danse et ses représentations selon la spécificité de ses lieux de production et de diffusion.

Décentrer le regard sur les « lieux pratiqués[1] » en danse questionne plus généralement l'histoire de la danse : pour quelles populations et dans quels lieux ? Pour quel type de pratiques et à travers quel point de vue ? En ce sens, l'espace est considéré ici comme un lieu matériel de pratique et de circulation des corps et des représentations, afin d'ouvrir une réflexion sur la complexité des rapports historiques entre le Nord et le Sud, l'Est et l'Ouest, et donc sur la biopolitique à l'œuvre dans la construction historique des espaces transnationaux.

En s'appuyant sur des débats récents en histoire globale (entendue ici comme une approche attentive aux connexions et entrelacements entre des régions spécifiques), cette forme de décentrement propose d'inscrire la danse en tant qu'événement artistique, social ou corporel dans un rapport indiciel avec l'histoire politique, économique, religieuse, sociale et de décentrer le regard de l'historienne et de

---

1 Sur la notion d'espace comme un « lieu pratiqué » : cf. Marin Louis, 1991, « Le lieu du pouvoir à Versailles », *in* Micoud Andrée (dir.), *Des Hautes-Lieux. La construction sociale de l'exemplarité*, Paris, Éd. du CNRS ; et Certeau (de) Michel, 1980, *L'Invention du quotidien. L'art de faire*, Paris, Folio-Essais : 172-189.

l'historien afin d'explorer la complexité des circulations des pratiques de danse dans leur pluralité. Il s'agit d'une approche qui examine les danses du hors-scène, du hors-les-murs, du hors-champ, ainsi que les transferts culturels, les pratiques transnationales et/ou non-occidentales.

Décentrer l'œil

Le corps dansant s'est construit dans la tradition spectaculaire occidentale comme élément d'une scène pensée pour « l'œil du prince », cette position fictive d'où toutes les perspectives fonctionnent. En-dehors, croisé, effacé : les positions sont pensées pour dessiner un corps vu depuis cet endroit idéal, et favoriser les déplacements dont le parcours est lisible dans ce point de vue.

Décentrer l'œil, c'est considérer que le regard se porte aussi sur la danse depuis d'autres endroits : d'autres sièges de théâtre, qui exigent plus qu'une vue grapillée sur la perspective idéale, mais aussi d'autres positions sociales. Le refus d'une frontalité automatique ou le choix de sortir le spectacle du théâtre et de penser la danse en dehors de l'institution sont aussi des remises en cause d'une conception hiérarchisante du groupe que forme le public. À l'heure où l'œil découvre très souvent la danse par l'intermédiaire d'un écran, doit-on cesser de considérer d'abord le spectateur comme l'occupant du fauteuil de la séance théâtrale, pour ouvrir plus largement le champ des études de réception aux nouveaux réseaux de diffusion de la danse ? L'enjeu d'un tel décentrement est, entre autres, un intérêt nouveau pour les formes chorégraphiques historiquement considérées comme moins « nobles » que celles issues de la tradition scénique occidentale.

Décentrer l'œuvre en danse

L'évolution des pratiques en danse depuis les années 1960 n'a cessé de fragiliser l'œuvre en tant que forme stabilisée dotée d'une écriture, ouvrant la possibilité à la notation et à la reprise. L'improvisation s'impose peu à peu non seulement comme une modalité de recherche de « matériaux » chorégraphiques mais aussi comme une manière de « faire œuvre », selon des protocoles de travail ouvrant sur une multiplicité d'actualisations possibles (« tâches », « partitions », protocoles d'improvisation collective). Ces protocoles expérimentaux donnent naissance à des formes ouvertes, non stabilisées, sans cesse à réactualiser ou à réinventer. Qu'est-ce qui fait « œuvre » dans ces nouvelles modalités de création en danse ? N'ont-elles pas pour effet le décentrement de l'œuvre vers l'expérimentation et la mise en spectacle de processus de création ? Dans quelles mesures imposent-elles aux danseurs, aux chercheurs, aux historiens, de repenser les modalités de transmission de la danse à travers ses productions ? Comment des pas de côté esthétiques et géographiques (vers d'autres espaces comme vers les cultures antiques) ont-ils été à l'origine d'une évolution des formes et des genres chorégraphiques ?

Décentrer le genre

La recherche en danse est de plus en plus attentive à la manière dont les dynamiques de genre ont informé la construction de l'histoire chorégraphique. Les figures de femmes y sont à la fois centrales – au sein d'un art symboliquement associé au féminin depuis le XIXe siècle en Europe – et marginalisées en tant que créatrices indépendantes. En réévaluant des contributions de femmes longtemps ignorées, en mettant en évidence les normes qui ont présidé à la construction différenciée des carrières féminines et masculines, les historiennes et les historiens travaillent aujourd'hui à refonder de manière critique des récits qui ont structuré la compréhension de la danse comme forme scénique et sociale. La question des spectatrices est aussi à poser en vue d'une histoire de la danse consciente de l'importance sociologique du regard et désireuse de comprendre combien ces décentrements (de l'œil, du genre) peuvent être mutuellement imbriqués.

Tenir compte de l'androcentrisme, de ses présupposés et de ses conséquences invite à repenser la danse à des périodes et dans des espaces culturels variés, et permet de faire résonner d'autres manières de faire l'histoire de la danse. Comment réintégrer les femmes au travail des historiennes et historiens lorsque leurs œuvres ont disparu ? Quelles pratiques amateures et professionnelles, quelles professions artistiques et de loisir est-il nécessaire de reconsidérer, et comment tenir compte de l'évolution de la notion même de genre vers des modèles non binaires ?

Décentrer l'expression de l'émotion et du corps

Si la danse est un moyen d'exprimer ses émotions, les conventions sociales dictent souvent la manière de danser en fonction de son genre ou de son statut. La manière dont les émotions peuvent s'exprimer, ou au contraire n'ont pas le droit de s'extérioriser, sont codifiées par les sociétés et les cultures. Ainsi des sociétés qui incitent à exprimer de la gaieté à la mort parce qu'elles valorisent le contrôle des émotions (à Bali, par exemple, où la tristesse est considérée comme dangereuse) : c'est dans cette perspective qu'il faut comprendre l'intégration de la danse à des veillées funèbres ou à des funérailles, notamment en Corée ou chez les Maale d'Éthiopie. Décentrer l'expression des corps, c'est aussi la décentrer dans le temps : de l'Antiquité grecque aux codes du christianisme, les gestuelles et leur sens (rituel, social) demandent à être compris dans leur complexité.

Par la suite, au cours des époques médiévale et moderne de l'Occident, la danse se détache de plus en plus de la religion et de ses fêtes pour devenir une activité de loisir, codifiée en fonction des différentes couches sociales. La naissance du bal va peu à peu permettre d'exprimer des émotions qui sont de l'ordre de la vie privée. Les évolutions de l'expression des corps hors de l'Occident invitent aussi, dans une optique de décolonisation, à faire intervenir le concept de transfert culturel et à repenser des modes d'expression corporelle pensés à tort comme historiquement dominants.

Deux volumes pour deux approches du décentrement

Le colloque « Pour une histoire décentrée de la danse » a été un riche temps d'échanges permettant de réfléchir aux nouvelles perspectives offertes aujourd'hui sur la danse comme expression sociale, dont la problématique est renouvelée par celle de l'histoire du corps et du genre, ainsi que par l'histoire des émotions, de la sensibilité et des transferts culturels. Il nous a semblé que la matière qui en résulte était suffisamment abondante pour nous permettre d'offrir deux ouvrages qui partagent nombre de ces décentrements, mais qui ne se recoupent pas : l'un s'attache à mettre en lumière des changements de paradigme méthodologiques, tandis que le second s'intéresse aux espaces culturels marqués par l'histoire du fait colonial, dont l'impact sur les chorégraphes, enseignant·e·s, interprètes et publics de la danse a été considérable et perdure.

Décentrer l'histoire de la danse, pour aller au-delà du vœu pieux, impose tout d'abord de questionner les méthodes historiographiques elles-mêmes. La prévalence donnée aux sources écrites et iconographiques, par exemple, au détriment des traditions orales, favorise en soi l'attention portée aux institutions théâtrales d'État et aux perspectives coloniales, à même de livrer de telles archives. Faire l'histoire autrement implique un travail de déconstruction laborieux mais nécessaire, une déstructuration de nos réflexes de chercheuses et de chercheurs, et un examen de nos méthodes qui est l'objet du premier volume.

Fort des apports et expériences méthodologiques qui permettaient de réunir les contributions du premier volume, le second volume envisage un décentrement de l'histoire de la danse comme un travail qui ne peut être décorrélé de la remise en question des biais géopolitiques ayant conduit des institutions de l'Occident à se percevoir comme moteur et cœur de l'histoire culturelle du monde. Cette remise en question invite à diversifier les objets de recherche et de transmission, à offrir une plus grande visibilité aux historiennes, historiens et chorégraphies non occidentaux, mais aussi à procéder à l'examen, aussi scrupuleux que possible, de la part d'exoticisation, de réduction ou d'ignorance qui influence le regard sur la danse.

Méthodes en mouvement

Marie-Hélène Delavaud-Roux, Florence Poudru et Aude Thuries

Afin de montrer combien l'emploi d'une diversité d'approches méthodologiques permet de questionner les lieux communs de l'histoire de la danse, ce premier volume propose de s'intéresser à des institutions telles que l'Opéra de Paris, ou encore à des villes telles que New York et Saint-Pétersbourg, qui peuvent à première vue sembler familières. Pourtant, en les regardant à travers ce kaléidoscope d'outils nouveaux, la vision du monde de la danse qui se révèle s'éloigne de la trame narrative dominante, en ouvrant des perspectives sous-représentées jusqu'ici. Ce volume présente une organisation tripartite résultant souvent d'un croisement méthodologique de plusieurs catégories de décentrement explorées lors du colloque – décentrement de l'œil, de l'œuvre, de l'expression de l'émotion, du genre, des types de sources. En surgissent trois décentrements thématiques : 1. Voir, pratiquer et noter la danse ; 2. Métamorphoses et genre en danse ; 3. Transferts culturels de la danse en France et aux Amériques.

Voir, pratiquer et noter la danse est le premier axe de cet ouvrage qui regroupe des sujets couvrant les XIXe et XXe siècles. Les colloques internationaux organisés à Bordeaux (2015) et à Saint-Pétersbourg (2018) autour de Marius Petipa ont témoigné de la vigueur de la recherche sur l'école et le ballet impérial russes du XIXe siècle. La présence française à Saint-Pétersbourg est connue mais loin d'être exclusive. Le transfert des ballets et les tournées des grandes vedettes romantiques Marie Taglioni, Fanny Elssler et Carlotta Grisi ont été étudiés par Maria Zhiltsova. Si, avec le Suédois Christian Johansson, le Français Marius Petipa est considéré comme l'une des personnalités dominantes de la seconde moitié du XIXe siècle au Mariinski de Saint-Pétersbourg, c'est sur le demi-siècle antérieur que la chercheuse Tatiana Nikitina porte son attention. Grâce à la presse russe, elle analyse trois parcours de danseurs-chorégraphes français à Saint-Pétersbourg et aborde, en particulier, leur réception critique ainsi que leur reconnaissance éventuelle. Elle évoque la circulation européenne de ces artistes voyageurs au départ du Grand-Théâtre de Bordeaux, élément notable de la dynamique transnationale. En dehors de la scène, hors-les-murs, la danse est également très présente dans les pratiques sociales. En traitant des plaisirs de la danse combinés aux bienfaits des eaux dans les stations thermales et balnéaires au XIXe siècle, Chloé d'Arcy développe un sujet décentré par la géographie et par le thème. Dans le sillage d'Alain Corbin, de nombreux historiens, géographes, puis plus tard des musicologues et des spécialistes des arts du spectacle, ont engagé des recherches sur les villes balnéaires et thermales. Le colloque international *Faites vos jeux* (2021) a constitué l'une des étapes récentes de ce travail. Chloé d'Arcy souligne l'importance des danses pratiquées dans les bals publics et privés et en établit une liste. Majoritairement fréquentés par des femmes quand les hommes sont aux jeux, les bals sont également l'objet d'un désir de contrôle des médecins défavorables aux excès prétendument causés par la danse.

L'article de Guilherme Hinz aborde les traces laissées par Rudolf von Laban, artiste-théoricien de la danse moderne, très étudié par les chercheurs allemands, anglo-saxons et français, et dans plusieurs thèses en France, mais le chercheur brésilien opère un décentrement géographique. Guilherme Hinz propose d'évaluer la circulation de la pensée labanienne au Brésil, en particulier à Sao Paulo et à Rio de Janeiro. Des premières traces d'une transmission indirecte en 1923 dans le milieu de l'éducation physique, à une période plus récente (1979-2007) qui témoigne d'une dynamique de diffusion, sans oublier les années 1952-1978 qui ont bénéficié d'une institutionnalisation de la pensée de Rudolf von Laban, le chercheur montre les nuances de cet apport, la diversité des passeurs brésiliens et des artistes émigrés.

Voir la danse et la pratiquer n'est pas l'apanage des professionnels, en revanche, la noter et exploiter l'écriture afin de faire ressurgir et de requestionner une œuvre chorégraphique est l'approche des notateurs. Ainsi, le Collectif Entre-Lignes présente trois études de cas de transmission par la lecture de partitions Benesh ou de création de partitions. Il questionne les biais poussant à considérer une source comme plus centrale qu'une autre, ceux liés aux contextes de création et de transmission comme ceux portés par le notateur lui-même. Très diffusé dans le monde, *Le Spectre de la rose* (1911) de Michel Fokine a fait l'objet d'une iconographie pléthorique : l'interrogation du collectif porte sur les écarts relatifs aux interprétations nombreuses fondées sur l'oralité. Avec *Une danse blanche avec Éliane* (1980) de Dominique Bagouet, la transmission et la notation sont plus directes. La troisième étude de cas s'appuie, non plus sur une œuvre chorégraphique mais sur une pratique religieuse et festive, ce qui implique une part de liberté et d'improvisation, et des choix à faire pour le notateur. Ces choix sont forcément aiguillés par sa propre pratique et par les points d'attention que le système de notation Benesh favorise. Enquête, reconstruction : les démarches qu'implique la notation font l'objet de cet article.

Métamorphoses et genre en danse est le deuxième axe au large spectre temporel, de l'Antiquité à notre époque.

Michel Briand aborde le décentrement des notions de sources et de modernité à travers des œuvres aussi éloignées dans le temps et dans l'espace que le traité *Sur la danse* de Lucien (IIe siècle de notre ère), les chorégraphies butô de C. Ikeda (XXe siècle), et certaines danses contemporaines revivifiant le dionysisme. Il traite donc à la fois de l'Antiquité gréco-romaine, et d'une culture nippone (mais pas seulement) très contemporaine, à la différence de P. Ghiron-Bistagne qui, en 1994 comparait le théâtre grec antique au seul Gigaku japonais. Il utilise des concepts très récents tels que le tournant performatif (comportement individuel dérivé des influences collectives), *queer* (sexualité et genre sont des constructions sociales), écart et anachronisme (étude de l'altérité) qui permettent de renouveler à la fois l'étude de la métamorphose et des genres tant pour le monde antique que contemporain. En 2023, la perspective du théâtre dansé japonais intéresse toujours autant les Antiquisants, puisque la journée d'étude « Le corps acteur dans le théâtre antique » organisé par P. Voelke et M. Capponi à l'Université de Lausanne à la fin du mois d'octobre a permis au public d'admirer la démonstration et le spectacle offert par le maître de Nô, Masato Matsuura, ainsi qu'une communication de Maxime Pierre (Université de Paris Cité) « Rendre la mimèsis à l'acteur : le jeu de l'acteur de tragédie grecque antique, reconsidéré à partir de la notion de monomane des traités de Zeami » (traités du XVe siècle). Le théâtre hellénique et le Nô ont pour point commun d'être des spectacles complets associant jeu dramatique, poésie, musique, chant et danse. Rappelons aussi que la troupe française du Théâtre Démodocos dirigée par P. Brunet, fait évoluer ses artistes en utilisant les pas en usage dans le Nô, qui permettent de rendre compte de toutes les combinaisons métriques du texte hellénique dansé.

Mais les rapports entre métamorphoses et genre peuvent concerner bien d'autres périodes de l'histoire. Ainsi, les spectacles sous le Second Empire ont été étudiés par plusieurs chercheurs qui ont participé à l'ouvrage dirigé par Jean-Claude Yon en 2010, quant aux carrières des danseuses, elles sont bien connues grâce aux travaux pionniers et aux publications d'Edwin Binney et d'Ivor Guest. Plus récemment, la publication de Bénédicte Jarrasse, *Les Deux Corps de la danse. Imaginaires et représentations à l'âge romantique*, publié en 2017 par le Centre national de la danse a renouvelé l'approche par l'analyse de multiples sources, notamment graphiques et littéraires ; c'est aussi le cas de plusieurs thèses récentes dont celle de Vannina Olivesi de l'EHESS ; Colin Murray de Temple University ; et Madison Mainwaring de Yale University. Les débuts de la IIIe République, souvent délaissés, ont également suscité des recherches relatives aux progressions de carrières, par l'étude des carrières de l'ensemble des danseurs de l'Opéra de Paris pour les années 1870-1880 (master d'Histoire contemporaine de Perrine Danjou). C'est également par l'exploitation de sources économiques des archives de la Bibliothèque-Musée de l'Opéra de Paris et au prisme du genre que Madison Mainwaring aborde la trajectoire professionnelle de deux danseuses spécialisées dans des rôles de travesti à l'Opéra de Paris, sous le Second Empire : Eugénie Fiocre et Marie Sanlaville. Ce faisant, elle analyse comment s'est constitué le discours d'une histoire qui a longtemps considéré comme un déclin le travestissement et la féminisation du ballet. Elle déconstruit les stéréotypes pour souligner la compatibilité entre beauté et travestissement et interroge la question de la masculinité en ne s'appuyant pas exclusivement sur les « danseuses nobles », catégorie d'emploi traditionnellement le plus prestigieux.

Revenons à présent au XXe siècle et à la culture nippone, abordée non plus maintenant pour le parallèle que l'on peut en faire avec l'Antiquité, mais pour elle-même. Maeva Lamolière propose un décentrement à la fois méthodologique et historiographique, puisqu'il s'agit d'observer le butô non sous l'angle de la danse artistique occidentale mais sous celui de l'histoire du cabaret japonais. Elle remet ainsi en cause le prisme du « féminin » pour saisir l'œuvre de Carlotta Ikeda, prisme généralement adopté par les historiens occidentaux du butô, pour tenter d'analyser son œuvre avec d'autres critères, plus spécifiquement japonais et burlesques.

Transferts culturels de la danse en France et aux Amériques est le troisième axe qui couvre un temps de plusieurs décennies entre XXe et XXIe siècles.

Madeleine Planeix-Crocker suggère un décentrement par un regard historien en dehors de la scène, pratiques « hors les murs » du théâtre. Il s'agit de décentrer le récit économique de la crise (c'est-à-dire mettre au centre les endetté.e.s plutôt que le système financier qui s'effondre), d'opérer des décentrements individuels (chacun expérimente la sortie de sa pratique et de sa zone de confort avec les *jam sessions*), de procéder à un décentrement pédagogique (rompre avec la figure du professeur-maître, privilégier celle du passeur). Le travail qu'elle propose ici passe par une étude de terrain « auto-ethnographique », celle des *jam sessions* du Centquatre, analysée à l'aune des concepts de Randy Martin, liant contexte économique et dynamiques chorégraphiques.

Ann Dils propose une innovation méthodologique comme source de décentrement. Son article est une lecture « cartographique » de l'*urban planning* qui contextualise les diverses contributions dites « ethniques » en danse. C'est aussi une analyse de la politique d'urbanisation via les *performing arts* (Lincoln Center) et de la pratique émergente de *red-lining districts* qui montre combien les hiérarchies culturelles en Chine se sont transplantées dans le contexte de la diaspora new-yorkaise. Jacyan Castilho décentre géographiquement l'histoire de la danse moderne en étudiant une figure pionnière au Brésil, Angel Vianna, dont la carrière se mêle intimement au récit de l'histoire brésilienne par les artistes du pays. Cette artiste, qui a développé une méthode d'éducation somatique au Brésil, a eu une influence considérable sur le développement de la danse dans le pays.

En réinterrogeant le mythe historiographique de la Nouvelle danse française, dont l'emploi initial, dû à Lise Brunel, a glissé pour désigner des chorégraphes français des années 1980-1990, Mélanie Papin souligne le malentendu identitaire qui peut y être associé et l'oubli d'acteurs de la décennie 1970. En développant le concept de « forces discrètes », elle offre un regard original sur la danse contemporaine en France entre 1968 et 1981 que d'autres chercheurs, dont Pauline Boivineau, ont exploré sous un autre angle. L'approche des trous de mémoire et de l'ensemble des acteurs, administrateurs, journalistes et collectifs, tous à la marge, est argumentée par des sources fécondes, traditionnellement considérées comme mineures.

L'article d'Elie Goldschmidt traite des apports d'Alwin Nikolais, tout particulièrement du concept de décentralisation et du décentrement, formulé et mis en œuvre par l'Américain au cours des années 1970, à partir d'une intuition très antérieure. Hormis les travaux de Marc Lawton, en France peu d'universitaires se sont saisis de cette danse moderne moins anthropocentrée. L'article développe la pensée de Nikolais et explicite les modalités physiques de cet outil aussi pédagogique que critique à la disposition du danseur. En contextualisant la démarche du chorégraphe, le chercheur-danseur, jadis étudiant du Centre national de danse contemporaine d'Angers dirigé par Nikolais (1978-1981), donne à comprendre l'influence directe et indirecte de cet artiste sur les pédagogues de la danse contemporaine.

Partie 1

Voir, pratiquer et noter la danse

La circulation et la réception des danseurs français en Russie dans la première moitié du XIXe siècle

Tatiana Nikitina

Le présent article a pour but de présenter les parcours de mobilité professionnelle des danseurs d'origine française et de mettre en évidence le rôle qu'ils ont joué dans la diffusion du ballet en Russie, contribuant ainsi au mythe d'une « Europe française[1] ».

En premier lieu, nous présenterons le fonctionnement et la place du Théâtre impérial russe et évoquerons les éventuelles raisons qui ont attiré les danseurs français en Russie. Deuxièmement, cet article mettra l'accent sur la question de la réception de ces artistes par la presse russe et sur les témoignages des contemporains. Nous explorons uniquement le parcours de quelques danseurs en raison d'un flux d'artistes francophones important vers la Russie dans la première moitié du XIXe siècle.

Le Théâtre impérial russe : terre propice pour des artistes français[2]

Le milieu théâtral russe semble un lieu particulièrement accueillant pour les acteurs étrangers qui y viennent pour construire leur carrière. Favorisée par le pouvoir impérial, la première troupe dramatique russe permanente est fondée lors du règne de l'impératrice Élisabeth Ire (1741-1762). La Direction des Théâtres impériaux russes présentant une pratique réglementaire a été officiellement instituée sous le règne de Catherine II (1762-1796). Cette structure inclut des théâtres de la cour impériale ainsi que des théâtres qui accueillent des spectateurs payants. Sous une forme de monopole à Saint-Pétersbourg et à

---

1 Terme et concept empruntés à Markovits, 2010.
2 Sauf mention contraire, les traductions du russe sont de l'auteur du présent article.

Moscou, les Théâtres impériaux, disposant également de moyens financiers importants et de beaucoup de personnel, participent vivement à l'évolution du théâtre musical et dramatique.

Le fonctionnement théâtral de Saint-Pétersbourg est un cas unique. Les troupes étrangères, allemande et française, financées par l'État russe et intégrées dans les troupes impériales, s'installent dans le Théâtre Michel. La troupe dramatique russe joue dans le Théâtre Alexandra tandis que l'opéra et le ballet se déroulent dans le Grand Théâtre de Saint-Pétersbourg, également appelé le Bolchoï Kamenny[1]. Dépendant du pouvoir de la cour et fonctionnant sous son égide, les troupes impériales possèdent le statut de troupes permanentes, mais jouissent aussi de nombreux privilèges ; les acteurs ont notamment droit aux pensions et retraites. Mais c'est aussi la possibilité de faire une grande carrière et de gagner en renommée. Saisissant les opportunités qui leur sont offertes, les artistes d'origine française s'adaptent aux goûts de l'aristocratie et de la bourgeoisie russes tout en proposant au spectateur des genres typiquement français : opéras-comiques, vaudevilles et comédies. On ne peut omettre non plus l'aspect linguistique qui favorise la prospérité et le succès de la troupe française ainsi qu'une meilleure intégration des artistes francophones. Ce public d'élite, généralement francophile et pour qui la langue française est une langue de communication dans la haute société, stimule le succès du théâtre français. À ce propos, *Repertouar rousskogo teatra* [Le Répertoire du Théâtre russe] confirme que :

> Depuis toujours Saint-Pétersbourg était heureuse de la composition artistique des troupes françaises. Exceptée Paris, aucune capitale européenne n'avait un nombre si élevé d'artistes remarquables. Mais il est aussi vrai qu'aucun peuple n'a aussi bien appris le français que le peuple russe. La langue française fait toujours partie de l'appartenance à la haute société […] (Zotov, 1840 :17).

La politique d'engagement des artistes venus de France, notamment de Paris, dans le théâtre russe est également favorisée par la presse russe. Ainsi, le très influent journal russe *Severnaïa ptchela* [L'Abeille du Nord], sous l'égide du gouvernement, commence ainsi

---

[1] Il a été ouvert en 1783. L'usage de mot « pierre » au XVIIIe siècle n'implique pas l'usage du matériau cité mais une méthode de construction qui n'emploie plus le bois (Zidarič, 2004 : 125).

son article de 1832 à l'occasion des débuts de la danseuse française Laura Marie Peyssard (engagée en Russie de 1831 à 1849) au Théâtre impérial de Saint-Pétersbourg :

> Qu'ils disent tout ce qu'ils veulent, ces patriotes dans les couloirs, mais la présence de la troupe française dans notre capitale et l'engagement d'excellents artistes dans la troupe de ballet ont depuis toujours contribué et vont contribuer au développement des talents russes, à leur perfectionnement et à la propagation du goût pour l'élégance. […] Cela nous fait reconnaître que Paris semble être une vraie patrie de l'Art Dramatique ainsi que de l'Art de la Danse, depuis son invention et jusqu'à l'interprétation. […] L'arrivée de nouveaux artistes de Paris chez nous est très utile pour les raisons exposées. Les habitués du théâtre devraient remercier la Direction pour son attention aux plaisirs du public et son effort pour perfectionner les talents locaux[1].

Notons que par rapport à d'autres objets de la culture française qui circulent également en Europe et en Russie (livres et périodiques, peinture et musique), le ballet est un objet politique puisque la circulation de cet art ainsi que de ses acteurs est le produit de choix et de décisions des commanditaires. Le ballet en Russie apparaît donc attaché de manière immuable à un lieu ou plutôt à une institution.

Les raisons de l'arrivée des artistes et maîtres de danse en Russie, que nous continuons d'explorer, peuvent être liées à l'instabilité du métier de danseur. Ce dernier étant soumis aux aléas des événements politiques et des changements d'esthétique, il se retrouve souvent dans l'incapacité de trouver un poste dans les théâtres européens. En plus des possibilités de création artistique, les artistes étrangers pourraient être attirés par une certaine stabilité financière. La politique culturelle, qui est étroitement liée à la personnalité d'un monarque, joue un rôle décisif dans les conditions d'accueil des troupes étrangères. Dans ses mémoires, le critique théâtral, Faddeï Boulgarine met en évidence les liens étroits entre la politique et le théâtre, tout en soulignant le rôle des relations bienveillantes entre la France et la Russie lors du règne d'Alexandre Ier (1801-1825), qui favorisent la présence de troupes françaises ainsi que de danseurs français. Les troupes disposent non

---

1 *Severnaïa ptchela* [L'Abeille du Nord], n° 12, 16 janvier 1832.

seulement d'une stabilité financière mais proposent aussi des salaires avantageux.

> Lors des premières années du règne d'Alexandre Ier, une merveilleuse troupe française se trouvait à Saint-Pétersbourg. Napoléon tenait à l'amitié de notre tsar, a accepté la demande de son ambassadeur en Russie et a cédé à Saint-Pétersbourg certains sujets de la scène parisienne. Nous avons vu la première de l'actrice tragique de son époque, Mlle George, et le premier danseur de la scène parisienne Duport. Lafont et Baillot venaient diriger l'orchestre. Le premier chorégraphe du monde venait chez nous. Didelot est un poète unique, véritable et inimitable, il est le Byron du ballet ! Quel talent l'aidait à former la troupe ! Avez-vous vu le vieil Auguste ; imaginez alors quel homme c'était dans sa jeunesse ! (Boulgarine, 1840 : 81).

Le chroniqueur russe Rafaïl Zotov, en examinant les diverses troupes au service des Théâtres impériaux russes, met en évidence la prospérité de la troupe française, acteurs et actrices célèbres en tête, et leur succès dans la capitale russe. Il décrit celle du ballet et son état :

> La troupe de ballet était aussi splendide que la dramatique. Duport, après 60 000 roubles, perçoit aujourd'hui 100 000 roubles et continue à charmer nos admirateurs de la chorégraphie. […] D'autres danseurs français se produisent aussi, tels que Mesdames Batiste et Saint-Claire, MM. Batiste, Auguste et un élève russe et imitateur de Duport, Glouchkovski (Zotov, 1859 : 21).

Le Théâtre impérial se montre particulièrement généreux, bien plus, semble-t-il, avec les artistes étrangers qu'avec les danseurs locaux. Les témoignages des historiens de la danse et des spectateurs contemporains soulignent que l'engagement des artistes étrangers fut stimulé par des privilèges avantageux, ainsi que par un salaire souvent plus élevé que ce qu'ils pouvaient obtenir ailleurs. On constate la prédominance des vedettes étrangères sur les danseurs nationaux. Référons-nous aux chiffres précisés par Zotov :

Que dire du ballet d'autrefois ? Il suffit de se souvenir du salaire extraordinaire de Duport. Aujourd'hui, nos économistes s'affolent des appointements de Taglioni, mais c'est une vétille en comparaison de la rémunération de Duport. […] Duport recevait des paiements post-spectacle, 1 200 roubles en comptant un rouble pour trois francs (selon son contrat), c'est-à-dire 3 600 francs pour la soirée. […] Finalement, il a conclu un contrat selon lequel les paiements post-spectacle étaient supprimés et son salaire annuel atteignait 60 000 roubles, soit 180 000 francs. Nous pouvons en tirer la conclusion que le ballet est une affaire de luxe pour tout théâtre dans le monde (Zotov, 1840 : 16).

Vedettes de la danse masculine française en Russie

Louis-Antoine Duport : triomphe du métier de danseur

Jusqu'à la période préromantique, le ballet est un métier essentiellement masculin, avec de nombreux danseurs notables. « Le premier danseur de la scène parisienne », Louis-Antoine Duport, (1783-1853) arrive dans la capitale russe en 1808 et se produit comme premier sujet dans les ballets de Charles-Louis Didelot (1767-1837) jusqu'à 1811. En effet, Duport est parvenu à faire une brillante carrière à Paris et sa danse splendide en fait un rival d'Auguste Vestris. Il est peu probable que son départ à Saint-Pétersbourg ait été suscité par des conditions financièrement défavorables sur la scène française, ni par l'incapacité à trouver du travail. Dans le *Dictionnaire de la danse*, la raison de son départ de l'Opéra de Paris serait « ses sautes d'humeur et ses exigences démesurées » qui l'ont poussé « à rompre unilatéralement le contrat qui le lie à l'Opéra de Paris et donc à fuir clandestinement pour Saint-Pétersbourg, en passant par Vienne où il arrive déguisé en femme chez les Taglioni » (Le Moal, 1999 : 26).

Selon Pimen Arapov, qui rédige la chronique du théâtre russe (*Letopis rousskogo teatra* [Les Annales du Théâtre russe]) l'arrivée de ce danseur français constitue un événement de grande importance pour la ville de Saint-Pétersbourg. Duport remporte un énorme succès auquel contribuent sa virtuosité et sa technique chorégraphique : « Il franchissait la scène du Grand Théâtre en trois sauts, et la survolait en entrechats et en pirouettes comme une balle élastique en plein vol » (Arapov, 1861 : 185-187). Les mouvements chorégraphiques complexes mis en valeur par le danseur sont novateurs. Au début du XIXe siècle, les figures du ballet à l'antique évoluent en mettant en valeur des traits essentiels comme la légèreté, l'élasticité et l'agilité. Après avoir dansé dans le divertissement *Le Mariage d'or*, Duport suscite dans la presse de nombreux commentaires admiratifs qui portent en particulier sur son aptitude à recréer l'effet d'envol : « Le sol où il prenait appui semblait le pousser dans les airs ; il lui arrivait de voler d'un bout à l'autre de la scène qu'il parcourait en trois sauts. Après cela, les danses peuvent être nommées les vols » (Vigel, 2003). Il a des dispositions exceptionnelles, « légèreté, rapidité, pureté des danses » (Arapov, 1861 : 185-187) qui sont les caractéristiques du bon danseur, et la presse qui présente sa virtuosité se fait l'écho de l'engouement du public. La légèreté se présente comme une indéniable qualité de l'excellence du danseur qui doit produire un effet de voltige. Les termes « sauts extraordinaires », « pirouettes rapides », « tours », apparaissent dans les comptes rendus critiques qui cherchent à traduire par écrit la sensation de vol. C'est en particulier dans *Zéphire et Flore* de Didelot que le talent de Duport s'est fait le plus remarquer, notamment grâce à ses qualités de légèreté. « Le principal triomphe de Duport fut le rôle de Zéphire. J'ai vu beaucoup de danseurs dans ce rôle, mais tous ces Zéphire étaient très lourds, ils n'avaient ni le talent, ni la légèreté de Duport » (Glouchkovski, 1851 : 21). Ces dernières descriptions qui font l'éloge de la virtuosité du danseur seront ensuite remplacées par celles des danseuses. Ces qualités développées par Duport dans les ballets didelotiens seront les premières qualités exigées par le ballet de la période romantique. La reconnaissance du métier du danseur est mise en valeur dans le discours critique mais, par la suite, le succès d'un danseur sera comparé à celui des danseuses : « Duport rendait folle toute l'Europe comme le font aujourd'hui Taglioni et Elssler. Et en effet, il ne dansait pas mais volait ; sa force et sa légèreté étaient incompréhensibles […], ses pirouettes étaient extraordinaires » (Zotov, 1840 :16).

Au sujet de Duport, ce qui nous intéresse également est la transmission de son savoir-faire aux danseurs russes. Adam Glouchkovski, qui débute sa carrière de danseur en 1809 et devient un rival de son homologue français, raconte dans ses mémoires :

> Le genre de danse qu'il pratiquait était le demi-caractère. Duport avait tout ce qu'il fallait pour être un bon danseur : une grâce merveilleuse, la légèreté, la vitesse et la pureté de la

danse. Ses pirouettes étaient parfaitement achevées et se signalaient par une diversité étonnante, il les faisait sur les pointes (pirouettes-filées), et les achevait en prenant une pose gracieuse, ce qui constitue la principale qualité de la pirouette. D'autres danseurs font des pirouettes innombrables, c'est leur tour de force, mais ils les font sans grâce et sans la propreté requise [...]. (Glouchkovski, 1851 : 20) (en russe)

Duport a en effet la possibilité de composer ses propres ballets à Saint-Pétersbourg tels que *L'Amour de Vénice et Adonis, ou la vengeance de Mars* (1808) en deux actes, *Les Américains, ou un naufrage heureux* (1809) en un acte, ainsi que nombreux divertissements comme *La Fête d'un bon seigneur* (1809), *La Rose de Salange*, *Le Jugement de Pâris* (1809), un divertissement anacréontique, et d'autres (Khoudekov, 1918 : 35-36).

Charles Lachouque : dernier éclat de la danse masculine ?

Le danseur français Charles Lachouque (1801-1841) travaille à Saint-Pétersbourg à partir de 1832. Le métier de danseur exige une grande mobilité, une capacité d'adaptation à un nouvel environnement de travail et à de nouvelles conditions de vie. La carrière de Lachouque suit un itinéraire traditionnel : il débute à l'Opéra de Paris, danse en Italie avec succès à Milan et à Naples, puis à Bordeaux. Dans l'*Almanach des spectacles* de 1830, son nom figure sur la liste des « premiers danseurs en chef » du Grand-Théâtre de Bordeaux, à côté d'Alexis-Scipion Blache[1]. Grâce à son métier, Lachouque reste à Saint-Pétersbourg presque dix ans, jusqu'en 1841. *Severnaïa ptchela* annonce que la troupe pétersbourgeoise accueille « un nouveau talent » qui est présenté comme « artiste de Bordeaux où il a reçu le titre de *prima dancer*. Il est apparu dans le nouveau ballet *Almaviva et Rosine* le 25 septembre[2] ». La Direction des Théâtres impériaux lui propose des conditions très avantageuses, notamment un contrat de trois ans afin de « danser les premiers sujets et de jouer des rôles sérieux de pantomime ainsi que dans les divertissements, et danser où il sera commandé[3] ». En échange de son service sur la scène

---

1 *Almanach des spectacles : Agenda des théâtres de France et des théâtres français à l'étranger*, Paris, Barba, 1830 : 271.
2 *Severnaïa ptchela* [L'Abeille du Nord], n° 230, 4 octobre 1832.
3 *RGIA*, F. 497, Op. 1, D. 5588 : 1, cité par Boglatcheva, 2017 : 7.

impériale, le danseur reçoit non seulement 2 000 francs à titre d'acompte et une somme réservée à son déménagement, mais aussi un bon salaire de 8 500 roubles et un bénéfice[1]. Le danseur français intègre rapidement la troupe de danse russe grâce aux circonstances propices. Tout au début du séjour russe, Lachouque subit quelques critiques déplaisantes sur son physique ; un article de *Severnaïa ptchela* ridiculise le nouvel arrivant en ces termes : « Il est grand et mal fait, ses jambes sont grosses, et sa physionomie est muette, ses bras semblent paralysés, ses gestes sont maladroits ; ce sont les défauts de M. Lachouque et une pirouette puissante mais parfois irrégulière constitue sa seule qualité[2]. » Toutefois, il s'adapte facilement à l'environnement européanisé et francophile du théâtre russe. Plusieurs raisons expliquent cela, notamment le caractère francophone de la troupe qui se compose de plusieurs artistes français invités en Russie à cette époque : André (Schmidt), les époux Alexis, Adèle Bertrand, Louise Croisette[3], Laura Marie Peyssard, Théodore Guérinaud, Frédéric, Fleury (Skalkovski, 1882 : 200). Ensuite, les deux maîtres de ballet français, Antoine Titus et Alexis Blache, déterminent le goût français pour la création artistique. Et la plupart des ballets sont conçus dans l'esthétique française. Avant de venir en Russie, la danseuse Laura Peyssard se produit en tant que première danseuse au Grand-Théâtre de Bordeaux dans les chorégraphies de Blache et aux côtés de Lachouque[4].

Lachouque précède l'arrivée de la danseuse italienne Marie Taglioni. Selon les critiques de l'époque, la présence de cette vedette ne diminue en rien l'importance de la danse masculine et les ballets comportent toujours des rôles pour les danseurs masculins. De plus, les chroniqueurs vantent les efforts des danseurs face à la féminisation du ballet : « Quand la Taglioni est apparue sur notre scène, Lachouque a redoublé d'efforts et a rendu ses rôles encore plus brillants » (Boglatcheva, 2017 : 11).

---

1 *RGIA*, F. 497, Op. 1, D. 5588 : 1, cité par Boglatcheva, 2017 : 7.
2 *Severnaja ptchela* [L'Abeille du Nord], n° 230, 4 octobre 1832.
3 Louise Croisette est engagée à Saint-Pétersbourg entre 1830 et 1840, la première interprète du rôle de la Sylphide en 1835 en Russie ainsi que du rôle de Zulma dans le ballet *La Révolte au Sérail* en 1835 (la transposition de Titus).
4 *Almanach des spectacles*, Paris, Barba, numéros de 1826, 1827, 1830.

Le danseur Émile Gredelue

Danser en Russie : une bonne affaire ?

Le dossier personnel du danseur Émile Gredelue[1], conservé aux Archives historiques russes (RGIA), retrace les détails de son arrivée à Saint-Pétersbourg. Il contient les démarches administratives et les conditions de l'embauche de l'artiste français. Son contrat commence dès sa montée à bord du bateau, amarré au grand port de la mer Baltique de Lübeck redevenu allemand après le Congrès de Vienne (1815) et qui relie l'Occident et la Russie.

En Russie, Gredelue est engagé en tant que premier danseur et danseur de demi-caractère. Son salaire s'élève à 8 000 roubles par an pour une durée de trois ans. Après le renouvellement de son contrat en 1839 et selon le règlement de la Direction des Théâtres impériaux russes, il reçoit une augmentation annuelle de 2 000 roubles. En 1842, son contrat est à nouveau renouvelé mais, cette fois, le danseur demande un engagement de quatre ans, ce qui lui est accordé par la direction. En 1846, ses services auprès des Théâtres impériaux russes lui donnent droit à une retraite. Cependant, la direction considère qu'elle peut encore renouveler son contrat et propose à Gredelue un nouvel engagement avec la fonction complémentaire de professeur de danse dans l'École théâtrale. Les documents d'archives indiquent que le danseur part en congé à l'étranger pour vingt-huit jours en août 1846. Une mission lui est confiée pendant son séjour hors de la capitale russe : voir et noter de nouveaux ballets, ainsi que réunir les éléments pour mettre en scène les meilleurs ballets européens à Saint-Pétersbourg. Pour cela, la Direction ne considère pas le séjour du danseur comme un congé : il touchera donc son salaire habituel. En 1847, Gredelue souhaite démissionner et quitter son poste dans les Théâtres impériaux en annonçant son engagement auprès du Service de la Couronne. Dans sa lettre envoyée à la direction, il certifie accepter de perdre sa pension et avoir reçu son dû, conformément à son contrat.

La circulation des artistes français vers la Russie crée un terrain favorable pour la transmission des thèmes et des sujets de ballets. Pour l'historien de la danse et le critique Sergueï Khoudekov, le répertoire chorégraphique du Théâtre impérial s'enrichit grâce à la

---

1 *RGIA*, F.497, Op. 1, D. 4786.

transposition des œuvres parisiennes et, en effet, dépend entièrement du modèle du répertoire de Paris :

> Depuis l'époque de Taglioni, les œuvres chorégraphiques montées sur la scène de la capitale russe sont essentiellement transposées de Paris. Cela prouve qu'aucune nouvelle direction dans le ballet n'a eu lieu. Pour se développer, le ballet russe poursuit la ligne du ballet parisien. Le répertoire de deux scènes est identique. À Paris et à Saint-Pétersbourg, les mêmes premières danseuses se produisent. La capitale nordique avance avec un peu de retard car elle imite les Français en tout, c'est une seule différence entre les deux. Et il ne peut pas en être autrement, parce que les chefs de la troupe et les premiers danseurs sont uniquement les Français, élevés dans l'esprit des principes noverriens et qui portent le drapeau du style élégant qui obéit aux dogmes de l'école française (Khoudekov, 1918 : 57) (en russe).

Conclusion

Le ballet en Russie se construit grâce au réseau intense et à l'échange des professionnels de la danse dans la première moitié du XIXe siècle. Dans ce contexte, le Théâtre impérial à Saint-Pétersbourg apparaît comme un lieu d'accueil et participe à la création de l'« industrie du ballet ». Les artistes chorégraphiques qui parcourent l'Europe arrivent aussi en Russie en quête de gloire, de prospérité ou d'aventure. Toutefois, l'artiste accorde naturellement sa préférence aux troupes renommées, soit pour leurs qualités artistiques, soit pour les conditions financières.

Les artistes français en Russie sont des passeurs culturels du savoir de la danse et leur travail est l'un des vecteurs de l'exportation du modèle français véhiculé par l'art chorégraphique. La préférence accordée aux artistes français témoigne du prestige de la danse française ainsi que des rapports culturels et politiques entre la France et la Russie.

La figure des artistes voyageurs est courante au sein de la profession dansante au XIXe siècle, époque où la danse devient un moyen d'échange et de partage de savoirs non seulement entre deux contrées, mais également dans une dynamique internationale et transnationale.

La réception de ces artistes par la presse russe est un des éléments essentiels dans le processus de circulation et de transfert culturel. La presse joue à la fois un rôle critique et un rôle de médiateur entre le public et l'artiste. La médiatisation des artistes chorégraphiques demeure un champ de recherche. L'étude de la réception démontre que les préférences des chroniqueurs, souvent guidées par le commanditaire, ont un impact important non seulement sur l'intégration des artistes et leur réussite mais aussi sur la présentation des faits, parfois subjectifs, dans l'historiographie de la danse.

Bibliographie

Arapov Pimen, 1861, *Letopis rousskogo teatra*, Saint-Pétersbourg, Typographie Tiblena.

Boglatcheva Irina, 2017, « Frantsouzski tantsovschik Charl' Laschouk v Sankt-Peterbourgue » [Le danseur français Charles Lachouque à Saint-Pétersbourg], in *Rossiiskij teatr : nasledie i vektory razvitiia* [Le Théâtre russe : héritage et vecteurs de développement] : actes du colloque des 1er-2 novembre 2016, Saint-Pétersbourg, Tchisty list.

Boulgarine Faddeï, 1840, « Teatral'nye vospominaniia » [Les souvenirs de théâtre], *Panteon rousskogo i vsekh evropeiskikh teatrov* [Le Panthéon du théâtre russe et de tous les théâtres européens], livre 1, Saint-Pétersbourg.

Glouchkovski Adam, 1851, « Vospominaniia o velikom khoreografe K. L. Didlo i nekotorye rassoujdeniia o tantseval'nom iskousstve » [Les souvenirs du grand chorégraphe Charles-Louis Didelot et quelques discussions sur l'art de la danse], in *Panteon* [Le Panthéon], vol. 2, livre 4, Saint-Pétersbourg.

Khoudekov Sergueï, 1918, *Istoria tantsev* [Histoire des danses], vol. 4, Petrograd, https://www.prlib.ru/item/335371, consulté le 10/03/2021.

Le Moal Philippe (dir.), 1999, *Dictionnaire de la danse*, Paris, Larousse.

Markovits Rahul, 2010, *Un « empire culturel » ? Le théâtre français en Europe au XVIIIe siècle (des années 1730 à 1914)*, thèse sous la direction d'Alain Cabantous, Université Paris 1.

Skalkovski Konstantine, 1882, *Balet, ego istoriia i mesto v riadou izyaschnykh iskusstv* [Le Ballet, son histoire et sa place au sein des arts plastiques], Saint-Pétersbourg, typographie d'A. Suvorin.

Vigel Filipp, 2003, *Zapiski* [Notes], livre 2, Moscou, (première édition 1856), http://az.lib.ru/w/wigelx_f_f/text_1856_zapiski.shtml, consulté le 12/05/2021.

Zidaric Walter, 2004, « La vie musicale pétersbourgeoise et le Théâtre Mariinski : espace retrouvé d'un prestige international », *in* Zidarič Walter, *Saint-Pétersbourg : 1703-2003*, actes du colloque international, Université de Nantes, Centre international des langues, 16 et 17 mai 2003, Nantes, CRINI et Centre de recherche sur les identités nationales et l'interculturalité.

Zotov Rafaïl, 1840, « I moi vospominaniia o teatre » [Et mes souvenirs du théâtre], *Repertuar rousskogo teatra* [Le Répertoire du Théâtre russe], vol. 1, Saint-Pétersbourg.

Zotov Rafaïl, 1859, *Teatral'nye vospominaniia* [Les souvenirs théâtraux], Saint-Pétersbourg, typographie d'Ja. Ionsona : 21.

Bienfaits des eaux, plaisirs de la danse : organiser des bals dans les stations thermales et balnéaires au XIXᵉ siècle. Aperçu de recherches
Chloé d'Arcy

Au sujet d'un séjour à Spa, dans la seconde moitié du XVIIIᵉ siècle, le vicomte de Ségur écrit : « On s'y rendait en foule de tous les pays, sous le prétexte d'y retrouver la santé, mais dans le but réel d'y chercher le plaisir (Ségur, 1909 : 61). » Ce constat deviendra un lieu commun de la littérature thermale au XIXᵉ siècle.

En France, après une période d'interruption due à la Révolution, le thermalisme reprend son essor sous la Restauration ; en parallèle, la pratique des bains de mer commence à se mettre en place (Penez, 2005 : 3). La saison aux eaux s'étend de mai à octobre, avec un temps fort en juillet et août. Ces activités touchent d'abord une petite élite aristocratique mais aussi, à l'échelle régionale, de véritables malades qui viennent chercher la guérison grâce aux sources d'eaux minérales. Au fil du siècle, une population plus large va pratiquer la villégiature thermale et balnéaire, en lien avec l'avènement de la bourgeoisie et le développement des moyens de transports. Aux côtés des malades se trouvent alors leurs accompagnateurs, des personnes désireuses de se maintenir en bonne santé mais aussi des curieux venant simplement profiter des plaisirs offerts par les villes d'eaux. Aussi, pour répondre aux attentes de ces différents publics et en attirer de nouveaux, un ensemble de distractions se développent près des sources d'eaux minérales ou en bord de mer, comme en témoignent les annonces publicitaires[1]. Ces distractions (bals, concerts, représentations théâtrales, jeux, excursions…) participent au rayonnement d'une station thermale ou balnéaire, qui doit se démarquer de ses concurrentes régionales ou européennes (Bonneau, 1977 ; Di Bella, 2017 ; Gerbod, 2004 ; Guerrand, Mignot *et al.*, 2011 ; Wallon, 1981). Le présent essai

---

1 Voir par exemple les publications de la *Gazette des eaux* et du *Monde thermal*.

s'intéresse plus particulièrement aux bals organisés dans les villes d'eaux entre la Restauration et la fin du Second Empire[1]. La fin du Second Empire correspond en effet à une période charnière dans l'histoire du thermalisme : à la suite du conflit franco-prussien et de la montée des nationalismes, la fréquentation des villes allemandes est condamnée en France ; en outre, l'interdiction des jeux d'argent et de hasard dans l'Empire allemand en 1872 marque un coup d'arrêt à la prospérité des stations rhénanes (Mangin, 1994). Nous nous concentrerons ici principalement sur des exemples français (Vichy, Dieppe, Bagnères-de-Bigorre...) et les quelques cas étrangers mobilisés le seront à partir de sources françaises, à l'instar de Bade, immense station thermale, qui constitue *le* modèle de la période. Nous proposons d'étudier les bals à l'aide de guides touristiques, souvenirs de voyages, presse locale, nationale ou encore spécialisée dans le thermalisme, archives administratives et partitions musicales. Où et quand danse-t-on ? Qui organise ces bals et comment ? Que danse-t-on et sur quelles musiques ? Qui danse ? Comment danse et cure se concilient-elles ?

Espaces et temps de la danse

Durant la première moitié du siècle, un même établissement tend à regrouper les fonctions de soins et de loisirs : les bals sont ainsi donnés dans des salons attenant aux salles de bains. Ces salons sont polyvalents au sens où ils peuvent abriter un ensemble d'activités variées ; leur aménagement est souvent modulable. La ville de Dieppe construit sa première salle de bal en 1824, à l'occasion de la visite de la duchesse de Berry, au sein de l'établissement de bains ouvert quelques années auparavant[2]. Ce modèle d'organisation est bien sûr idéal-typique et l'on peut lui opposer des exceptions : ainsi, à Aix-en-Savoie, le Cercle est ouvert en 1824 dans un bâtiment distinct de celui des bains, au sein du château du marquis de Seyssel (Frieh, Rault, 1984 : 36). Dans la seconde moitié du siècle au contraire, et plus nettement encore sous la IIIe République, bains et loisirs tendent à se distinguer avec la construction de casinos, inspirés du modèle

---

1 Cette chronologie correspond à celle de notre doctorat mené à l'EPHE, sous la direction du Pr. Yon. Cet essai est un premier aperçu des recherches réalisées dans ce cadre.
2 Fonds anciens et locaux, Dieppe. D-III-19, administration municipale. Travaux exécutés pour le séjour de Madame la duchesse de Berry, 1824.

allemand, proposant des salles spécialisées pour chaque loisir (Jarrassé, 1992 : 174-179). Le casino de Vichy est ainsi inauguré en 1865, en face de l'établissement de bains. Les deux bâtiments sont reliés par un parc, et l'on peut facilement circuler à pied de l'un à l'autre. Ils sont entourés des principaux hôtels, d'un café et du kiosque à musique ; ils constituent donc le cœur de la ville thermale, animée durant l'été (Piesse, 1870 : plan de la ville). Les établissements de bains peuvent être des propriétés municipales, départementales ou étatiques, gérées par un régisseur ou une compagnie fermière. Certains établissements sont également des propriétés privées. Que ce soit dans les casinos ou dans les établissements de bains, une même préoccupation apparaît : augmenter l'espace dédié à la danse tout en améliorant le luxe et le confort des salons. Ces derniers sont en effet régulièrement décrits comme « trop petits », et ce quelle que soit la ville concernée. En 1859, la municipalité de Bagnères-de-Bigorre doit ainsi réagencer sa salle de bal, pourtant quasi neuve, afin d'octroyer plus d'espace aux danseurs : « Il a été décidé que la salle contiguë, primitivement destinée à recevoir des buffets, serait jointe au grand salon et qu'on y placerait l'orchestre. En sorte que la salle de bal sera entièrement libre pour les danseurs d'une extrémité à l'autre (Ariel, 1859 : 2). »

L'accès au bal des établissements de bains ou casinos est conditionné par un abonnement, ouvert aux curistes mais également aux locaux qui en ont les moyens. Plusieurs formules sont proposées, de l'abonnement saisonnier à l'entrée journalière, en passant par des tarifs de groupe ou différenciés selon le sexe. Certains tarifs réduits peuvent être octroyés aux femmes ou aux habitants de la ville. Ces bals sont donc publics. Au cours d'un été, la saison des bals commence généralement vers la fin juin pour se terminer à la mi-septembre, couvrant ainsi la période où l'affluence étrangère est la plus dense. Afin de respecter les exigences de la cure thermale, ces bals ont lieu assez tôt dans la soirée, souvent entre 8 heures et 11 heures du soir. En effet, les soins commencent tôt le matin et les médecins sont assez hostiles aux veillées tardives. Au fil du temps, et en lien avec la vogue croissante de la villégiature thermale et balnéaire, l'organisation de bals dans les établissements de bains/casinos va se formaliser, se structurer, et leur nombre va croître. À Dieppe par exemple, trois bals par mois seulement en 1824 ; en 1826, des bals ont lieu tous les mardis et les vendredis (Taillandier, 1990 : 91). Plusieurs établissements adopteront ce rythme, et certains proposeront même trois bals par semaine comme celui de Boulogne-sur-Mer (Deseille, 1866 : 13).

Autres espaces importants pour la danse : les hôtels. À tour de rôle, ils accueillent des bals de souscription sur invitation, sous l'impulsion de leurs résidents. La fréquence de ces bals d'hôtels nous est malheureusement inconnue, mais la littérature de voyage suggère qu'ils sont nombreux et qu'ils visent notamment à compléter le calendrier dansant des établissements de bains.

> [L]es jeunes gens et les belles demoiselles organiseront des bals d'hôtel à hôtel, en dehors de ceux de Strauss. On danse cependant deux fois par semaine chez Strauss [dans l'établissement de bains de Vichy] ; mais c'est peu pour les malades qui viennent prendre les eaux (Piesse, 1854 : 96) !

Ces bals privés sont davantage indépendants des activités médicales et prolongent donc leurs festivités plus tard dans la nuit : le 28 juillet 1869, un bal organisé à l'hôtel des bains de Vichy sous la présidence de la marquise Hallay Coëtquen s'étend ainsi entre 10 heures du soir et 4 heures du matin (Picard, 1869 : 2).

De leur côté, les hôtels de ville accueillent ponctuellement des bals lors de la venue de personnages officiels ou lors des fêtes de souveraineté, en particulier la Saint-Louis (25 août) au début de la Restauration, et la Saint-Napoléon (15 août) sous le Second Empire. Enfin, des danses publiques s'organisent parfois en extérieur, à l'occasion de ces fêtes[1] ou lors de bals populaires, tenus à Vichy aux abords de l'établissement de bains (Chambriard, 1987). Ces bals semblent avoir autant une fonction récréative pour les danseurs qu'une fonction de divertissement pour les curistes citadins en quête de pittoresque.

Musique et musiciens

Pour animer les soirées dansantes, mais également des concerts quotidiens, les salons ont besoin d'un ensemble de musiciens, au minimum d'un pianiste. Le chef d'orchestre recruté par un établissement de bains ou un casino participe au succès d'une station ; son nom est très souvent mis en avant dans la presse, dans les guides

---

1 A. D. Seine-Maritime, 1-M-347, Fête du roi Louis XVIII, Dieppe.

touristiques et sur les programmes. Les villes les plus importantes recrutent les chefs en vogue et les têtes couronnées attirent sur leurs lieux de villégiature leurs musiciens favoris. Sous le Second Empire, les frères Waldteufel animent ainsi les bals de la Villa Eugénie et du Casino Bellevue à Biarritz (Puyau, 2013 : 60), Émile Waldteufel étant particulièrement apprécié de l'impératrice. À Bade, dans les années 1860, le célèbre Johann Strauss est ponctuellement invité à diriger de grands bals spéciaux[1]. Les orchestres des bains mêlent musiciens locaux et musiciens issus de théâtres parisiens ou de grandes villes de province. En 1862, l'orchestre des bains de Dieppe compte entre autres parmi ses membres M. Colblain, premier violon au Théâtre italien, M. Duquesnois, premier violoncelle du Théâtre de Rouen, et M. Lodvin, professeur de musique à Dieppe (Anon., 1862 : 2-3). Plus les loisirs estivaux prennent de l'ampleur et se structurent, plus les orchestres s'enrichissent de musiciens prestigieux.

L'effectif des orchestres varie au cours du temps. Dans les années 1830, le violoniste, chef d'orchestre et compositeur Isaac Strauss joue au sein d'un quatuor à cordes avec son frère Maurice et les frères Lévy ; ils se produisent à Plombières puis à Aix-en-Savoie. Une fois installé à Vichy en 1844, Strauss agrandit progressivement son orchestre : dès 1844, il y ajoute une contrebasse, une flûte et un cornet à pistons ; en 1847, douze musiciens composent son orchestre ; en 1857, ils sont quatorze (Schnapper, 2019). Durant un même été, la taille de l'orchestre peut aussi varier et chaque bal n'est pas nécessairement accompagné d'un grand orchestre. À Vichy, en 1869, l'orchestre du casino comporte trente musiciens sous la direction de Roméo Accursi, au plus haut de la saison (Anon., 1869 : 1). Au mois de septembre, ils ne sont plus que six à animer concerts et bals (Raincy, 1869 : 1) ; les curistes sont en effet moins nombreux et plusieurs artistes ont dû reprendre leurs engagements dans d'autres théâtres.

Cette forte présence des musiciens dans les villes d'eaux ainsi que l'importance des bals entraînent la composition de nombreuses musiques de danse. Certaines en souvenir de Trouville, par exemple :
- Bosch Elisa, *La Trouvillaise*, polka-mazurka, op. 32, Versailles, l'auteur, 1862 ;
- Descombes Achille, *La Fée des grèves*, suite de valses, op. 108, Paris, A. Decombes, 1868 ;

---

[1] L'un de ces bals devait avoir lieu le 2 septembre 1870 (Lavigne, 1870 : 94).

- Mozin Théodore, *Souvenir de Trouville*, quadrille original varié, pour piano à 4 mains, op. 22, Paris, Mayaud, 1850 (Pistone, 2019 : 137-144).

Il est possible que certaines de ces compositions aient été jouées lors de bals dans ces villes[1]. Les programmes des concerts quotidiens donnés dans les parcs peuvent aussi donner des indices quant aux morceaux joués le soir. En effet, plusieurs musiques de danse y figurent[2]. Peut-être est-ce un moyen pour l'orchestre de montrer sa valeur et d'inciter les curistes à participer à ses bals. Cette évocation du répertoire des orchestres donne un premier aperçu des danses pratiquées durant les bals thermaux et balnéaires.

Danses pratiquées

À l'époque où la duchesse de Berry se rend à Dieppe, seuls des contredanses et des quadrilles sont mentionnés dans les comptes rendus de bals du *Journal de Rouen* (Anon., 1825a : 3 ; Anon., 1825b : 3). À la même période, quelques valses sont citées dans des souvenirs de voyage, comme à Bagnères-de-Bigorre (Samazeuilh, 1827 : vol. 1, 47). Au milieu des années 1840, et pendant les décennies suivantes, la polka et la mazurka rejoignent la valse et le quadrille. D'autres danses apparaissent ponctuellement, comme la redowa (Loisy, 1854 : 49) ou le galop (Lavigne, 1869 : 245). En 1857, Charles Brainne note que tous les baigneurs savent danser le quadrille des Lanciers lors de l'inauguration du nouvel établissement de bains de Dieppe (Brainne, 1857 : 3), ce quadrille ayant été importé en France en 1856. Les danses pratiquées dans les villes d'eaux françaises suivent donc globalement les modes parisiennes (Gasnault, 1986 ; Joannis-Deberne, 1999). De son côté, Bade est présentée comme un pôle de diffusion des danses de société, un lieu où les pratiques chorégraphiques s'échangent entre les élites européennes. Dans un but promotionnel mais aussi fasciné par cette station prestigieuse, Eugène Guinot écrit :

---

1 C'est également l'hypothèse formulée par L. Schnapper au sujet de Strauss à Vichy.
2 Voir par exemple les programmes publiés quotidiennement dans *La Gazette des bains*, Dieppe, Émile Delevoye, 1860-1895, ou encore dans *Le Programme, journal du Casino de Vichy*, Vichy, Armand Wallon, 1866-1870.

> On peut dire avec exactitude que Bade donne le ton à l'Europe. C'est un congrès où les nobles représentants de tous les pays discutent les hautes questions qui préoccupent le monde élégant ; c'est un gymnase où s'essayent et se préparent les innovations de la mode. On y décide dans l'été quelle sera la danse en vogue l'hiver suivant à Paris. Ainsi, avant d'être adoptées par les coryphées des salons parisiens, la hongroise, la valse à deux temps, la polka, la mazurka, la redowa, ont fait leur début à Bade (Guinot, 1847 : 187).

Il faut en outre distinguer les manières de danser dans les bals publics des casinos et dans les bals privés des hôtels. Favorisant l'« entre-soi », ces derniers sont moins contraints par les codes sociaux ; ainsi offrent-ils une plus grande liberté de mouvements et de danses. C'est ce dont témoigne la vicomtesse Anna de Loisy, fréquentant les deux types de soirées en 1847 :

> Ces réunions particulières n'ont pas, vous le pensez bien, le brillant des bals de Strauss, l'orchestre ne peut entrer en comparaison avec les magiques exécutants de la Rotonde. Mais les musiciens sont supportables ; il y a plus de liberté, plus de laissé-aller [sic] *et l'on danse plus tard*, quelle compensation (Loisy, 1854 : 79) !

Quant aux danseurs et aux danseuses, aux pratiques différentes dans ces lieux différents, qui sont-ils et comment les représente-t-on ?

Danseuses et danseurs

Si les villes d'eaux réunissent dans des espaces réduits des personnes aux origines sociales et géographiques variées, il n'est absolument pas certain que des mélanges sociaux s'opèrent. À propos de la saison 1861 à Vichy, Albéric Second écrit : « [Les bals des salons de l'établissement de bains] sont des sauteries sans prétention accessibles à tous les abonnés et où les lionnes de la saison ne brillent que par leur absence, se réservant pour les bals particuliers organisés dans les hôtels (Second, Daumas *et al.*, 1862 : 25). » Lors des bals donnés pour des occasions spécifiques, comme les fêtes de souveraineté, les baigneurs étrangers se mêlent aux élites locales. C'est aussi le cas lors des bals donnés en l'honneur d'une personnalité politique. Le 8 septembre 1853, à Dieppe, Napoléon et Eugénie ouvrent ainsi le bal qui leur est offert, aux côtés du maire et de son épouse (Anon., 1853 : 1). Ces rencontres demeurent néanmoins occasionnelles et justifiées par un événement.

Dans les stations thermales, le bal est présenté comme l'apanage du féminin. En effet, les femmes apparaissent plus nombreuses que les danseurs dans les salles de danse et elles contribuent activement à l'animation et à l'organisation de ces soirées. Non sans sexisme, les commentateurs de la vie thermale ne cessent de vanter les charmes des danseuses. Dans les stations cosmopolites (Spa en Belgique ou les villes rhénanes), les assemblées internationales de femmes sont dépeintes de façon fantasmée, comme si chaque nation avait ses beautés propres et ses manières de danser. À propos de Bade en 1838, Gérard de Nerval écrit par exemple :

> Vous ne pouvez vous faire une idée de la quantité de blanches épaules russes, allemandes et anglaises que j'ai vues dans cette soirée. Je doute qu'aucune ville de l'Europe soit mieux située que Baden pour cette exhibition de beautés européennes où l'Angleterre et la Russie luttent d'éclat et de blancheur, tandis que les formes et l'animation appartiennent davantage à la France et à l'Allemagne (Nerval, 1852 : 32-33).

Sous la plume d'auteurs masculins s'adressant à un lectorat masculin, ce tableau fantasmé de danseuses contribue à la promotion d'une station et de ses divertissements, quitte à réduire les femmes au rang des décorations luxueuses des salons (Anon., 1837 : 3). Des jeunes femmes, résidant aux alentours des villes d'eaux, peuvent également se joindre à l'élite des baigneuses pour danser dans les salons des établissements de bains. De jeunes Chambériennes se rendent, par exemple, au Casino d'Aix-en-Savoie (Ordinaire, 1875 : 147) tandis que des Grenobloises se rendent à Uriage (Donné, 1870 : 302). Une dernière présence féminine, plus dérangeante cette fois-ci, se relève dans la presse : les demi-mondaines. Elles éloigneraient des salons les mères et les jeunes filles vertueuses. L'enjeu pour les directeurs d'établissements est donc de se débarrasser de ces courtisanes afin de donner une image plus morale de leurs salons (Fillonneau, 1860 : 5-6).

Du côté des danseurs, un lieu commun se retrouve dans différentes villes, à différentes périodes : la pénurie. Les commentateurs de la vie thermale ne manquent pas de le déplorer et d'insister pour que la clientèle masculine rejoigne les charmantes danseuses esseulées (Anon., 1841 : 3). Les hommes, moins nombreux que les femmes à venir prendre les eaux, seraient aussi davantage attirés par les jeux que par la danse. Toutefois, salles de jeux et de danse restent poreuses et, au sujet de Bagnères-de-Bigorre en 1827, Samazeuilh raconte que des perdants aux jeux viennent tant bien que mal se réconforter dans les bras de valseuses, tout en gardant un œil sur la table de jeux située à quelques mètres (Samazeuilh, 1827 : vol. 1, 50). Les partenaires idéaux seraient les militaires, présentés avec une touche de romanesque. En 1859, la fin de la campagne d'Italie permet aux soldats de retourner dans les villes d'eaux et de redonner de l'entrain aux bals de Bade, pour le plaisir des commentateurs de la vie thermale.

> Les réunions dansantes ont repris leur antique entrain. Avouons-le, quelque chose manquait depuis que la garnison autrichienne de Rastadt n'envoyait plus ce détachement d'élégants et gracieux danseurs qui, depuis bien des années, faisait type dans les bals de réunion. La paix a ramené ces charmants danseurs, et désormais l'uniforme blanc ou bleu ciel des officiers autrichiens et badois charmera l'œil des spectateurs des bals de réunion, autant que leurs manières distinguées et leur valeur chorégraphique peuvent charmer les danseuses. Et ce n'est pas peu dire (Lallemand, 1859 : 2).

Enfin, les animateurs de la saison estivale n'oublient pas les enfants : une fois par semaine, des bals sont organisés à leur attention ; ils se tiennent l'après-midi, en extérieur et parfois dans les salles des fêtes.

Danse et cure

Ainsi la frénésie dansante qui s'empare des stations thermales et balnéaires, initialement conçues pour dispenser des soins médicaux, ne manque-t-elle pas de susciter les railleries des commentateurs de la vie thermale. Tantôt les malades semblent avoir été chassés de ces villes d'eaux (Brainne, 1860 : 40), tantôt ils semblent guérir miraculeusement : fragiles le matin, ils sont en pleine forme le soir, dans la salle de bal (Anon., 1859 : 3).

Dans leurs écrits, la plupart des médecins thermaux se concentrent sur les propriétés des eaux et leurs modes d'application, mais ils ne peuvent pas complètement ignorer les loisirs offerts sur leur lieu de travail. En général, ils pensent que la danse est un bon exercice physique – pour les femmes en particulier – lorsqu'elle est pratiquée modérément, en plein air et de jour. En revanche, pratiquée à l'excès, la danse devient nocive, d'autant plus lors des bals organisés le soir, dans des lieux clos où l'air risque d'être vicié. L'air extérieur étant en outre particulièrement frais la nuit à la montagne ou en bord de mer, les médecins pointent les risques de maladies guettant les danseuses sortant transpirantes du bal (voir par exemple Lecoeur, 1846 : vol. 2, 84-86). Ces critiques émises ne sont pas particulièrement originales ; elles rejoignent les théories médicales et hygiénistes en vogue, dissociées du thermalisme (Arnal, 2021 ; Claire, 2013 : 95-98).

Toutefois, les médecins ont conscience que la tenue de bals rend un établissement de bains attractif. De plus, pour lutter contre le spleen et favoriser le bon déroulement d'une cure, il est important de proposer des activités plaisantes aux curistes. Aussi, soucieux de régir fermement le quotidien de leurs patients (Mackaman, 1998 : 97-105), certains médecins vont chercher à contrôler la pratique de la danse afin qu'elle ne nuise pas aux soins médicaux, voire qu'elle les complète. En 1835 par exemple, le Dr. Kuhn de Niederbronn recommande la pratique de la valse lente et de la contredanse, tandis qu'il proscrit les danses « qui entraînent un mouvement trop précipité et un échauffement subit, comme la galopade, la viennoise (valse très rapide), l'allemande ou la sauteuse ». Lorsque la danseuse commence à transpirer, elle doit se reposer ; un temps de repos est également nécessaire avant de quitter la salle de bal. La consommation de boissons fraîches est fortement déconseillée pendant la danse ; il vaut mieux privilégier « un verre de punsch [sic] ou de vin chaud, qui soutiennent uniformément l'ébullition que l'ardeur de la danse a éveillée, au lieu de la refouler inégalement sur tel ou tel organe (Kuhn, 1835 : 118-119) ». Il préconise enfin de ne pas danser trop tard et d'aller se coucher à 10 heures.

Conclusion

Le bal est un divertissement phare du thermalisme et peut donc être appréhendé sous de multiples aspects dans le cadre d'une étude en histoire culturelle et sociale[1]. Nous venons d'en présenter quelques éléments et, en guise de conclusion, nous proposons de soulever de nouvelles pistes de recherche : étudier l'organisation de bals dans des stations plus modestes que celles citées, les circulations de répertoires chorégraphiques entre villes d'eaux mais également entre villes d'eaux et capitales européennes, les expériences personnelles des participants, les représentations littéraires de ces bals estivaux... mais aussi les critiques émises à leur encontre. Désireuses d'offrir à leurs clients un mode de vie simple et tranquille, certaines stations choisissent en effet de ne pas en organiser. Une partie des curistes préfère également se reposer et jouir des plaisirs de la nature plutôt que d'aller danser ; quelques-uns peuvent d'ailleurs se montrer virulents à l'égard de cette activité, tel Delacroix qui écrit des Eaux-Bonnes en 1845 :

> Je n'ai jamais compris la fureur de venir s'amuser dans des endroits où on rencontre à chaque pas les plus tristes tableaux de malades, de gens qui toussent et se trainent pour chercher la santé. Ils font ici des bals, des soirées comme à Paris, et font tout ce tapage à l'oreille de ces moribonds qui sont porte à porte avec eux[2].

Le peintre se montre ici sensible à l'intérêt des malades que les commentateurs de la vie thermale tendent à effacer derrière un quotidien fait de musique et de danse, un quotidien dépeint, pourrait-on dire, comme celui d'une comédie musicale avant l'heure.

---

1 Parmi les recherches historiques récentes menées autour des bals, voir notamment Legoy, 2018.
2 Lettre d'E. Delacroix à L. Riesener, aux Eaux-Bonnes, le 25 juillet 1845 (Delacroix, 1878 : 181).

Bibliographie

Arnal Thierry, 2021, « Représentation du mouvement et modèles du corps dans l'espace des pratiques physiques : gymnastique, sport et danse (XIXe-XXe siècle) », *Séminaire Danse*, UPHF, 9 février.

Bonneau Michel, 1977, « Tourisme et villégiature balnéaire en France et en Belgique vers 1850 », *Hommes et Terres du Nord*, n° 2 : 13-22.

Chambriard Pascal, 1987/4, « Bals populaires à Vichy et sa région au cours du XIXe siècle », *Bulletin de la Société d'Émulation du Bourbonnais*, t. 63 : 608-630.

Claire Elizabeth, 2013, « Inscrire le corps révolutionnaire dans la pathologie morale : la valse, le vertige et l'imagination des femmes », *Littérature et culture 1760-1830. Sexes en Révolution*, n° 12 : 87-109.

Di Bella Sarah (dir.), 2017/3, *Revue d'Histoire du Théâtre : Casinos & spectacle aux XIXe et XXe siècles*, n° 275.

Frieh Geneviève & Rault Pierre, 1984, *Le Grand Cercle d'Aix-les-Bains. Histoire d'un casino*, Aoste, Musumeci Éditeur.

Gasnault François, 1986, *Guinguettes et lorettes. Bals publics et danse sociale à Paris entre 1830 et 1870*, Paris, Aubier.

Gerbod Paul, 2004, *Loisirs et santé. Les thermalismes en Europe des origines à nos jours*, Paris, H. Champion.

Guerrand Roger-Henri, Mignot Claude & Guillemain Hervé, 2011, *Trouville, palaces, villas et maisons ouvrières*, Paris, Édition B2.

Jarrassé Dominique, 1992, *Les Thermes romantiques. Bains et villégiatures en France de 1800 à 1850*, Clermont-Ferrand, Université Blaise Pascal.

Joannis-Deberne Henri, 1999, *Danser en société. Bals et danses d'hier et d'aujourd'hui*, Paris, Bonneton.

Legoy Corinne, 2018/4, « Bals masqués et costumés au XIXe siècle : pourquoi, et comment, en faire l'histoire ? », *Didactica Historica*, n° 3092 : 35-42.

Mackaman Douglas Peter, 1998, *Leisure Settings. Bourgeois Culture, Medecine, and the Spa in Modern France*, Chicago, Londres, University of Chicago Press.

Mangin Nathalie, 1994, « Les relations franco-allemandes et les bains mondains d'Outre-Rhin », *Histoire, économie et société*, 13e année, n° 4 : 649-675.

Penez Jérôme, 2005, *Histoire du thermalisme en France au XIXe siècle. Eau, médecine et loisirs*, Paris, Économica.

Pistone Danièle, 2019, *Le Paris d'été. Musique et société à Trouville-sur-Mer de 1830 à 1914*, Paris, L'Harmattan, coll. « Univers musical ».

Puyau Alain, 2013, *Petite Histoire de Biarritz. Entre mer et océan*, Pau, Éditions Cairn.

Schnapper Laure, 2019, « Strauss et Vichy », *Bulletin de la Société d'histoire et d'archéologie de Vichy et des environs*, n° 173 : 43-60.

Taillandier Isabelle, 1990, *La Villégiature à Dieppe sous la Restauration. Une pratique aristocratique*, Luneray, Bertout.

Wallon Armand, 1981, *La Vie quotidienne dans les villes d'eaux (1850-1914)*, Paris, Hachette.

Ouvrages du XIXᵉ siècle

Brainne Charles, 1860, *Baigneuses et buveurs d'eau. Baden-Baden*, Paris, Librairie nouvelle.

Delacroix Eugène, 1878, *Lettres de Eugène Delacroix (1815 à 1863)*, éd. par Philippe Burty, Paris, Quantin.

Deseille Ernest, 1866, *L'Ancien établissement des bains de mer de Boulogne, 1823-1863, notes historiques et statistiques*, Boulogne-sur-mer, imprimerie de Charles Aigre.

Donné Alfred (Dr.), 1870, *Hygiène des gens du monde*, Paris, J.-B. Baillière et fils.

Guinot Eugène, 1847, *L'Été à Bade*, Paris, Furne, E. Bourdin.

Kuhn Jean (Dr.), 1835, *Description de Niederbronn et de ses eaux minérales*, Paris, F.-G. Levrault.

Lecoeur Jules (Dr.), 1846, *Des bains de mer. Guide médical et hygiénique du baigneur*, Paris : Labé, Caen : l'auteur, E. Rupalley.

Loisy (de) Anna, 1854, *Lettres sur Vichy et ses environs*, éd. par Lodoïx Enduran, Vichy, J. César.

Nerval (de) Gérard, 1852, *Lorely. Souvenirs d'Allemagne*, Paris, D. Giraud et J. Dagneau.

Ordinaire (Dr.), 1875, *Aix ancien et moderne. Guide du baigneur et du touriste*, Aix-les-Bains, chez les libraires.

Piesse Louis, 1854, *Vichy et ses environs*, Paris, Hachette.

Piesse Louis, 1870, *Vichy et ses environs*, Paris, Hachette, « collection Joanne, guides diamant ».

Samazeuilh Jean-François, 1827, *Souvenirs des Pyrénées*, Agen, P. Noubel.

Second Albéric, Daumas Casimir & Dumont Louis-Paul-Pierre, 1862, *Vichy-Sévigné, Vichy-Napoléon*, Paris, H. Plon.

Ségur (de) Louis-Philippe, 1909, *Mémoires et souvenirs. 2, Souvenirs et anecdotes sur le règne de Louis XVI*, Paris, A. Fayard.

Presse du XIXe siècle

Anon., 1825a, « Rouen », *Le Journal de Rouen*, 8 août.

Anon., 1825b, « Rouen », *Le Journal de Rouen*, 9 septembre.

Anon., 1837, « Un bal donné par la ville de Bagnères », *L'Écho des vallées*, 1er septembre.

Anon., 1841, « Bal de Frascati », *L'Écho des vallées*, 29 juillet.

Anon., 1853, « On nous écrit de Dieppe », *Le Constitutionnel*, 11 septembre.

Anon., 1859, « Une lettre d'Ems », *Gazette des eaux*, 1er septembre.

Anon., 1862, « Tableau de l'orchestre des bains de Dieppe », *La Gazette des bains*, 7 juillet.

Anon., 1869, « Orchestre des concerts du casino », *Le Programme, journal du casino de Vichy*, 15 mai.

Ariel, 1859, « Chronique », *Le Monde thermal*, 15 avril.

Brainne Charles, 1857, « Variétés. Saison des eaux », *La Presse*, 29 juillet.

Fillonneau Ernest, 1860, « Quelques mots sur Dieppe », *Gazette des eaux*, 26 avril.

Lallemand Charles, 1859, « Histoire de la semaine », *L'Illustration de Bade*, 22 juillet.

Lavigne (de) Germond, 1869, « Nouvelles », *Gazette des eaux*, 5 août.

Lavigne (de) Germond, 1870, « Nouvelles », *Gazette des eaux*, 24 mars.

Picard Germain, 1869, « Un bal à l'hôtel des bains », *Le Programme, journal du casino de Vichy*, 30 juillet.

Raincy (de) Charles, 1869, « Les bals du Casino », *Le Programme, journal du casino de Vichy*, 23 septembre.

Retour sur la construction d'une tradition labanienne au Brésil

Guilherme Hinz

Depuis les années 1980, la pensée de Rudolf Laban (1879-1958) fait l'objet d'un engouement considérable au Brésil, comme l'atteste le nombre important de publications qui lui sont consacrées (Arruda, 1988 ; Cordeiro, Homburger *et al.*, 1989 ; Fernandes, 2002 ; Rengel, 2003 ; Mommensohn, Petrella, 2006 ; Scialom, 2017). Sachant que cet artiste et théoricien ne s'est jamais rendu sous les tropiques, son influence exceptionnelle sur le développement des études en danse au Brésil témoigne certes du succès de ses ouvrages d'après-guerre, de son système de notation, de sa pensée du mouvement et de la pédagogie en danse. Mais elle témoigne aussi plus fondamentalement des phénomènes de mobilité des artistes et des enseignants, ainsi que de circulation et de réappropriation d'idées et de modèles.

Au cours de mes recherches, j'ai pu constater que l'historiographie contemporaine brésilienne tend à attribuer l'introduction des pratiques et théories labaniennes dans le pays à des « pionniers » de la « danse expressionniste allemande » (*dança expressionista alemã*). Puisque Laban est considéré comme le « père fondateur » de la danse moderne allemande, de manière simplificatrice, on fait comme si tous les artistes inscrits dans cette tradition, ou du moins celles et ceux que l'histoire a retenu[1], avaient diffusé l'héritage labanien. Que cela s'explique par l'image faussement monolithique des langages chorégraphiques et des méthodes d'enseignement réunis sous le terme

---

[1] D'un auteur à l'autre, ce sont souvent les mêmes noms qui reviennent (Chinita Ullmann, Maria Duschenes, Renée Gumiel, Yanka Rudzka et Rolf Gelewski) lorsqu'il s'agit d'aborder l'implantation de la « danse moderne », de la « danse expressionniste », ou bien du « système Laban » ou de « l'Art du mouvement » au Brésil.

d'*Ausdruckstanz* (Franco, 2007) et/ou par celle faussement linéaire et uniforme de la carrière de Laban (Franco, 2016), un tel propos appelle des investigations plus approfondies.

C'est pourquoi la première étape de mon travail de thèse a été de tenter d'identifier les passeurs, les réseaux ainsi que les pratiques qui ont participé à la construction d'une tradition labanienne au Brésil. À partir de recherches effectuées dans la presse et dans les archives[1], l'objectif a été de réunir les sources historiques et de les connecter pour poser les bases d'un nouvel éclairage sur l'histoire de la réception brésilienne de Laban. Cet article se propose d'opérer un double décentrement, celui de l'espace – vers une aire géographique encore peu connue en Occident – et celui des sources – afin d'écrire une histoire moins partielle et moins oublieuse. Ainsi, en interrogeant les traces des circulations de la pensée labanienne au Brésil (de quel « Laban » s'agit-il, où et à quel moment ?), trois périodes seront distinguées.

1923-1951 : Premières traces, entre gymnastique et danse d'expression

Selon la chercheuse et labaniste brésilienne Melina Scialom, le premier vestige des pratiques labaniennes dans le pays remonterait aux années 1930 à São Paulo, dans l'enseignement de Chinita Ullmann[2], même si celle-ci avait été formée auprès de Mary Wigman

---

1 Brésiliennes, allemandes, françaises et anglo-saxonnes. Outre les bases de données de l'Hémérothèque digitale de la Bibliothèque nationale du Brésil, les principales collections consultées ont été les suivantes : au Brésil, les fonds de périodiques de la Bibliothèque nationale et de la Bibliothèque Alberto Nepomuceno à Rio de Janeiro, ainsi que la collection Maria et Herbert Duschenes au Centro Cultural São Paulo ; en Allemagne, les fonds Chinita Ullmann, Erika Milee, Rolf Gelewski et Käthe Wulff au Deutsches Tanzarchiv de Cologne ; en France, le fonds Albrecht Knust au Centre national de la danse de Pantin ; et, pour ce qui concerne les archives anglo-saxonnes, le Dartington Hall Archive au Devon Heritage Centre, en Angleterre, ainsi que les collections en ligne du Laban Guild, du Conseil international de cinétographie Laban (ICKL) et du Dance Notation Bureau.
2 Née à Porto Alegre, au sud du Brésil, Chinita Ullmann (1904-1977) suit l'enseignement de la Mary Wigman-Schule à Dresde au début des années 1920. Entre 1926 et 1928, elle rejoint le groupe de danse de Wigman. En 1929, elle ouvre une école (Schule für Tanz und Gymnastik) à Cologne et, en 1932, de retour au Brésil, elle fonde l'Academia de Bailado à São Paulo. En plus d'une carrière fructueuse sur scène, Chinita Ullmann joue un rôle important dans les débuts de

(Scialom, 2017 : 80). Sans entrer dans le détail des histoires de filiation (Launay, 1996 : 22), une analyse plus attentive des enseignements dispensés par la danseuse, chorégraphe et pédagogue révèle davantage d'éléments de l'esthétique wigmanienne[1] qu'une influence labanienne, qui sont deux choses différentes. Si l'historiographie brésilienne a longtemps mis l'accent sur un héritage de l'*Ausdruckstanz* à São Paulo (Navas, Dias, 1992), pour ce qui relève plus particulièrement de la réception de Laban, il serait intéressant de se pencher sur ce qui se passait dans l'ancienne capitale du pays, Rio de Janeiro.

Depuis les premières décennies du XXe siècle, on trouve des cours privés de danse à Rio de Janeiro (Sucena, 1988 : 119), une ville aux airs de grande métropole après les réformes urbaines d'inspiration haussmannienne. Donnés par des immigrés européens ou des Brésiliens formés à l'étranger, ces cours visaient davantage à apprendre les « bonnes manières » à l'élite de la société qu'à former des danseurs professionnels (Pereira, 2003 : 96). C'est dans ce cadre que s'inscrivent les premières traces de la réception de Laban dans le pays.

Dès 1923, des cours basés sur la « méthode du professeur von Laban » sont annoncés dans les journaux *cariocas*. Venue de Zurich, de la Schule für Eurythmie[2], Annita Hamburger[3] ouvre une école de gymnastique rythmique[4] au Largo do Carioca, au centre-ville de Rio. Dans ses cours, adressés aux « dames, demoiselles et jeunes filles », la « grâce des gestes et la perfection des formes » sont les buts visés. Cette « nouvelle gymnastique » allie la recherche du rythme et de l'harmonie musicale aux préoccupations esthétiques et hygiénistes de

---

l'Escola de Arte Dramática (EAD), où elle enseigne l'« expression corporelle » entre 1948 et 1958 (Sucena, 1988 : 346-349).
1 Si l'on se concentre ici uniquement sur son enseignement à l'EAD (Silva, 1989 : 81) : l'improvisation de différentes modalités de mouvement (marcher, courir, tomber de différentes hauteurs, monter un escalier) et l'étude de postures ainsi que l'emploi de masques pour la composition de personnages sembleraient plutôt être des procédés wigmaniens que des procédés labaniens.
2 École Laban, co-dirigée par Suzanne Perrottet et Käthe Wulff entre 1918 et 1922.
3 Anna Theresia Hamburger, née en 1902 à Zurich et morte en 1989 à São Paulo. À ce jour, on ne dispose que de peu d'informations sur le parcours de cette professeure de culture physique. Selon la presse et les Archives de la sécurité nationale du Brésil, elle débarque à Rio en 1923 et y enseigne entre 1923 et 1925.
4 « La première en Amérique du Sud » (« Uma escola de belleza e harmonia », 1923). *Idem* pour les citations suivantes.

l'époque. Ainsi, n'ayant pas l'inconvénient du sport et de la gymnastique traditionnelle, « qui compromettent la forme des muscles de la femme, les rendant épais et masculins », la méthode du professeur von Laban rend « le corps fort et surtout beau », explique Annita Hamburger. Bien que loin de ce que l'on attendrait comme « labanien », cet idéal hygiéniste est conforme à celui de la Schule für Eurythmie de Zurich (Wolfensberger, 1995 : 161).

Fig. 1 : Annonce de l'ouverture de l'école d'Annita Hamburger à Rio de Janeiro. Auteur inconnu, *O Brasil* (journal), n° 436, 13 juillet 1923. Fundação Biblioteca Nacional du Brésil.

En premier lieu, cet épisode montre l'appropriation et la transformation des idées labaniennes à l'époque où elles se produisent. C'est dire que « Laban » n'était pas un système clos et qu'ici son nom et sa notoriété sont associés à des fins d'éducation corporelle. En deuxième lieu, cette source nous permet de poser l'hypothèse que l'introduction de Laban au Brésil s'est faite d'abord par les milieux de l'éducation physique et non par la danse spectaculaire. Au début, la circulation de ses idées et peut-être de certains de ses écrits allemands serait ainsi liée aux circuits de gymnastique rythmique, que ce soit dans l'enseignement privé ou dans les lycées. Cela expliquerait un premier contact qu'Helenita Sá

Earp[1] a pu avoir avec les théories de Laban avant de les adopter, mêlées à celles de Jaques-Dalcroze et aussi à celles d'Isadora Duncan, dans le cursus de l'École d'éducation physique de l'Université du Brésil au cours des années 1940[2].

Pour ce qui concerne la danse spectaculaire, dans ce premier moment, le nom de Laban apparaît associé aux performances de ses anciens élèves, lors des rares tournées[3] à Rio de Janeiro et à São Paulo. Quant à l'enseignement, c'est par l'intermédiaire d'artistes immigrés que la transmission d'une approche revendiquée comme labanienne touche le champ de la danse. Mentionnons l'exemple de Gert Malmgren, danseur suédois ancien membre de la troupe de Kurt Jooss, très influencé par les théories de Laban depuis leur rencontre à Dartington Hall en 1939, qui a vécu à Rio de Janeiro entre 1942 et 1947[4]. Dans son école, la technique classique était enseignée en parallèle de la choreutique, la « science de la direction du mouvement », et de l'eukinétique, la « science de l'harmonie du mouvement » (Corseuil, 1945).

Aussi différents que soient les exemples d'Annita Hamburger, Helenita Sá Earp et Gert Malmgren, tous les trois relèvent de la transmission indirecte d'une tradition labanienne. Situés à Rio de Janeiro dans la première moitié du XXe siècle, ils semblent constituer les sources les plus anciennes pour réfléchir aux usages et réappropriations de Laban au Brésil.

---

1 Après avoir obtenu son diplôme en éducation physique, la danseuse, pédagogue et professeure brésilienne Helenita Sá Earp (1919-2014) est invitée à assumer la chaire de gymnastique rythmique à l'Escola Nacional de Educação Física e Desportos de l'Université du Brésil (devenue l'Université fédérale de Rio de Janeiro – UFRJ) à partir de 1939. Elle y enseigne pendant plus de quarante ans. Sa théorie sur les fondements de la danse (*Teoria Fundamentos da Dança*) a servi de base à la création du parcours Danse de l'UFRJ en 1994. Voir Vieyra, 2019 ; Amaral, Motta, 2018.
2 Dans un document de 1949 qui résume les activités de gymnastique rythmique menées par Earp, on notera par exemple des exercices d'équilibre, l'exploration des plans, des diagonales, des mouvements de balancement [*Schwungbewegungen*], les notions d'impulsion et de conduite du mouvement, des thèmes d'investigations thématisés par le « Laban allemand » (Earp, 1949 : 36).
3 Belle Didjah en 1935 ; les Ballets Jooss en 1940 ; Erika Milee en 1949 et 1950.
4 De retour en Europe, il sera connu sous le nom de Yat Malmgren (1916-2002). En Angleterre, il développe et enseigne au Drama Centre de Londres le *Laban-Malgren System of Character Analysis*, sa méthode de construction du personnage basée sur la théorie de l'expression de Laban, les archétypes conceptualisés par Carl Jung et les principes du jeu de l'acteur établis par Constantin Stanislavski.

1952-1978 : Formation de milieux d'accueil à travers deux projets labaniens

La réception de Laban au Brésil a ceci d'intéressant : elle est moins due à celles et à ceux qui ont eu un contact direct avec le maître[1] qu'à l'institutionnalisation de sa pensée après sa mort et/ou au travail de ses collaborateurs. Entre les décennies 1950 à 1970, les trajectoires de deux passeurs peuvent s'avérer utiles pour mieux cerner les contours de ce phénomène : celles de Basil Easton Dmitri (1905-1989) et de Maria Duschenes (1922-2014).

Lui est danseur et chorégraphe états-unien. Après avoir parcouru et œuvré dans plusieurs capitales du nord de l'Amérique du Sud[2], Basil Easton s'installe à Rio de Janeiro en 1952 et fait de la notation de la danse le signe distinctif de son travail. Elle, Maria Duschenes, est une jeune danseuse juive arrivée à São Paulo après une formation entre 1937 et 1939 à la Jooss-Leeder School of Dance à Dartington Hall, en Angleterre. Ayant contracté la poliomyélite, Maria Duschenes intensifie son activité pédagogique dans les années 1950, après son rétablissement[3]. Dans un studio situé dans sa propre maison, elle enseigne l'« art du mouvement » selon les principes de Laban. Tout au long de son œuvre, Maria Duschenes entretient en effet des échanges réguliers avec les centres britanniques de formation à la pensée labanienne[4]. De son côté, Basil Easton, formé à la *Labanotation* à travers le cours par correspondance proposé par le Dance Notation

---

1 En effet, bien que l'on trouve des artistes et pédagogues formés directement auprès de Laban qui ont vécu au Brésil, leur passage par le pays était bref et/ou l'enseignement des méthodes labaniennes ne semblait pas être le fil conducteur de leur travail. Ce sont : Aurel von Milloss (1906-1988), danseur et chorégraphe italien d'origine hongroise engagé pour créer les chorégraphies du quatrième centenaire de la ville de São Paulo entre 1953 et 1954 ; Erika Milee (1907-1996), danseuse, chorégraphe et pédagogue allemande réfugiée au Paraguay à partir de 1941 et qui tient un studio de danse à Londrina (Paraná) entre 1953 et 1956, ou encore Berthold Schmidt (1902-?), danseur et pédagogue allemand qui après son départ d'Allemagne en 1936 a vécu en Uruguay, en Argentine, et à São Paulo, où il a enseigné entre 1957 et 1971.
2 Venezuela, Colombie, Équateur, Pérou et Bolivie, participant au développement des scènes de danse nationales.
3 Possiblement – selon ses propres mots (Navas, Dias, 1992 : 61-62) – grâce à sa connaissance du « système Laban » et à l'accompagnement avec une praticienne de la méthode Mensendieck.
4 Elle obtient en 1973 le diplôme de l'Art of Movement Studio, délivré par le Laban Centre et signé par Lisa Ullmann.

Bureau de New York, prend contact dès 1953 avec Albrecht Knust, expert en cinétographie Laban basé à Essen, en Allemagne, afin d'obtenir du « matériel de danse », des partitions et des écrits théoriques, pour ses enseignements[1]. Il s'agit donc de deux projets bien distincts, tous deux reconnus et soutenus par des représentants de la mouvance labanienne en Europe et aux États-Unis, se déroulant simultanément à Rio de Janeiro et São Paulo.

Pendant près de trois décennies, Basil Easton tente de « faire passer le mot de la notation à Rio[2] », mais c'est apparemment un échec. Malgré ses efforts, faute d'intérêt ou de moyens, la cinétographie Laban ne sera intégrée dans l'enseignement à l'école du Theatro Municipal de Rio de Janeiro que sur une très courte période[3]. Basil Easton est aujourd'hui une figure oubliée de l'histoire de la danse au Brésil. L'échange qu'il entretient avec le cercle d'experts de la notation des deux côtés de l'Atlantique permet cependant d'insister sur l'aspect non unidirectionnel du transfert de la pensée de Laban au Brésil. En plus de contribuer aux discussions de l'après-guerre autour de l'unification des règles d'écriture entre la cinétographie et la *Labanotation*, ses réflexions sur les danses populaires brésiliennes (*samba*, *marchinha*, *maracatu*, *frevo*) et les partitions liées qu'il publie dans The Dance Notation Record participent aux débats du domaine alors naissant de l'ethnologie de la danse (Kurath, 2021).

---

[1] Entre 1952 et 1964, au Conjunto Coreográfico Brasileiro, au Ballet da Juventude, au Theatro Municipal et à l'Escola Nacional de Música, puis, à partir de 1965 jusqu'en 1985, dans sa propre école (Escola de Ballet Dmitri), à Niterói.
[2] Selon les termes d'Albrecht Knust dans une lettre à Basil Easton du 19 juin 1953 (Fonds Albrecht Knust, 22 KNU 14, médiathèque du Centre national de la danse à Pantin).
[3] En 1960, sous la direction de Madeleine Rosay.

Fig. 2 : Basil Easton Dmitri lors d'une conférence sur la *Labanotation*, extrait du périodique *BJ : Ballet da Juventude*, n° 23 : 24, 1955. Biblioteca Alberto Nepomuceno/UFRJ.

Tout autre a été le sort de Maria Duschenes, qui tient par ailleurs une place importante dans l'historiographie de la danse à São Paulo[1]

---

[1] Cf. l'exposition virtuelle « Maria Duschenes : expressão da liberdade », sur *Museu da Dança*, http://www.museudadanca.com.br/maria-duschenes/

(Navas, Dias, 1992 ; Matos, 2016). En effet, en résonance avec les théories du dernier Laban, le « Laban anglais », Maria Duschenes s'investit dans le domaine de la danse éducative. Pendant quatre décennies, elle joue un rôle fondamental dans la formation de nombre de pédagogues, danseurs et chorégraphes de la scène *paulista* et développe notamment des projets de danse chorale et de danse et littérature à destination des écoles municipales.

En 1978, Maria Duschenes organise la venue à São Paulo de Lisa Ullmann, alors l'une des plus grandes représentantes de la tradition labanienne anglo-saxonne, qui donne un stage de trois semaines au Teatro de Dança Galpão, lieu phare de la scène artistique de l'époque (Bogéa, 2014). Le stage est suivi par 150 personnes, dont des danseurs modernes, classiques et amateurs. Parallèlement, Ullmann accompagne l'édition en portugais de *The Mastery of Movement* (Laban, 1978). Ce sera la première traduction de cet ouvrage annoncé comme « le plus complet » de la pensée de Laban, ce qui est symbolique des liens tissés entre São Paulo et Londres[1]. Contrairement à ce que l'on pourrait penser *a priori*, ce n'est pas en Europe que cet ouvrage est d'abord traduit, mais en Amérique du Sud. Il importe de souligner qu'en portugais cet ouvrage est édité – aujourd'hui dans sa sixième réimpression – sans les cinétogrammes, c'est-à-dire sans la notation. C'est peut-être là l'une des raisons pour lesquelles la cinétographie est l'outil labanien le moins répandu dans le Brésil aujourd'hui. Toutefois, à la fin des années 1970, dans un désert d'écrits théoriques sur la danse, même sans cinétographie, cet ouvrage de Laban est une oasis. Il sera inlassablement lu, relu, annoté, mis en pratique par des danseurs, des comédiens, des personnes intéressées par le mouvement, de toutes les régions du pays.

1979-2007 : Prolifération des approches dans une dynamique de diffusion par capillarité

La fin des années 1970 est marquée également par l'introduction d'une autre branche de la tradition labanienne dans le pays. La danseuse, chorégraphe et analyste du mouvement brésilienne Regina Miranda (1948-) s'installe à Rio de Janeiro après avoir été formée à la Juilliard School et au Dance Notation Bureau de New York, auprès

---

[1] Pour rappel, la traduction en français de cet ouvrage date de 1994, aux éditions Actes Sud.

d'Irmgard Bartenieff. En plus de créer des spectacles pour sa propre compagnie (Regina Miranda & Atores-Bailarinos), ses enseignements au Centro de Estudos do Movimento e Artes – Espaço Novo[1] irriguent la scène de la danse contemporaine *carioca* des années 1980 et 1990. C'est l'approche Laban-Bartenieff qui est mise en avant par Regina Miranda (1979), en lien direct avec le Laban Bartenieff Institute of Movement Studies (LIMS) de New York, dont elle a été directrice associée entre 2001 et 2019.

Les années 1980 et 1990, années de re-démocratisation après vingt et un ans de dictature militaire (1964-1985), voient se multiplier les passeurs : plusieurs professionnels de la danse, souvent aidés par des financements de l'État, partent obtenir leur diplôme au Laban Centre à Londres ou au LIMS à New York. Rentrés au pays, ils intègrent des éléments de la pensée labanienne, notamment les théories sur le mouvement du corps dans l'espace (les directions, niveaux et plans) et l'*Effort* (le vocabulaire analytique pour décrire les qualités dynamiques du mouvement), à leurs pratiques d'enseignement et de création, participant ainsi à l'émergence d'un champ labanien brésilien, comme en témoignent les *Encontros Laban*[2]. Depuis 1989, ces rencontres sont organisées au niveau national et international par des disciples et des collaborateurs de Maria Duschenes ou Regina Miranda. Aussi, à la fin du siècle, deux centres Laban fonctionnent au Brésil, l'un à São Paulo (LabanArt – Laban Centro de Dança e Arte do Movimento do Brasil), l'autre à Rio (Laban Rio).

En outre, sans négliger le rôle joué par les écoles de théâtre à travers le pays dans la diffusion des théories labaniennes, à nos yeux, ce qui a surtout contribué à leur rayonnement actuel à l'échelle nationale, ce sont deux événements d'ordre socio-politique. Depuis le milieu des années 1980, un groupe de pédagogues et de personnalités du monde de la culture de São Paulo plaide pour que les théories de la « danse moderne éducative » deviennent une orientation nationale dans les établissements scolaires, tout comme elles l'ont été entre les années 1950 et 1970 en Grande-Bretagne (Willson, 1997). Cela a eu un impact significatif sur les Paramètres curriculaires nationaux (PCN) pour l'enseignement des arts à l'école, dans lequel on lit :

---

[1] Centre de formation professionnelle devenu plus tard l'Escola e Faculdade Angel Vianna.
[2] Réalisés en 1989, 1992, 1994 et 1996 à São Paulo ; en 2002, 2008, 2018 et 2022 à Rio de Janeiro.

> Pour danser et apprécier [la danse], on peut envisager l'apprentissage de la *choréologie*, c'est-à-dire la compréhension de la logique de la danse [...]. Dans ces cycles [3 et 4], [...] plus d'attention sera accordée aux relations établies entre les *éléments du mouvement* et ses codes socioculturels et affectifs. Par exemple, quels sens sont donnés par la société à une marche *soudaine*, *légère* et *directe* dans un espace comme le centre-ville ? [...] Prenons comme exemple l'investissement de la *kinesphère* (l'espace personnel) de l'autre lorsqu'on étreint et embrasse quelqu'un pour le saluer : dans certains pays, contrairement au Brésil, cet investissement de l'espace est ressenti comme envahissant, agressif et violent[1] (Brasil, 1998 : 75, nous traduisons et soulignons).

La terminologie et les concepts labaniens sous-tendent les discours et les pratiques dans ce document officiel destiné à servir de référence commune en matière d'enseignement. Il faut cependant noter que le nom de Laban n'est cité que dans la bibliographie générale. C'est dire que son travail et sa pensée sont devenus si familiers que son nom peut aller jusqu'à disparaître, constituant alors une sorte de lieu commun (Cauquelin, 1999).

Enfin, à partir de 2007, l'ampleur de cette diffusion prend une nouvelle dimension avec l'essor de l'enseignement supérieur dans le pays[2], notamment parce que les clés de lecture du mouvement de Laban ont participé à la formation de nombreuses enseignantes et enseignants qui seront chargés de la mise en œuvre de programmes de formation universitaire dans les domaines de la danse et du théâtre. Laban est devenu pour certains le « langage universel » de la danse, pour d'autres la « Bible » (Scialom, 2017 : 105) – en tout cas l'une des matrices de la pensée contemporaine en danse.

---

1 « Para dançar e apreciar, inclui-se o aprendizado da coreologia, ou seja, compreender a lógica da dança [...]. Nesses ciclos [3° e 4°], [...] será dada maior atenção às relações que se estabelecem entre os elementos do movimento e seus códigos socioculturais e afetivos. Por exemplo, que significados são na sociedade [...] atribuídos ao caminhar rápida, leve e diretamente em um espaço como o centro da cidade ? [...] Por exemplo, a ocupação da kinesfera (espaço pessoal) do outro ao abraçar e beijar alguém para cumprimentá-lo: em alguns países, diferentemente do Brasil, essa ocupação do espaço é sentida como invasiva, agressiva e violenta. »

2 Quand, grâce aux politiques publiques de démocratisation de l'accès à l'université du gouvernement Lula (2003-2011), l'offre de formation en danse passe d'une dizaine à une quarantaine de parcours disponibles, répartis dans les cinq régions du pays.

Conclusion

Au terme de ce survol, nous sommes donc amené à constater l'hétérogénéité de ce phénomène que, en écho aux travaux de Nancy Lee Chalfa Ruyter (1999) sur le delsartisme aux États-Unis, on appellera labanisme au Brésil : les divers usages et appropriations que connaissent, dès l'entre-deux-guerres, le nom, les théories et les pratiques de Rudolf Laban. Dans un pays où les écrits théoriques et les publications étaient essentiellement axés sur l'enseignement de la danse classique jusqu'aux années 1980, il n'est pas surprenant que les traités sur l'expression et l'analyse du mouvement de Laban aient nourri l'édifice conceptuel et pratique, parvenant à s'y greffer. Comme nous l'avons vu, cette tendance touche d'abord le champ de la gymnastique et de l'éducation physique, puis de la danse, pour finalement s'inscrire dans le système éducatif à la fin du siècle.

Si nombre de fils et enjeux de la construction de cette tradition restent à débrouiller, les résultats de nos investigations préliminaires ont permis, d'une part, de mettre au jour les acteurs qui ont historiquement été associés au nom et aux théories de Laban au Brésil et, d'autre part, de montrer que leur réception dans le pays est liée à différents contextes de départ. Nous avons constaté que, malgré une présence qui remonte à la première moitié du XXe siècle, les propositions autour du « Laban allemand » sont rares et c'est surtout à partir des années 1950 que l'on voit apparaître des initiatives plus spécifiquement orientées vers la transmission d'un héritage labanien. Entre la notation proposée par Basil Easton via le Dance Notation Bureau et Albrecht Knust en Allemagne et les théories de la danse moderne éducative de Maria Duschenes via le Laban Centre et Lisa Ullmann à Londres, c'est clairement le « Laban anglais » qui prévaut. C'est le Laban propédeutique resignifié en anglais et dégermanisé qui trouvera une résonance et une place dans le regard brésilien contemporain sur l'éducation de l'enfant. Plus récemment, les échanges se passent plutôt avec le LIMS de New York, notamment grâce aux partenariats institutionnels mis en place par Regina Miranda. Enfin, d'abord liée à l'intérêt suscité par les approches des artistes et pédagogues immigrés, ainsi qu'à la fascination pour une Europe lointaine et fantasmée, la réception de Laban dans le pays s'est par la suite construite sur la base de l'enthousiasme et de l'ouverture des artistes et pédagogues brésiliens qui l'ont consommé, incorporé et multiplié.

Bibliographie

« Uma escola de belleza e harmonia », 1923, *O Brasil* (journal), n° 436 : 1.

Amaral Fabiana & Motta Maria Alice, 2018, « Helenita Sá Earp e a construção da dança como saber acadêmico », *Anais do V Congresso Nacional de Pesquisadores em Dança*, Manaus, ANDA : 973-987.

Arruda Solange, 1988, *Arte do Movimento – as descobertas de Rudolf Laban na dança e ação humana*, São Paulo, PW.

Bogéa Inês, 2014, *Caminhos cruzados. Teatro de Dança Galpão 1974-1981*, São Paulo, SESC.

Brasil, 1998, *Parâmetros curriculares nacionais : arte*, Secretária de Educação Fundamental, Brasília, MEC/SEF.

Cauquelin Anne, 1999, *L'Art du lieu commun. Du bon usage de la doxa*, Paris, Seuil.

Cordeiro Analívia, Homburger Claudia & Cavalcanti Cybele, 1989, *Método Laban : nível básico*, São Paulo, LabanArt.

Corseuil Jaques, 1945, « Apresentando Lydia Costallat », *A Cena Muda*, n° 29 : 11.

Earp Helenita Sá, 1949, « Síntese pedagógica das atividades rítmicas educacionais », *Arquivos da ENEFD*, n° 5, Rio de Janeiro : 35-47.

Fernandes Ciane, 2002, *O corpo em movimento : o sistema Laban-Bartenieff na formação e pesquisa em artes cênicas*, São Paulo, Annablume.

Franco Susanne, 2007, « *Ausdruckstanz*. Traditions, translations, transmissions », *in* Franco Susanne & Nordera Marina (dir.), *Dance discourses : keywords in dance research*, Londres/New York, Routledge : 80-98.

Franco Susanne, 2016, « Qui est Rudolf Laban ? Perspectives théoriques et méthodologiques pour la construction d'un objet de recherche », *Recherches en danse* [en ligne], n° 5.

Kurath Gertrude Prokosch, 2021, « Panorama de l'ethnologie de la danse » [1960], *in* Grau Andrée & Wierre-Gore Georgiana (dir.), *Anthropologie de la danse. Genèse et construction d'une discipline*, nouvelle édition augmentée, Pantin, Centre national de la danse : 43-76.

Laban Rudolf, 1978, *Domínio do movimento*, édition brésilienne traduite par Anna Maria Barros de Vecchi et Maria Sílvia Mourão Netto, São Paulo, Summus.

Launay Isabelle, 1996, *À la recherche d'une danse moderne, Rudolf Laban – Mary Wigman*, Paris, Chiron.

Matos Maria Clara (dir.), 2016, *Ocupação Maria e Herbert Duschenes*, São Paulo, Itaú Cultural.

Miranda Regina, 1979, *O movimento expressivo*, Rio de Janeiro, Funarte.

Mommensohn Maria & Petrella Paulo (dir.), 2006, *Reflexões sobre Laban, o mestre do movimento*, São Paulo, Summus.

Navas Cássia & Dias Linneu, 1992, *Dança moderna*, São Paulo, Secretária Municipal de Cultura.

Rengel Lenira, 2003, *Dicionário Laban*, Guararema, Anadarco.

Ruyter Nancy Lee Chalfa, 1999, *The Cultivation of Body and Mind in Nineteenth-Century American Delsartism*, Londres, Greenwood Press.

Scialom Melina, 2017, *Laban plural : Arte do movimento, pesquisa e genealogia da práxis de Rudolf Laban no Brasil*, São Paulo, Summus.

Silva Armando Sérgio da, 1989, *Uma oficina de atores. A Escola de Arte Dramática de Alfredo Mesquita*, São Paulo, Edusp.

Sucena Eduardo, 1988, *A dança teatral no Brasil*, Rio de Janeiro, MinC/Fundacen.

Vieyra Adalberto (dir.), 2019, *Helenita Sá Earp. Vida e obra*, Rio de Janeiro, UFRJ.

Willson F. M. G., 1997, *In Just Order Move : the Progress of the Laban Centre for Movement and Dance 1946-1996*, Londres, The Athlone Press.

Wolfensberger Giorgio J. (dir.), 1995, *Suzanne Perrottet. Ein bewegtes Leben*, Weinheim, Quadriga Verlag.

Partitions chorégraphiques : sources premières et auto-suffisantes d'analyse et de transmission ?

Collectif Entre-Lignes

Le titre de notre article interroge l'usage des partitions chorégraphiques[1], les formes de lecture et la place que nous pouvons accorder à ces documents dans nos recherches.

À partir de nos expériences d'étudiants en notation du mouvement Benesh au sein du Conservatoire national supérieur de musique et de danse de Paris (CNSMDP), nous présentons trois projets distincts basés sur trois partitions particulièrement différentes. Cela nous permet de rendre compte de la diversité des approches que ces documents et, plus largement, que le système de notation du mouvement Benesh permettent.

Nous soulignons ici la remise en question permanente à laquelle le notateur se soumet face à la matière chorégraphique abordée. Pour nous, l'acte d'écrire et de lire une partition est un mode d'analyse en soi, une recherche à part entière. Dans ce processus, le notateur interroge ses sources, ses connaissances de la matière, son statut, et partage son regard entre le mouvement et la partition. Ces deux formes d'expression deviennent donc son objet d'études, sa source et/ou l'objectif final de son travail.

Le décentrement devient ainsi une méthodologie intrinsèque au métier de notateur dans tous ses aspects : de l'analyse du mouvement à son écriture ; de la lecture d'une partition à la transmission des mouvements qui y sont consignés ; et de l'utilisation de la notation ou d'une partition déjà existante comme un point de référence parmi d'autres dans l'analyse du mouvement ou d'une œuvre chorégraphique.

---

1 Partitions qui consignent des mouvements.

En avant-propos, il nous est nécessaire de souligner l'évolution des partitions Benesh qui, depuis les années 1990, tendent à être précédées par des éléments rédactionnels : une introduction comportant au minimum des informations sur le contexte de création d'une pièce, le contexte de notation, une note d'intention, une distribution, une biographie des principaux artistes, etc. ; et un glossaire permettant au notateur d'ajuster les conditions d'emploi de certains signes et par là de s'adapter, par exemple, aux spécificités stylistiques d'une danse. Aussi, le double usage qui existe pour le mot *partition* est révélateur de cette évolution en cours. En effet, le mot renvoie tantôt à l'objet strict, sous forme de portées (dans notre communication nous utiliserons la formule *partition-portée* pour parler de cette suite de cinq lignes), tantôt à l'ensemble « multiforme » tel que décrit ci-dessus, c'est-à-dire l'ensemble constitué des portées et des éléments rédactionnels.

Notre premier exemple est l'étude menée par Gustavo Long, autour de la pièce *Le Spectre de la rose*[1]. En analysant l'interprétation de deux danseurs pour un même rôle, nous utilisons la partition Benesh existante comme base pour interroger les *écarts*[2] dans le mouvement. Cela nous emmène dans une approche historique d'analyse d'œuvre, tout en tenant compte du contexte de chaque document utilisé et de notre propre point de vue. La partition est ici une source parmi d'autres pour témoigner de l'histoire de la pièce et de ses apparitions sur scène, mais également le document de référence sur lequel s'appuie la comparaison des deux interprétations.

Le deuxième exemple retrace l'expérience de transmission d'un extrait du solo *Une danse blanche avec Éliane*, de Dominique Bagouet, par Laurianne Faure. À partir de la lecture et du déchiffrage de la partition du choréologue Romain Panassié, le défi consiste à faire entrer un danseur dans cette matière, en utilisant les indices et les informations donnés par le notateur. Ici, il est question de respecter la gestuelle corporelle proposée par le chorégraphe, tout en donnant un espace de liberté et d'interprétation au danseur. L'analyse de cette expérience nous emmène dans les réflexions pédagogiques qu'un professeur ou répétiteur peuvent avoir dans le quotidien de leur métier. Cette transmission casse le schéma classique d'apprentissage

---

1 Étude menée dans le cadre d'un Master 2 en Danse à l'Université Paris 8, suivi en parallèle de sa formation au CNSMDP.
2 Théorie présentée par Julien François dans *L'Écart et l'Entre*, Paris, Galilée, 2012.

du chorégraphe vers l'interprète ou d'un interprète vers un autre. La partition (mot utilisé dans le sens large) et toutes les références qu'elle contient guident le travail de remontage.

Afin de présenter les réflexions que peut rencontrer un notateur au cours d'un projet d'écriture, nous allons aborder le troisième exemple : le travail réalisé par Johanna Classe sur l'analyse du *Vasse d'Exú*, danse d'incorporation dans le culte brésilien du Candomblé. Cette expérience a questionné le sens de l'usage du système Benesh lorsqu'il s'agit de transcrire une danse rituelle de tradition orale. Le notateur devient alors un traducteur ou le relai d'une pratique qui n'est pas forcément la sienne, à l'attention d'un public varié, averti ou non. Cela interroge la posture du notateur lorsque son objet de transcription n'est ni l'intention d'un chorégraphe, ni l'expression d'une création scénique. La partition notée devient ici le résultat et le témoignage d'une réflexion plus profonde sur le positionnement du notateur vis-à-vis de la matière notée.

Par l'intermède de nos récits d'expérience, nous donnons à voir la richesse d'informations contenues dans une partition chorégraphique. Ces trois études révèlent le potentiel apporté par ces documents dans le cadre d'une recherche historique, artistique ou anthropologique. Ils nuancent et problématisent également une idée préconçue courante selon laquelle il y aurait une source « centrale » et « unique » pour remonter/transmettre/étudier une œuvre.

Le Spectre de la rose, Vaslav Nijinski, 1911, partition de Kristin Johnson, 1982

Dans cette analyse d'œuvre, nous partons de l'étude de deux interprétations filmées du *Spectre de la rose*. La partition chorégraphique nous permet ici de retrouver les points communs aux deux versions ainsi que de retracer la généalogie des transmissions. Dans une double approche, historique et d'analyse du mouvement, nous allons exposer quelques chemins de réflexion pris par le notateur lors de l'écriture d'une partition.

Le Spectre de la rose est une œuvre chorégraphique créée par Michel Fokine. La première représentation a eu lieu au Théâtre de Monte-Carlo le 19 avril 1911. À cette occasion, la pièce a été interprétée par Tamara Karsavina et Vaslav Nijinski, danseurs de la célèbre compagnie des Ballets russes de l'impresario Serge Diaghilev.

La partition analysée ici est celle de Kristin Johnson datée de 1982.

Elle a été écrite pendant la transmission de l'œuvre par John Gilpin au Scottish Ballet, avec Linda Parker dans le rôle de la Jeune Fille et Vincent Hantam dans le rôle du Spectre de la rose. Notre attention se porte donc d'abord sur la généalogie relatée sur la page de garde de la partition en question. Écrite après la mort du chorégraphe, elle repose sur le témoignage d'une transmission orale et nous permet de remonter jusqu'aux artistes qui ont dansé la pièce lors de sa création. En effet, dans les années 1950, John Gilpin a lui-même dansé *Le Spectre de la rose* au Scottish Ballet, dans une version qui lui a été transmise par Tamara Karsavina.

En poursuivant notre lecture du document, nous arrivons à visualiser le squelette du mouvement. La partition décrit le premier pas de danse, la notion de saut, la position d'atterrissage et la course qui suit. Il nous permet aussi de visualiser l'organisation spatiale de la chorégraphie à travers les *plans de scène*[1]. Sur ces derniers, nous voyons que, dans *Le Spectre de la rose*, les déplacements des deux danseurs sont contraints par la présence de plusieurs objets sur scène : un fauteuil, un sofa, un lit, une commode et deux fenêtres. L'amplitude des mouvements peut donc être influencée par l'espace qu'occupe cette scénographie en rapport à la taille globale de la scène.

Dans notre intention d'analyser l'interprétation des danseurs, en commençant par l'analyse de la hauteur du saut de Nijinski, tel qu'exécuté lors de la première (1911), les croquis proposés par Kristin Johnson se montrent insuffisants. Pour accéder à cette information, il serait indispensable de rechercher des images car la partition ne permet pas de témoigner avec exactitude de la hauteur. En effet, lorsque les notateurs écrivent une partition dans l'objectif de transmettre une pièce à un futur interprète, ils se donnent également pour mission de définir en creux quel sera l'espace de liberté de ce dernier. Nous arrivons donc à la première conclusion : la hauteur et la qualité de ce premier saut de la Rose sont des éléments qui ont été considérés comme « laissés à la discrétion » de chaque danseur interprète.

En nous intéressant à cet aspect, nous avons cherché à retrouver le mouvement « originel » grâce à des éléments visuels. Pour continuer l'analyse des sauts, et afin de mieux comprendre et mesurer l'espace de liberté accordé à chaque interprète, nous avons fait appel à deux versions filmées de deux danseurs différents. L'une des versions

---

[1] Représentations visuelles de l'espace scénique.

filmiques a été interprétée par Mikhaïl Baryshnikov et Margot Fonteyn en 1979 à Los Angeles[1]. L'autre a été interprétée par Rudolf Noureev et Denise Jackson en 1980 dans *The Joffrey Ballet Tribute to Nijinsky*[2].

La fabrication d'une nouvelle *image*, à partir d'une superposition de photogrammes issus de ces deux versions filmiques, est nécessaire pour mieux comprendre le saut de la Rose. Cette *image* témoigne de la manière qu'ont chacun des Spectres de franchir la fenêtre : en superposant les deux versions filmées de ce même geste, nous percevons le semblable et le divergent dans son exécution, et c'est cette tension produite entre les deux qui retient notre attention. C'est le positionnement visuel *entre*[3] deux sources vidéo qui, ensemble, viennent enrichir la partition.

Dans notre contexte d'une analyse d'œuvre chorégraphique de répertoire, nous cherchons à comprendre des versions *interprétées*, *incarnées* dans le passé. Notre méthodologie de travail a été de créer une dynamique de croisement de sources entre la partition chorégraphique, des photos et des films. Pour entamer une analyse historique ou une reconstitution du *Spectre de la rose*, il n'est pas suffisant de travailler sur une seule des sources préalablement citées car elles sont toutes parcellaires[4] ; nous avons besoin d'un ensemble de documents qui officieront comme sources primaires.

Si le chorégraphe n'est pas présent lors de la reconstitution d'une pièce, il est nécessaire de désigner ce qui est de l'ordre de la conception chorégraphique ainsi que l'ensemble de son contexte d'élaboration. Et ce que nous appelons « reconstitution », c'est un spectacle historique rejoué, réinterprété par une compagnie contemporaine, sur la base de traces documentaires[5].

Dans cette analyse et recherche de reconstitution, nous analysons des documents produits par des spécialistes de différents domaines : les historiens, la notatrice, les réalisateurs des vidéos et Gustavo Long lui-même – comme fabricant de l'image superposée. Ils sont tous

---

1 Cette version a été diffusée dans une émission de la BBC appelée *The Magic of Dance* le 19 novembre 1979, présentée par Margot Fonteyn elle-même.
2 Cette seconde version a été diffusée dans l'émission *Tonight's « Dance in America »* de WNET-TV en août 1980.
3 François, 2012 : 230
4 Chacune donne un aspect différent d'un même mouvement.
5 Bardiot Clarisse, « Organiser et conserver la mémoire de l'éphémère. Les capsules de MemoRekall », *Culture & Musées*, n° 30 : 159-174.

élaborés différemment et/ou avec des objectifs distincts, mais ils sont tous primordiaux pour activer les engrenages d'une machine de re-mémorisation du *Spectre de la rose*. Ces sources s'articulent pour mieux nous rapprocher, imaginer, revivre le moment de création de la pièce.

Une danse blanche avec Éliane, Dominique Bagouet, 1980, partition de Romain Panassié, 2013, transmission d'après partition, 2019

Ce projet, qui a eu lieu au CNSMD de Paris en 2019, est mené par Laurianne Faure. Dans un contexte de transmission d'après partition, nous nous attachons évidemment à communiquer la gestuelle mais aussi, et surtout, le style d'un chorégraphe et d'une œuvre. Nous allons chercher tous les éléments à notre disposition dans le but de recréer cette danse et de donner à l'élève-artiste toutes les clés nécessaires pour l'*interpréter*.

Avant même de lire la *partition-portée*, nous trouvons sur la première page des informations qui permettent au lecteur de situer le cadre dans lequel celle-ci a été élaborée. En haut, nous lisons le titre de la pièce notée « *Une danse blanche avec Éliane*, 1re partie ». En bas de page, des éléments relatifs au contexte sont présents : c'est une chorégraphie originelle de Dominique Bagouet dont la première représentation a eu lieu à Lyon en 1980. Mais ici, c'est la version transmise par Sylvie Giron à Paris, en 2012, qui a été notée par Romain Panassié en 2013, dans le système de notation du mouvement Benesh. La partition a donc été notée dans un contexte de transmission plus courant, d'une interprète à un autre. Ces éléments guident notre future lecture de la chorégraphie en nous renseignant déjà énormément sur l'imaginaire de la pièce grâce au titre, par exemple, ou sur l'époque grâce aux dates.

En notation Benesh, les informations relatives au corps sont inscrites dans la portée ; celles liées à la musique au-dessus et celles liées à l'espace en dessous de la portée. Sur le premier *instant-clé*[1], par exemple, nous savons déjà que la vitesse de la pulsation est entre 60 et

---

[1] Mot utilisé pour définir l'unité de décomposition du mouvement. Les instants-clés sont des pictogrammes formés de signes combinés et décrivant des points de rendez-vous spatio-temporels : la situation de l'ensemble du corps à un moment donné. Ceux-ci sont reliés entre eux par d'autres signes permettant ainsi de communiquer le mouvement.

65 bpm. Dans ce contexte de transmission[1], Laurianne Faure traduit que ce solo est dansé à une vitesse « moyenne ». L'interprète a les deux pieds en parallèle avec les bras allongés le long du corps et a une légère flexion de la tête pour regarder la musicienne qui est assise sur une chaise, en diagonale. La danse commence en silence (top musique indiqué plus tard) par un mouvement répétitif dans une sensation ternaire. La musique suivra probablement cette organisation ternaire donnant à cette danse une notion de fluidité et de rondeur au niveau rythmique (cf. Figure 1 : au-dessus de la portée, les signes spécifiques au temps ternaire *dee* et *daï* – traits obliques avec deux points noirs – sont retrouvés plus loin dans la partition et confirment cette hypothèse).

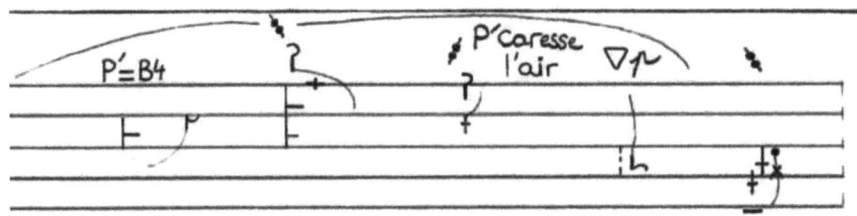

Fig. 1 : Partition de Romain Panassié, *Une danse blanche avec Éliane*, de Dominique Bagouet, Portée n° 2, p. 1/9

Au-dessus de la portée s'inscrivent également les qualités de mouvements. Dans le système Benesh, nous avons la possibilité d'utiliser des mots pour évoquer des images, (cf. Fig. 1 : « P' caresse l'air » précise la qualité du mouvement de la main droite), en plus des signes provenant du système (cf. Fig. 1, par exemple : le triangle blanc suivi d'un « p » minuscule désigne un « accent doux[2] »). Les mots ou images utilisés par le chorégraphe lui-même sont souvent bienvenus.

---

[1] Cette pièce a été conçue pour être accompagnée en direct par une accordéoniste (Éliane Lencot). Le tempo joué, relativement fixé, découlait aussi de la relation entre l'interprète et la musicienne et pouvait donc légèrement fluctuer et être adapté au besoin. Ici, en l'absence de musique *live*, nous nous devons de traduire cette donnée tout en restant au plus proche (60 bpm = 1 compte par seconde). Cela est confirmé par l'enregistrement musical fourni en annexe de la partition.
[2] Signe désignant un mouvement d'une faible intensité. Ici associé au signe de l'accent, il le nuance : l'accent sera doux, « piano », en opposition à « forte ». Cette catégorie de signes est directement empruntée au vocabulaire du solfège (Mirzabekiantz, 2000 : 119).

Dans notre exemple, nous lisons « accoudoirs » et « Fred Astaire » (cf. Figures 2 et 3), car ils sont aussi des éléments stylistiques qui pourront servir à l'interprète. Le notateur a choisi de les intégrer directement à la portée pour affiner les informations qu'elle contient. L'intérêt est à destination de l'interprétation du geste plus que de sa mécanique. La partition peut ainsi guider l'univers mental du danseur en accueillant des mots, images et tout complément aux signes Benesh que le notateur estime nécessaire.
Le notateur choisit de donner ces indications à l'endroit de la lecture où elles seront les plus accessibles lors du déchiffrage et de la transmission, en soulignant leur importance.

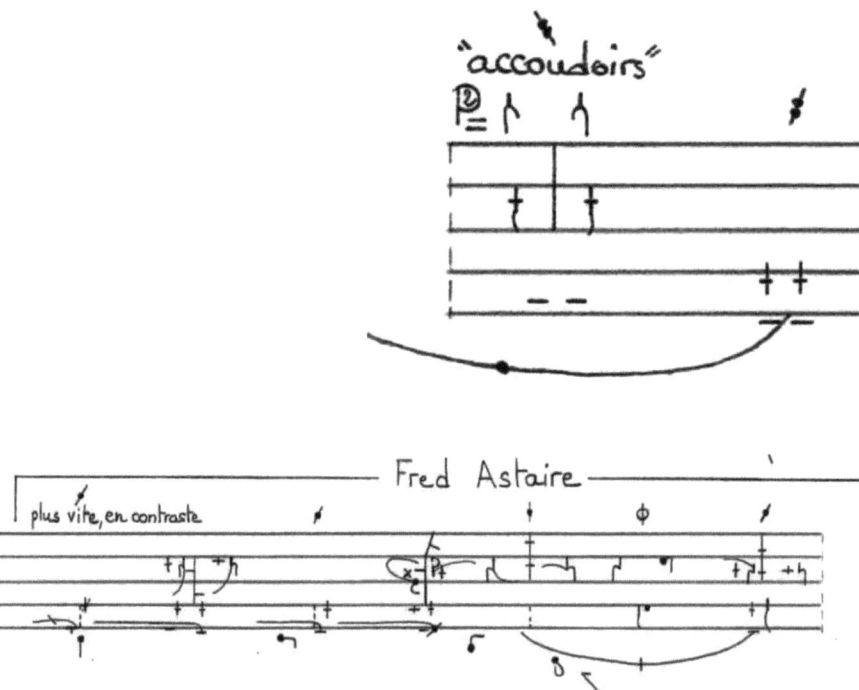

Fig. 2-3 : Partition de Romain Panassié, *Une danse blanche avec Éliane*, de Dominique Bagouet, Portée n° 5, p. 1/9

Concrètement, dans notre expérience de transmission, nous avons aussi été guidés par des indications dans une partie de l'introduction intitulée *Notes sur le style de la chorégraphie*[1]. Le notateur y souligne les spécificités stylistiques insufflées dans la chorégraphie par Dominique Bagouet, le chorégraphe. Grâce à sa biographie, nous apprenons qu'il s'inscrit dans l'héritage de la danse moderne, ayant été formé aux techniques de Martha Graham et de José Limón. Il s'en détache néanmoins, tout comme de son parcours classique, pour développer son propre style. Romain Panassié, le notateur, nous décrit la « signature Bagouet » : la finesse des mains, l'attention portée au regard, la précision des appuis, entre autres. Ainsi, même sans l'avoir connu, nous pouvons déjà nous forger une idée de la technique de ce chorégraphe et de l'esthétique de ses pièces.

Une autre partie de l'introduction intitulée *Clés pour l'interprétation* nous a livré d'autres indications sur son style : « danser à 80 % » nous renvoie, par exemple, au signe Benesh vu précédemment, « l'accent doux » ; « garder un regard ouvert » nous a permis de donner une direction au travail de l'interprète, c'est-à-dire danser avec l'intention de tout voir, de sentir ce qu'il y avait autour d'elle. Cette forme de disponibilité à l'espace est doublée d'une consigne de disponibilité corporelle formulée comme « les articulations jamais verrouillées ». Ces indications apportées par le notateur nous ont donné des outils pour amener la danseuse à interpréter *Une danse blanche avec Éliane* au plus proche du *style Bagouet*, alors même qu'elle n'avait jamais entendu parler ni de cette œuvre ni du chorégraphe.

Elles nous ont aussi donné des clés pour orienter notre vocabulaire et choisir les éléments sur lesquels faire porter l'attention de l'élève. Pour mieux cerner l'univers de la chorégraphie, des informations de différentes natures (mécanique, qualitative, sémantique, métaphorique) sont croisées dans un même document : la partition.

Cette expérience de transmission nous permet de comprendre en quoi la partition d'une chorégraphie est une source première dans la préservation de celle-ci. La partition d'*Une danse blanche avec Éliane* renforce son efficacité documentaire par le soin que prend le notateur à préciser ses sources, le cadre de son écriture ainsi que la généalogie de la chaîne de transmission orale qui a précédé l'élaboration du document (celui-ci ayant été écrit après la mort du chorégraphe).

---

[1] Page XIII de la partition de Romain Panassié, *Une danse blanche avec Éliane*, chorégraphie de Dominique Bagouet, 1980, Médiathèque Hector Berlioz du CNSMDP, 2013.

Parallèlement à l'intérêt de conservation que présente ce document, nous avons constaté que le notateur l'a également élaboré dans le souci d'en faire une source de re-création. Toute la partition a été pensée dans cette perspective, utilisant, par exemple, la possibilité qu'offre le système Benesh de rendre compte du processus compositionnel.

La Vasse d'Exú, danse issue d'une pratique religieuse et festive du Candomblé au Brésil, travail de recherche réalisé en 2020

Ce travail d'analyse, réalisé par Johanna Classe, s'est fait dans le cadre d'un projet de recherche plus ample sur Exú appelé *La Bouche du monde*, mené par la chorégraphe Fanny Vignals et soutenu par le CN D (Aide à la recherche et au patrimoine en danse).

Vasse est le nom d'un rythme et d'une danse pratiqués en prière à Exú. Cette divinité appartient au culte du candomblé brésilien. Cette religion dédie son culte à un panthéon de divinités pour lesquelles les prières se font à travers le corps dansant des initiés. À la première observation, nous voyons que ces danses comportent des motifs récurrents mais dont l'agencement, l'organisation spatiale et le dialogue avec la percussion sont variables. Il existe une part de liberté (d'improvisation) à la discrétion du corps accueillant la divinité. En effet, les énergies de la nature, personnifiées dans les divinités, sont données à voir et à ressentir à l'assistance par le medium de ces danses d'incorporation qui sont « au présent » par essence. Exú est la première divinité du culte. En lien avec l'élément feu, il symbolise le départ de toute chose, l'ouverture des chemins, l'ubiquité et le voyage à travers l'espace-temps, entre autres. Johanna Classe a été sollicitée en tant qu'analyste Benesh du mouvement. Son rôle était de traduire cette danse en partition et d'apporter à l'édifice du projet des informations *signifiantes* sur ce qui définissait cette danse en particulier.

Une part importante de sa réflexion préalable a été de questionner sa posture : l'idée étant de considérer le notateur comme un passeur et ce dans un contexte non dépourvu d'enjeux politiques liés à l'appropriation culturelle. Le rôle du notateur/passeur est de décrire le plus fidèlement possible le mouvement humain. Nous l'avons vu avec l'exemple d'*Une danse blanche avec Éliane* : dans le cadre d'une compagnie, le notateur cherche à restituer la volonté d'un chorégraphe en alimentant son travail de toutes sortes d'informations exogènes. Ici, il est question de communiquer un contenu sans propriété intellectuelle individuelle (sans chorégraphe), mais émanant d'une communauté religieuse.

Ces danses sont vécues comme fondamentales dans le processus de résistance/résilience des communautés afro-descendantes, celles-ci étant marquées par l'esclavage et les discriminations. Nous comprenons que, dans un tel contexte, la collecte d'informations adjacentes est indispensable, à commencer par le témoignage des pratiquants.

Dans ce cadre spécifique de notation, être fidèle (comme on l'est à un chorégraphe) s'est traduit par *argumenter* sur ce que Johanna définissait comme *signifiant* ou non. Elle se confronte alors à deux difficultés : premièrement, les pratiquants n'ont pas toujours conscience de ce qui constitue l'essence du mouvement de cette danse. Ce qu'ils savent, en revanche, c'est ce qui est « juste » ou non, ce qui peut être « improvisé » ou non. Ils ont intériorisé des codes esthétiques, musicaux et sensoriels, ce depuis des générations, pour mieux faire advenir une magie, appelée l'*Axe*, dans le temps de la cérémonie. Deuxièmement, avec l'écart de culture qui existe entre eux et Johanna Classe (son regard est lui-même déterminé par sa propre histoire et culture du mouvement), il y a un risque de parasiter l'analyse, un risque de projection et de dénaturalisation. Là encore, face à ces deux difficultés, « en savoir le plus possible » est indispensable. Par exemple, il est fondamental de savoir que dans les danses du candomblé, le mouvement, connecté aux éléments de la nature, réactualise des mythes ancestraux et active un langage d'actions symboliques. Et sur le terrain, des séances de transmission étaient organisées avec différents interlocuteurs. Il était important pour eux de savoir que Johanna Classe avait elle-même une pratique de ces danses, qu'elle est « corporellement investie » dans cette recherche. Certains ont aussi souhaité la voir danser.

Pour se positionner au cœur de la dichotomie qui demande au notateur d'« effacer sa subjectivité », alors qu'il ne peut faire autrement que de passer par une expérience kinesthésique, il a fallu chercher à s'approcher d'une forme de *respect*, plutôt que d'une forme de *vérité*. C'est-à-dire qu'analyser les danses d'Exú est revenu à *chercher des arguments factuels* dans l'organisation corporelle et spatio-temporelle de manière à *illustrer* les propos mythologiques, philosophiques et énergétiques tenus par les pratiquants et récoltés au cours de son exploration.

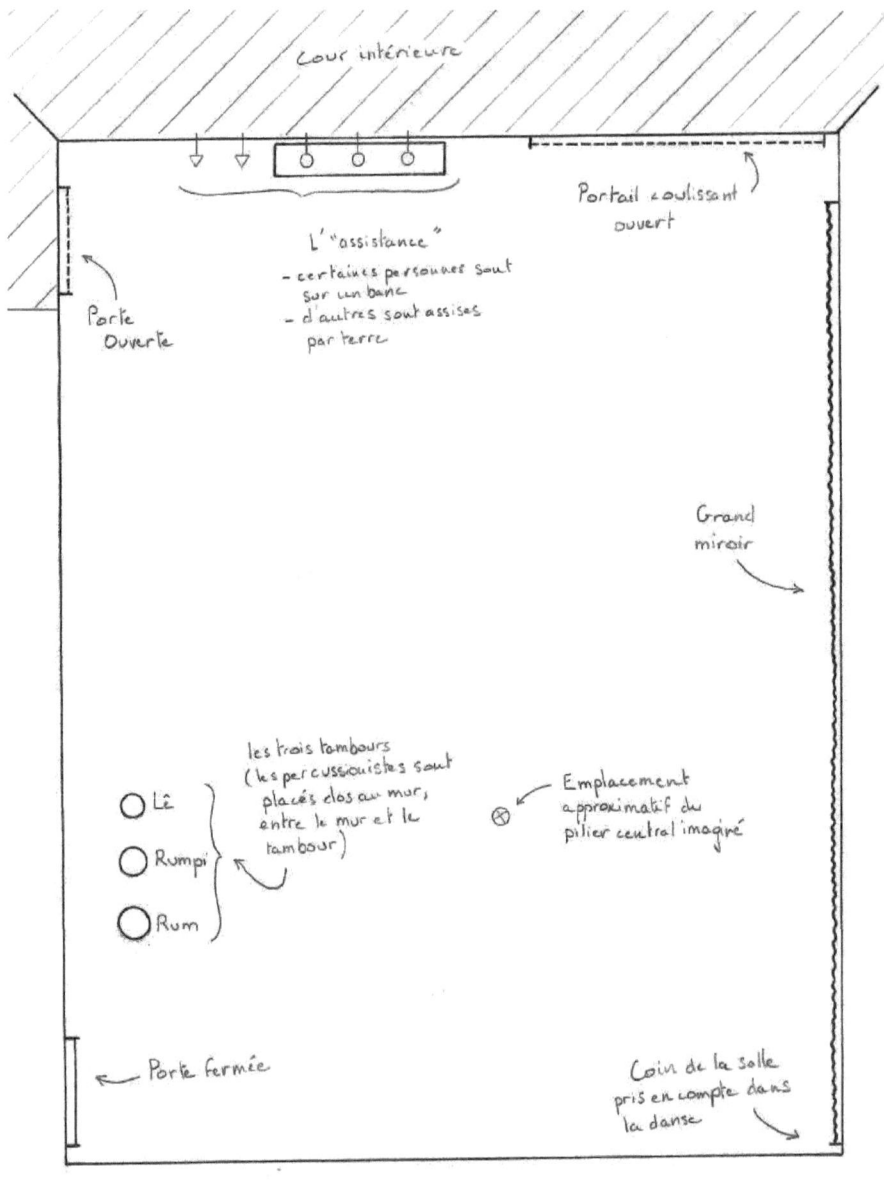

Fig. 4 : Extraits du « Cahier de notation Le Vasse de Exú » de Johanna Classe. Représentation schématique de la salle de danse.

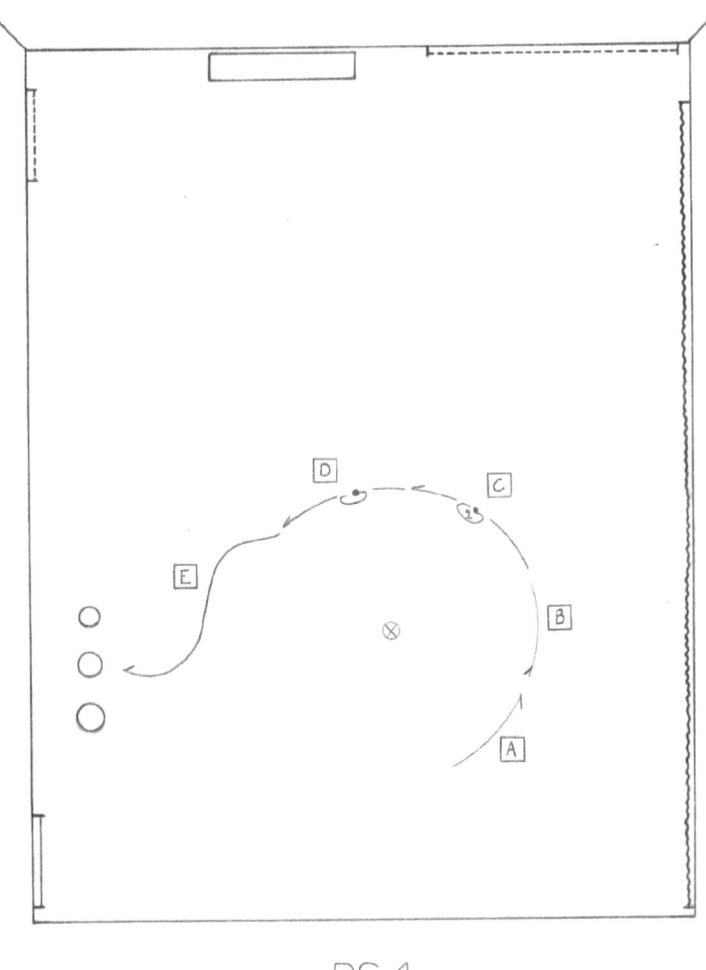

PS 1
VASSE DE EXU — Transmission de José Ricardo Dos Santos

Fig. 5 : Extraits du « Cahier de notation Le Vasse de Exú » de Johanna Classe. Représentation schématique de la salle de danse et extraits de l'analyse spatiale de la transmission de José Ricardo Dos Santos à Fanny Vignals. Les documents Benesh que nous appelons « plans de scène » (représentation schématique de l'espace de la danse, vue du dessus) permettent une vision rapide de la façon dont le mouvement analysé s'organise par rapport à l'espace, qu'il s'agisse de l'espace égocentrique, allocentrique ou symbolique. Les éléments symboliques apparaissent ou disparaissent d'un schéma à l'autre selon qu'ils sont ou non pris en compte dans le développement chorégraphique à l'instant représenté. La connaissance du narratif des pratiquants a permis de sélectionner les éléments de l'espace concret qui avaient de l'importance pour cette danse. Ainsi, les endroits de passage que sont par exemple les portes y figurent.

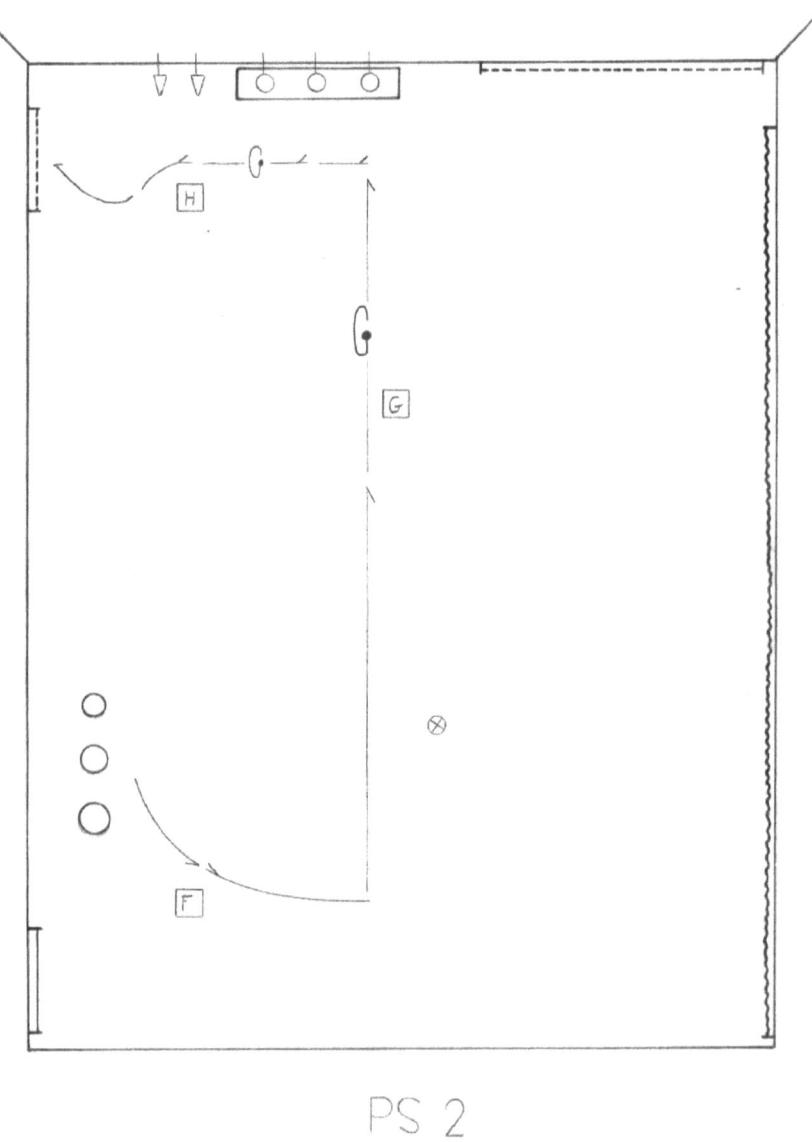

Fig. 6 : Extraits du « Cahier de notation Le Vasse de Exú » de Johanna Classe. Extraits de l'analyse spatiale de la transmission de José Ricardo Dos Santos à Fanny Vignals.

L'outil Benesh s'est avéré facilitant à cet endroit. Car, comportant intrinsèquement une grille d'analyse, il nous a obligés à nous poser des questions précises qui sortent du cadre quotidien de notre pratique. Cela nous a permis de repousser notre subjectivité.

Par exemple, le système Benesh nous incite à nous interroger sur le degré de flexion des genoux. Mais en affinant notre analyse, nous en venons à constater que ce n'est pas spécialement le degré de flexion des *pliés* qui est signifiant, mais que celui-ci est tout de même très défini, par défaut. Car il est soumis à des contraintes d'amplitude de pas, eux-mêmes ajustés à une volonté de ne jamais trop déporter le poids du corps d'entre les deux pieds et de vouloir conserver un maximum de contact sensoriel de la plante des deux pieds avec le sol. C'est en voulant relever sous forme de partition – donc avec beaucoup de précision – les motifs récurrents de cette danse que certaines constantes d'organisation corporelles se sont dégagées, de même que la hiérarchisation entre certaines informations. En l'occurrence, ce sont ces deux organisations, « le poids du corps au milieu des deux pieds » et « un maximum de contact de la plante des pieds avec le sol », que nous avons finalement définies comme les informations *signifiantes*. L'amplitude des pas et par conséquent la limitation du degré de flexion des genoux n'en sont qu'une série de conséquences, des informations secondaires, des récurrences observables mais non déterminantes. Une fois la posture spécifique de la chercheuse vis-à-vis de ce contexte établie et les premières observations relevées, la suite de notre analyse a consisté à hiérarchiser les informations. Dans la forme du document final, l'usage de codes de renvois prévus par le système Benesh (les barres d'identification par exemple) nous a permis de communiquer cette analyse structurelle sous forme de partition.

Fig. 7 : Extraits de partitions chorégraphiques du « Cahier de notation Le Vasse de Exú » de Johanna Classe. Cette fig. 7 correspond au paradigme des motifs observés dans la transmission de José Ricardo Dos Santos à Fanny Vignals. Ce sont des variations de la marche Vasse soit présentées et enseignées comme telles par José Ricardo Dos Santos, soit distinguées par la notatrice selon leur rapport à l'espace. La description des organisations corporelles constantes et des facteurs de variabilité de la marche Vasse ont découlé de l'analyse comparative de ce paradigme.

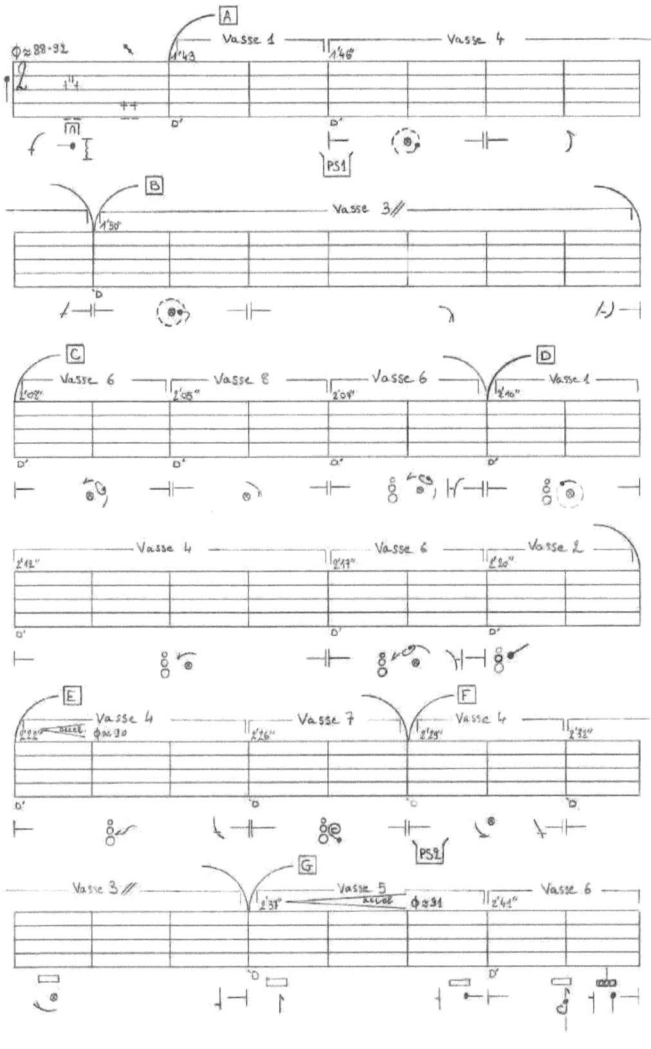

Fig. 8 : Extraits de partitions chorégraphiques du « Cahier de notation Le Vasse de Exú » de Johanna Classe. La fig. 8 correspond à la partition chronologique d'un extrait de cette même transmission. Ce document à valeur de témoignage et d'exemple restitue la danse d'Exú comme une chorégraphie fixée. La portée est vide car les barres d'identifications nous renvoient au paradigme des motifs. Les lettres majuscules encadrées renvoient, elles, au découpage observable sur les plans de scène. La lisibilité à la fois horizontale et structurelle de cette partition permet au lecteur de dissocier les informations à valeur de témoignage des informations à valeur d'analyse.

Autre exemple, pour illustrer la manière dont la grille d'analyse Benesh nous permet de repousser notre subjectivité : le système Benesh nous propose de nous interroger sur les degrés de tension musculaire dans un mouvement ou une partie du corps. Ce critère d'observation nous a fait réaliser qu'il est nécessaire d'être précis sur le degré de tension musculaire dans une position de main, de poignet ou de coude dans l'étude des danses du candomblé, car cela peut faire la différence avec la danse d'une autre divinité du panthéon.

Par ailleurs, le système Benesh possède une plasticité dans sa grille d'analyse. Les signes ont un paramétrage par défaut, une acception et une manière de les lire plus courante. Mais, selon le contexte dans lequel un signe est utilisé, il est possible de dériver son emploi de la signification de référence. Pour ce faire, le système prévoit un glossaire. Ainsi, il est possible pour le notateur de redéfinir au moins partiellement l'univers conceptuel, kinesthésique et culturel dans lequel un mouvement ou une partie de mouvement est entendu.

Pour sa forme finale, Johanna Classe a choisi de donner corps à son étude dans un cahier de notation. À l'instar d'un carnet de voyage, cet objet matériel restitue une traversée dans la matière dansée. Il témoigne, dépose une mémoire sur ce qui est advenu, à travers ses yeux et par ses outils. C'est un document descriptif, qui propose une interprétation du *Vasse de Exú* argumentée par des partitions. Les parties rédactionnelles tirent les grandes lignes des analyses produites dans les partitions. L'intérêt de ce format est d'être multi-entrées et ce à plusieurs égards : s'adresser également aux non-lecteurs Benesh, notamment en proposant dans la mise en forme des documents une lecture intuitive, comme pour les plans de scène[1] ou la mise en page, par exemple. Pour ceux qui savent lire des partitions Benesh, il est possible d'accéder de manière autonome aux différentes étapes de l'étude. Cependant, la mise en partition n'a été qu'une strate du processus, un outil. Les conclusions ont été élaborées d'après le croisement des informations collectées, selon une méthode comparative. L'important à retenir du résultat final est moins le témoignage dont font acte les partitions que la manière dont le système a permis de mettre en relation dans un seul document des informations provenant de différentes sources (partitions et sources

---

[1] Plan vu du dessus, restituant l'occupation de l'espace d'un point de vue allocentrique.

exogènes) sur le langage de gestes symboliques, le rapport à l'espace, le lien à la musique et l'organisation corporelle.

Conclusion

Dans la première de nos expérimentations sur l'usage de partitions Benesh, la préoccupation est historique. Nous sommes dans la perspective d'une reconstitution : comment Nijinski a-t-il dansé *Le Spectre de la rose* en 1911 ? La démarche de Gustavo Long est celle de l'enquête. En tant que chercheur, il définit l'intérêt de ses objets d'investigation (dans l'exemple proposé, la hauteur des sauts de Nijinski) et s'enquiert de tous les documents possibles à ce sujet. Notre exemple montre que, même si la partition ne saurait suffire, elle constitue un élément informatif sans équivalent, une source essentielle, à l'aune de laquelle les photos, les descriptions journalistiques, les vidéos peuvent révéler tout leur potentiel. Si une centralité de la partition peut être arguée, c'est dans le cas où la partition est considérée comme cet ensemble multiforme, et multicentrique, que nous évoquions en introduction, et non comme la seule partition-portée.

Lors de notre deuxième récit d'expérience, Laurianne Faure était dans l'exercice spécifique d'une « reconstruction d'après partition ». La partition a été son principal document de travail, à l'intérieur duquel elle a pu trouver un maximum de renseignements afin de guider une interprète dans la re-traversée de cette pièce. Le notateur lui a fourni les outils dont il disposait lui-même pour écrire sa partition, transmettant ainsi ses propres expériences et savoirs. Ce document s'est avéré être riche en informations et nous avons pu constater qu'il a été conçu dans l'idée de faciliter des reconstructions futures. Laurianne a réalisé une analyse de cette partition en vue d'accéder à ce qui constituerait l'essence de cette œuvre de Dominique Bagouet, selon les intentions du chorégraphe.

Avec ces deux exemples d'usage, nous voyons que l'utilisation des partitions Benesh restitue à la fois le squelette du mouvement, la structure de l'œuvre, et l'univers conceptuel dans lequel une pièce chorégraphique est écrite. Ce document est donc la porte d'entrée vers l'œuvre et le mouvement.

Dans notre troisième témoignage, malgré l'absence d'une figure de chorégraphe, la notatrice cherche également à être la plus fidèle possible aux mouvements ainsi qu'aux intentions avec lesquelles ils sont réalisés. Pour y parvenir, elle est confrontée à ses propres choix, notamment dans l'objectif de dégager des règles sous-jacentes (organisations corporelles et « règles » d'improvisations) qui aideraient à actualiser ces danses dans d'autres corps, en d'autres temps et d'autres lieux. Une telle démarche rencontre potentiellement l'écueil de l'appropriation culturelle. Mais, en prenant en compte son propre regard et sa position vis-à-vis de la matière chorégraphique, Johanna Classe s'est proposée d'utiliser l'outil Benesh pour déconstruire sa subjectivité et s'approcher de la pratique. L'écriture de la partition impose au notateur de préciser et d'argumenter sa posture. Dans le cas de l'étude du *Vasse de Exú*, à l'instar d'un notateur en compagnie qui se fait le relais de la volonté du chorégraphe, Johanna Classe s'est mise au service de ce patrimoine communautaire. Elle corrobore les témoignages des pratiquants, avec des observations obtenues d'après un protocole comparatif, et produit un document descriptif, et non prescriptif. Dans le cas de cette étude, le recours aux informations exogènes n'est pas seulement enrichissant mais indispensable.

La mise en partition d'une chorégraphie, d'une danse ou d'une pratique du mouvement est, par essence, une pratique introspective. Une partition chorégraphique est un lieu de croisement de bagages culturels divers, d'observation d'usages et de contextes différents, une source d'apprentissage et de connaissances. Elle porte la particularité de communiquer spécifiquement sur le mouvement et l'agencement de celui-ci dans l'espace et dans le temps, mais elle n'existe pas toute seule. Elle est liée à un réseau d'images, de textes et d'expériences qui retracent la vie d'une œuvre ou d'une version. Le notateur est vecteur de communication et se doit d'être en connaissance de l'émetteur comme du récepteur de sa production écrite.

L'apport d'informations exogènes décuple le potentiel de la *partition-portée* et la transforme en outil au service de nombreux domaines de création ou d'études comme en anthropologie de la danse, en histoire, en analyse du mouvement dansé ou dans un contexte médical, entre autres. La partition, dans son sens large, sert de vecteur de communication avec d'autres, initiés ou non à la notation, mais également d'outil d'auto-analyse pour le chercheur ou notateur dans le cadre de sa pratique. La partition, dans son sens large, devient paradoxalement le centre d'intérêt principal du notateur, reléguant presque l'œuvre et le mouvement à la périphérie.

Les systèmes de notation utilisés de nos jours relèvent le défi d'élaborer des documents autonomes, se suffisant à eux-mêmes pour communiquer, avec précision, tout type de mouvements afin que ceux-ci soient reproductibles.

Bibliographie

Bardiot Clarisse, 2017, « Organiser et conserver la mémoire de l'éphémère. Les capsules de MemoRekall », *Culture & Musées*, n° 30 : 159-174.

Benesh Rudolf et Joan, 1977, *Reading Dance, the Birth of Choreology*, Londres, Souvenir Press.

Benesh Rudolf et Joan, 1956 et 1969, *An Introduction to Benesh Movement Notation*, Londres, A. & C. Black, éd. revue et corrigée New York, Dance Horizons.

Brandstetter Gabriele, 1998, « Le saut de Nijinski. La danse en littérature, représentation de l'irreprésentable », *Littérature*, n° 112, thématique « La littérature et la danse » : 3-13.

Eyles Amanda, 2001, « Artistic Testament », *Dance Gazette*, issue 1, Londres, Royal Academy of Dance.

Francois Jullien, 2012, *L'Écart et l'Entre*, Paris, Galilée.

Le Centre Benesh, « L'écriture Benesh – Benesh Movement Notation : un système pour décrire et analyser le mouvement », site du Centre Benesh [en ligne], consulté le 07/09/2022, https://www.centrebenesh.fr/ecriture.html

Lévêque Dany, 2011, *Angelin Preljocaj, de la création à la mémoire de la danse*, Paris, Les Belles Lettres/Archimbaud.

Lévêque Dany, 1991, « Notation, vidéo et mouvement », *Marsyas*, revue de pédagogie musicale et chorégraphique, n° 20, Paris, Institut de Pédagogie Musicale et Chorégraphique.

Long Gustavo, 2019, *Le Fantôme du chorégraphe dans deux versions du Spectre de la rose*, mémoire sous la direction de Christine Roquet et Romain Panassié en vue du Master Arts mention Danse, présenté à l'Université Paris 8 Saint-Denis, Paris.

Mirzabekiantz Éliane, 2007, « La notation Benesh à l'usage du patrimoine et de la création », *in* Massin Béatrice (dir.), *La Notation chorégraphique. Outil de mémoire et de transmission*, actes États Généraux, Paris, Atelier baroque – Compagnie fêtes galantes.

Mirzabekiantz Éliane, 2000, *Grammaire de la notation Benesh*, Pantin, Centre national de la danse, coll. « Cahiers de la pédagogie ».

Mirzabekiantz Éliane, 2013, « Comment la notation Benesh relève et révèle l'interprétation », *La Revue du Conservatoire*, n° 1, dossier « Notation et Interprétation ».

Mirzabekiantz Éliane & Panassié Romain, 2019, « Choréologue Benesh : un métier au cœur de la transmission des œuvres chorégraphiques », *La Revue du Conservatoire*, n° 7, dossier « Sources/Traditions/Inspirations ».

Panassié Romain, 2017, « La partition chorégraphique comme moyen d'accès à l'œuvre et source de collaborations artistiques », *La Revue du Conservatoire*, n° 5, dossier « Création/Re-création ».

Preljocaj Angelin, « Notation », site internet du Ballet Preljocaj [en ligne], consulté le 07/09/2022, https://preljocaj.org/ballet-preljocaj/notation.

Preljocaj Angelin & Bordes Constance, 2017, « Éloge de la transmission », Les Clés de demain [en ligne], 14 novembre, https://lesclesdedemain.lemonde.fr/dossiers/eloge-de-la-transmission_f-197.html.

Sampaio Van Riemsdijk Helena & Classe Johanna, 2021, « Le système de notation du mouvement Benesh comme outil d'analyse pour une approche décentrée dans la recherche en danse : cas de la danse d'Exú dans le Candomblé au Brésil », *Arte da Cena (Art on Stage)*, vol. 7, n° 1 : 317-348.

Partitions chorégraphiques

Johnson Kristin, 1982, *Le Spectre de la rose*, chorégraphie de Vaslav Nijinski, 1911, The Benesh Institute (déposée à la médiathèque Hector Berlioz du CNSMDP).

Panassié Romain, 2013, *Une danse blanche avec Éliane*, chorégraphie de Dominique Bagouet de 1980, dispositif d'Aide à la Recherche et au Patrimoine en Danse 2012, médiathèque Hector Berlioz du CNSMDP.

Classe Johanna, 2022, *La Vasse d'Exú*, *Analyse d'une danse de la divinité d'Exú issue du Candomblé, patrimoine culturel brésilien*, partition écrite en vue de l'obtention du diplôme de Master 2 en Choréologie, Notation Benesh, CNSMDP.

Partie 2

Métamorphoses et genre dans la danse

Dancing in Pants: Drag and Agency at the Paris Opera, 1858-1889

Madison Mainwaring

In her political history of pants, Christine Bard shows how the clothing item came to be associated with male citizenship as part of the "Great Male Renunciation" of ornament and color in dress. The legislation of pants likewise limited women's circulation in public spaces and participation in the public sphere. The commonly cited 1800 ordonnance prohibiting women from wearing pants was in fact predated by a 1792 decree. Women's demands for access to political clubs was interconnected with the legislation of their right to wear items of clothing in public such as pants and cockades (Bard, 2010: 23).

How, then, do we understand women in drag onstage, the actresses and dancers who played male roles in very public view of an audience? According to Marianne Winter, female dancers started performing *en travesti* at the popular Théâtre de la Porte Saint-Martin in 1818 (Winter, 1974: 196). The pants of drag presumably served as a variation of the bloomers they had been wearing underneath their skirts since the eighteenth century (Perrot, 1981: 261). The women in travesty roles were sometimes replaced by male dancers, performing the steps otherwise assigned to men. As Marianne Smith notes in her quantitative survey of the male dancers employed by the Opera, this was not necessarily due to a shortage of men who could perform on stage, but rather a taste for the female dancer in drag, her legs and curves on better display in male costume (Smith, 2007: 39). Whereas women in pants in public threatened the gendered political order, theater administrations ordered their female employees to wear pants as part of their job, and did not have to request a special medical license to do so. While much of Romantic theater aimed at realistic representation, introducing notions of the authentic in mannerisms, speech, and costume, women wearing pants remained an important aspect of dramatic fantasy and make-believe.

In this article, I set out to understand the stakes of drag performance at the Paris Opera by studying the cases of two female dancers who came to be known for their roles *en travesti*. I will contextualize the objectification of female dancers by male critics through an examination of the discursive strategies aimed at neutralizing the power-play represented by women in drag. In doing so, I interrogate the myth that female dancers in masculine dress were both the symptom and the cause of the decline of ballet during the second half of the nineteenth century[1]. In the work of twentieth-century historians such as Marie Rambert and Ivor Guest, the feminization of the art form gave way to its demise and the "betrayal" of the male dancer (Rambert, 1965: 12). As dance comes to be feminized throughout the nineteenth century, its prestige and status in the hierarchy of genres falls. In reading a select corpus of theater reviews without interrogating the biases of the critics, these first historians of nineteenth-century ballet concluded that feminization was a bad thing; that the surplus of women "led inevitably to the abysmal decadence that set in at the end of the nineteenth century [...] providing vicarious entertainment for men about town" (Rambert: 12). John V. Chapman asserts that the "seeds of the ballet's decline as an art form were partly sown by the rejection of the male dancer, and the 'feminization' of ballet ideology and personnel" (Chapman, 1997: 204). Chapman and others conceive the *danseuse en travesti* who takes over male parts as both the cause and consequence of ballet's failures as an art form during this time period. Guest notes that "in four of the six new ballets produced between 1864 and 1873 – *La Maschera*, *Le Roi d'Yvetot*, *Coppélia* and *Gretna-Green* – the beautiful Eugénie Fiocre played important travesty roles that enabled her perfect figure to be displayed to wonderful effect. The triumph of the ballerina was complete, but the decline of the Romantic Ballet was made certain, for the eclipse of the male [...] could only lead, as in

---

1 Studies perpetuating ideas of the "decline" of dance include Ivor Guest, *The Paris Opera Ballet*, London Dance Books, 2006; Robert Quinault, *La Danse en France sous la IIIe République* (unpublished conference proceedings, BmO); Léandre Vaillat, *Les Ballets de l'Opéra de Paris*, Compagnie Française des Arts Graphiques, 1947; Paul Bourcier, 1978: 201; Kinney, 1914: "Ballet in its Dark Age": 228-249.

life itself, to sterility" (Guest, 1953: 3). Presumably basing his analysis on critical reviews from the era, Guest concludes that the female dancer in drag gave license to sexual titillation for the male viewer, that what she performed was more soft porn than art. Fiocre is written about in the passive tense, contributing nothing to the travesty roles designed by and for men which "enabled" her body to be shown off for their viewing consumption.

At a time when women's proximity both to public spaces and wage-earning was related to sex work, it should come as no surprise that male critics wrote about women earning independent salaries in a theatrical profession by diminishing their status, skillset, and artistry. By the simple exertion of their profession, female dancers transgressed the norms of "respectable" femininity. As literary scholar Sharon Marcus writes about nineteenth-century French theater, "male journalists perceived [...] self-presentation as an affront to their authority as tastemakers and gatekeepers," (Marcus, 2019: 32). Dancers' assumed confidence in their physicality would have posed a challenge to the gender hierarchy; in focusing their critiques on dancers' appearance rather than their skillset, critics neutralized such a threat. By accepting the narrative of the "decline" of ballet symbolized by the *danseuse en travesti*, Rambert, Chapman, and Guest "ground their claims obliquely on the patriarchal 'truth' that men belong at the top of the social hierarchy – without men in the lead, culture is inevitably doomed to fall into decadence," as Molly Engelhardt argues (Engelhardt, 2010).

I am not refuting the view that sex appeal was part of the business of the *danseuse en travesti*, as demonstrated by Lynn Garafola in her seminal 1985 article on the subject. Judith Lynne Hanna likewise concludes that female dancers in drag were tantamount to a "leg show" (Hanna, 1988: 124). I propose here a reconsideration of the stigma associated with the female dancer in drag, one that seeks to contextualize the select number of male critics writing about Eugénie Fiocre's physique. I argue that the beauty of the *danseuse en travesti* is not incompatible with her professional capacities and agency as an artist. (The timeworn *idée reçue* that all the "real" dancers were ugly, as exemplified by contemporaneous commentaries on Marie Taglioni and Emma Livry, fulfills yet another misogynistic trope.)[1] As Vannina

---

1 Marie Taglioni suggests in her memoir that her ability and will to train came from the observation that *"je n'étais pas jolie, le haut de mon corps laissait à désirer."*

Olivesi writes about Castil-Blaze's description of the female dancers' "invasion" of the Opera, these individual critical assessments ought to be understood as *"moins une expertise plutôt qu'[…] une émotion et son expérience subjective de spectateur"* (Olivesi, 2021: 90).

I am not the first to ask whether or not female dancers in drag might have troubled gender stereotypes even as they reinforced others. Sally Banes notes that travesty dancing in certain librettos was "as important to the history of the emancipation of female bodies as it was to the economy of male pleasure" (Banes, 1998: 40). In her innovative 2017 article drawing from testimonies of female dancers and actors, Fenella Kennedy points to a multitude of different readings for the travesty dancer, touching on the possibility that certain women were "allowed to access the additional reading of maleness based on their status as skilled artists" (Kennedy, 2017: 206). Building off of these invitations to rethink our understanding of drag and gender, I propose a methodology following women across their career paths as artists in travesty, in order to reflect upon the opportunities, both economic and artistic, that drag afforded them.

The two dancers under consideration, Eugénie Fiocre (1845-1908) and Marie Sanlaville (1847-1930), were the best-known *danseuses en travesti* of the second half of the nineteenth century, making them ideal subjects for this study. However, these women were not considered premiere stars of the Paris Opera. There are no biographies written about them, merely anecdotal stories in newspaper profiles. Fiocre has an artist's dossier at the Opera full of such clippings; Sanlaville has a dossier full of photographs. They did not write tell-all memoires; we can only imagine how they understood themselves as practitioners of their art form. We do, however, have evidence of their artmaking where it went unrecognized in administrative archives and memoirs, and we can thus reconstitute how dancers were rewarded by cross-examining the timeline of their salaries with their various performance engagements. I consulted theater reviews for the elaboration of my argument, but did so over the entirety of these women's careers as drag artists, tracking their appearance in digitized

---

(Taglioni, 2017: 92). In comprehensive studies comparing dancers such as *Ces Demoiselles de l'Opéra* (1887), the word *"joli"* is consistently contrasted with talent. *"Il est vrai qu'elle n'est pas jolie […] pour le reste, elle a tout : parcours, pointes, élévation,"* the anonymous author writes of Mademoiselle Fatou (230), whereas Mademoiselle Campion, lacking skill, *"se contente d'être fort jolie"* (Anonymous, 1887: 230 and 266).

newspapers in order to present a more comprehensive understanding of their representation in the media.

Eugénie Fiocre: Drag and Expression

Certain accounts of Eugénie Fiocre's performances – those most likely serving as the basis of Ivor Guest's perfunctory evaluation – might lead one to dismiss her career as a drag artist on the Paris Opera stage. Many critics reviewing her performances make her out to be overly ambitious given her limited dancing abilities. Reviewing her appearance as Cupid in *Néméa* (1865), the critic at *La Comédie*, while acknowledging that she possesses "*beauté, jeunesse, ardeur juvénile, ambition qui dévore*", undermines every compliment when he exclaims "*Ah ! Si elle avait le talent !*" (31 December 1865). Writing a year later, the critic at *Le Figaro* likewise attributes her only value to her beauty: "*Il ne lui sera pas donné, en dépit de sa jolie jambe, de s'élever plus haut que dans le rôle de l'Amour de Néméa, où elle marche*" (14 June 1866). The critic's use of *marche* would have been especially derogatory within the context of the hierarchy of dancers on the stage; the term *marcheuse* applied both to the least-skilled women on the Opera's payroll, those used to fill out the crowds, as well as the sex workers illegally soliciting clients on the street. It is the word consistently used to demean the training and labor of female dancers and link them in the cultural imaginary to the lowest-paid sex work.

The cultural mythology of the untalented female dancer who wears drag to show off her physique is born in these reviews and others like them. Even those critics who do not venture commentary on her skills as a dancer, who evaluate her performance simply on the basis of her appearance, take a disliking to her self-possession and confidence on stage. "*Eugénie* [...] *est une beauté sculpturale, grande, blonde, moulée. Seulement, elle le sait trop et a l'air de poser au modèle*", writes the critic of *Le Figaro* in 1866. Beauty was, the writer implies, best evaluated by (male) spectators; if a woman was aware of her assets on what was ostensibly a market, her value was diminished.

In focusing on the legs and thus replicating the binocular's voyeuristic gaze, male spectators could more easily forget the dancer's subjectivity, her ability to look back. Full-length portraits of Fiocre give a sense of why she became a target in the press, her wide, confident stance in breaches incompatible with a more conservative ideology of femininity. Yes, Fiocre was absolutely ogled in her drag appearances. But *"elle le sait trop,"* she knew too much about the game being played, as many critics complained. Even if the self-fashioning of most women represented a calculated effort to maximize their physical assets, this labor could be conveniently ignored, attributed to female narcissism and vanity as a mere extension of their femininity. Fiocre's pants, on the other hand, revealed a strategy – a conscientious crafting of a style, a way of dressing and moving, a persona behind the seduction. In this, she undid the essentialization of women's conscientious self-appraisal and positioning in the eyes of men.

A tracking of Fiocre's roles, pay, and descriptions of her reception in the press demonstrates not only her unique skillsets as a dancer, but also that she used these to her own economic advantage. Graph 1 shows her income across her seventeen-year career. She rose through the ranks quickly, and by 1861, was already receiving attention as one of the strongest *coryphées*, or front-row members of the *corps de ballet*. Yet her big breaks, those immediately preceding her significant raise from 1,500 to 5,000 francs in June 1865, were the Cupid role in the ballet *Néméa,* which foregrounded her boyish appearance, and her drag role in *La Maschera*. In opposition to the strictly set salaries determined for the *corps de ballet*, her promotion to the status of *sujet* allowed her more liberties in negotiating her salary. When she signed a new contract in 1865, it was not because her contract was about to expire; only a year earlier, she entered into a new contract which was supposed to last three years with smaller, incremental raises. From June 1865 to June 1866, she was slated to earn no more than 1,800 francs; from June 1866 to June 1867, 2,000. Instead, in the wake of her success with audiences and her own initiative with the administration, she earned three times that.

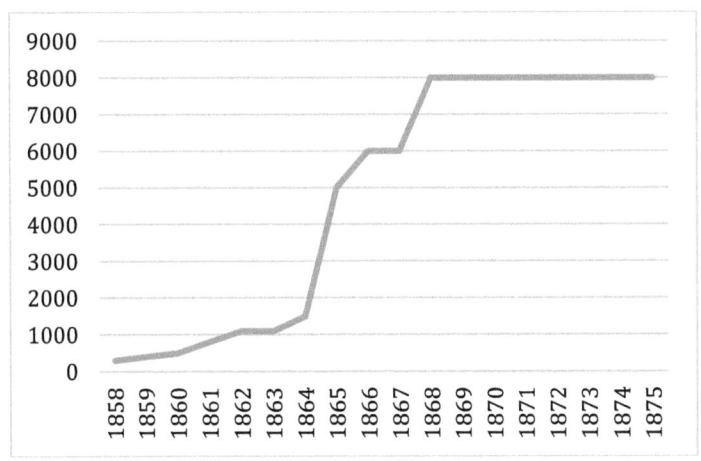

Graph 1: Eugénie Fiocre's salary, 1858-1875. Archives PE-8, PE-14, and PE-15, Engagements Danse, Bibliothèque-Musée de l'Opéra.

When reading across the reviews, rather than just focusing exclusively on her negative reception in the press, it becomes clear as to why this was the case: she was a crowd hit. "*Eugénie Fiocre, chargée du rôle de l'Amour… [a reçu] les marques nombreuses de la satisfaction des spectateurs*", writes the critic at the *Journal des débats politiques et littéraires*. He likewise points out a sea change when she became one of the most exciting dancers on the Paris Opera stage:

> Pas […] besoin de vous indiquer la danseuse incomparable. Elle est la première, elle est unique ; elle prête à tout son entourage une douce lumière. Elle a de grands mérites, et surtout celui-là, qui est très rare : elle a l'oreille juste, elle danse en mesure, avec cette joie ineffable et le plaisir sincère d'une artiste contente à bon droit de son mérite et du succès qui l'appelle (18 July 1864).

While some critics deplored Fiocre's dancing, others noted her standout qualities, unique style, and pleasure taken in movement.

Her next significant raise from 6,000 to 8,000 francs takes place in 1868, after the drag role she originated in the opera *Hamlet*, and a *pas de deux* with lead ballerina Angelina Fioretti. "*On applaudit à tout rompre*", writes the critic of *La Patrie* of their performance together (17 March 1868). Fiocre's success as a partner does not appear to have resulted from fantasies of girl-on-girl action. (If this was the case, it was never described as such in the press.) Rather, female dancers would have likely have been able to work and collaborate together in ways a woman could not with a man, given the strict taboos surrounding sociability and physicality.

Fiocre's career can only be understood within the context of the Paris Opera as a theatrical marketplace, in which unique skillsets, technical innovation, and artistic savvy served as leverage endowing dancers with agency. She was never noted for mastering the pointework and technical virtuosity of the artists embodying the *danse d'école*, such as Emma Livry, with whom Fiocre performed at the beginning of her career. Instead, she was valued for her dramatic interpretation of roles, her singular pantomime skills as a female artist. Again and again, the critics who review her performances highlight her physical expressivity and clear character portrayals. With the creation of Frantz in *Coppélia*, one critic *"la félicite surtout pour la façon intelligente dont elle a mimé le rôle de Frantz et pour le jeu expressif de sa physionomie"* (*La Patrie*, 30 May 1870). As Frantz, she would have to carry off the ridiculous act of becoming infatuated with an inert doll, miming declarations of love and frustration, and lying to her betrothed. The entirety of the first act featured only her and her partner, Giuseppina Bozzacchi, onstage in an elaborate pantomimed dialogue of besotted love and deception. And in 1873, in her role as William in *Gretna-Green*, *"elle ne danse pas, mais sa mimique vaut la danse"* (*La Patrie*, 12 May 1873).

Fiocre's travesty appearances were thus valued for her mastery of mime and acting skillsets traditionally reserved for men. In the 1860 *Règlement du conservatoire de danse,* it is stipulated that within the eight different classes available to students, one is *"une classe de pantomime pour les élèves dont l'aptitude a été spécialement reconnue"* (Archives Nationales F/21/1059). While most classes are divided by gender, the pantomime division was open to both men and women; to gain entry, Fiocre would have had to demonstrate her talents early as a student. However, in the 1860s, only male dancers are noted under the employment category of *coryphée mime*, the highest-paid division of the *corps de ballet* specializing in pantomime (PE-14 and PE-15, BmO). In honing her skills as a dramatic artist, Fiocre excelled in the genre of artistry typically perfected only by her male counterparts – hence her adoption of drag roles and subsequent unique position as a female artist.

The hand and facial gestures of pantomime are described at the beginning of the nineteenth century as carrying the expressive and dramatic weight of the ballet narrative. In reviews from the 1820s, critics uphold it as the most important aspects of the performance (Chapman, 1984: 36). As Marian Smith notes in her study of the language and narrative elements embedded in ballet, the word so often used by librettists in the ballet-pantomime is *semble-dire*, referring to the gestures of pantomime as an approximation of speech (Smith, 2010: 129). With the arrival of Marie Taglioni and dance for dance's sake – as well as the enormous amount of time it took to replicate her strength and balance on pointe – many women appear to have abandoned honing their dramatic skillset. Part of the myth of the ballet's decline is inextricably linked to the female travesty dancer's specialty in narrative storytelling onstage in opposition to the abstractions of the *ballet blanc*, which André Levinson interprets as "true" or "pure" dance, the summit of ballet's creative potential (Levinson, 1929: 21). Fiocre would have proved a notable exception to this trend. She might have lacked the technical prowess characteristic of the *école française*, but she nevertheless mastered an expertise endowing her with both artistic and economic power. In donning men's clothes – and above all due to her mastery of pantomime, a typically male skillset in dance – Fiocre undid the ethereal idealization of white tulle, forcing the viewer to confront her embodied presence and the range of possibilities that a female body could perform.

Marie Sanlaville: Drag as Heritage

Sanlaville rapidly rose through the ranks, promoted to the status of *sujet* at the same time as Fiocre in 1864 even though she was two years her junior. Yet unlike Fiocre, Sanlaville never had a breakout role. While Fiocre began receiving paragraph-long writeups in the press and annual raises of several thousand francs, Sanlaville's performances go unremarked, besides brief mention of her role as an elf in *La Source* (1866). Her contracts are only augmented by a few hundred francs a year. (See graph 2). At her highest pay in 1867-1868 before specializing in drag-pantomime roles, she was earning three times less than Fiocre, a mere 2,000 francs. At the critical point when Fiocre consolidated her reputation as a travesty artist, Sanlaville's pay was cut by half in 1868. In 1869, presumably humiliated by this slight, she left Paris for the Bordeaux Opera, where she spent six years.

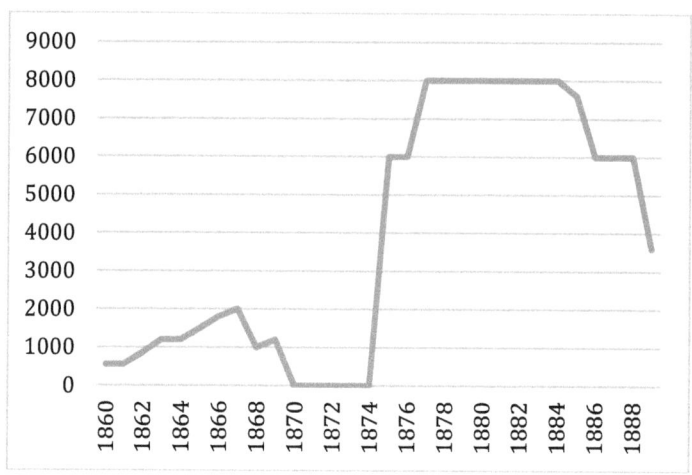

Graph 2: Marie Sanlaville's salary, 1860-1888. PE-9, PE-10, PE-15, PE-73, PE -75, PE-76, PE -104, and 19/699, Engagements danse, Bibliothèque-Musée de l'Opéra.

Sanlaville returned to Paris the year of Fiocre's retirement in 1875, with a contract for 6,000 francs annually, five times more than her previous salary. Upon her arrival, she took over the entire repertoire of Fiocre's travesty roles, starting with Frantz in *Coppélia* and the *pas de deux* in *Hamlet*. One year later, she began earning 8,000 francs – Fiocre's former salary, and, apparently, the highest pay available to female dancers with the pantomime-travesty specialty. Several critics noted her as Fiocre's successor in the press, confirming that the latter's departure at the time of the former's arrival and their equivalent contracts were no coincidence. Sanlaville inherited Fiocre's legacy. She likewise took over roles created by male dancers, such as Louis Mérante's part in the ballet *Yedda*.

One could dismiss Sanlaville's career as the new drag performer in town, attributing it to the masculine public's insistent objectification of female dancers in men's clothing. Yet unlike Fiocre, Sanlaville was not considered a great beauty. While I have tried carefully to show that Fiocre's success was due as much to her talent as to her appearance, Sanlaville proves that pantomime roles were about much more than looks. For the last decade of her career, while critics complained that they would prefer seeing younger dancers in her roles, they also commended, if begrudgingly, her expressive strength and dramatic resonance. "*Mlle Sanlaville s'est fait applaudir pour sa grâce piquante et sa malicieuse façon d'interpréter les choses les plus banales*," writes the critic at Le Ménestrel in 1862 (13 April). For her performance in Coppélia, the critic of Le Petit Journal applauds her for "*jou*[ant] *spirituellement le jeune niais amoureux d'un mannequin*" (14 December 1882: 3). After her performance in La Muette de Portici in 1882, the critic at Paris declares that she had obtained:

> Un franc et beau succès. La pantomime est expressive sans être forcée, et elle rend, en plein relief, les sentiments si divers dont Fenella est tour à tour agitée. C'est une soirée capitale pour Mlle Sanlaville, dont la grâce et la distinction déjà si appréciées dans la danse se trouvent ainsi rehaussées par un talent remarquable de mime. Le premier acte a été mimé d'une façon très touchante et très dramatique… au quatrième, Mlle Sanlaville a déployé une énergie saisissante dans la scène de l'hospitalité (31 January 1882: 3).

While perhaps not executing bravura pointework or astonishing viewers with her athletic abilities, Sanlaville possessed an eye for storytelling in the details, a unique style which elevated her value on the stage in comparison to her fellow dancers. In a charity event staged in 1881, she is lauded for rivaling the thespian Anna Judic from the Bouffes Parisiens in her acting abilities; she might also have learned a thing or two from her daughter, Marguerite-Marie Sanlaville (born in 1869 during her stay in Bordeaux) who became an actress at the Odéon after training at the Paris Conservatory.

Fig. 1: Marie Sanlaville, R. Gilbert, 1883, coll. part.

Two images of Sanlaville allow us to visualize her exceptional abilities. In the first, dated toward the end of her career in 1883, she appears in traditional feminine costume. What distinguishes this portrait from those of other dancers would be her alertness of expression – she is clearly making eye contact with someone outside the frame – and her extended hands, the palms facing up, fingers pointing out and down. In pantomime, this gesture signified an invitation; it often followed a call to dance, or served as an interrogative *What?* or *What about it?* The realist portrait does not hide the artifice of the backdrop. Sanlaville is clearly standing on the wooden floor of the stage, with a two-dimensional painting behind her. But despite the fact that the viewer can see the theatricality of her costume and surroundings, this transparency only serves to reinforce her position as master storyteller, as an agent of action. Following in Fiocre's footsteps, Sanlaville cultivated her specialization as a mime artist and likewise translated this cultural capital into economic gain. One biographical entry from *Le Gaulois* introduces her as "*la seule mime de cette catégorie que possède l'Opéra (j'en demande pardon à Mlle Invernezzi)*," holding her up as a "*modèle d'exactitude dans le service*" (18 September 1882). The critic's jab at Mlle Invernezzi, Sanlaville's competitor, proves that if Sanlaville did drag well, others did not. Many female dancers might have been vying for her spot as the Opera's top mime-travesty, but she retained this rank for almost fifteen years after returning to the house. As stated by the critics and suggested by her renewed contracts, she held and compelled the audience's attention as one of the great dramatists of her art form.

Yet in Sanlaville's case, drag is not used as a pretext to diminish her artistic skillset, nor are her costumes exclaimed over as mere excuses for showing off her body. A second undated etching shows Sanlaville in trousers, with details suggesting an imagined Germanic or Eastern European setting. Here, she is not acting. Her distant gaze and the casual way in which she brushes her chin suggest that she is lost in thought. The portrait affords her both a distance from and a critical engagement with her artistry, her pose exuding confidence and wit. The critic in *Le Gaulois* likewise describes her as sharp-tongued and quick-witted, "*prompte et acerbe à la riposte, quand on l'attaque*," and as one of the most devoted to her art form, all the while living "*retirée et en famille*" – a far cry from the stereotype of the unskilled female dancer in drag as a victim of the male gaze. Sanlaville's abilities would be confirmed when she was hired as a teacher at the Opera in a much-coveted spot in 1890, upon her retirement from the stage.

Fig. 2: Marie Sanlaville, eau-forte A. Masson, collection part.

Conclusion

In her treatise and history of dance published in 1890, the year after Sanlaville's retirement from the stage, the former *sujet* and teacher Berthe Bernay contests the narratives surrounding the in-house decline of ballet at the end of the century: "*S'il y avait une Sorbonne de l'Opéra, il serait démontré, j'en suis certaine, que les interprètes de la danse sont supérieurs aujourd'hui aux interprètes du siècle dernier,"* she asserts (Bernay, 1890: 19). Journalists might have perceived dance to be diminished in status because of the lack of men executing their authority in its ranks. Female dancers, on the other hand, believed their art form to be in the process of expansion, as pointe technique and other skillsets came to be mastered through the know-how of female teachers within the second generation of women to teach at the École. No doubt this "takeover" of professional positions previously occupied exclusively by men reinforced commentators' beliefs that the art form was in the process of being hijacked by its female practitioners.

Bernay's narrative of progress, while taking up key elements of the *école française* exemplified by Marie Taglioni, also clarifies that different skillsets were to be admired in the dancers' ranks. Unlike male *maîtres de ballet* who expound upon dance with an idealized figure, Bernay cites the lessons of her teacher, the legendary Madame Dominique (Caroline Venetozza), and the way she would bring in the most famous *sujets* to demonstrate for the class: "*Ces exemples étaient fort salutaires, surtout quand les élèves avaient successivement pour modèles des danseuses comme Fatou, Sanlaville, Pallier, Parent, Piron, etc., chacune d'elles ayant des genres différents. Aussi la leçon avait une véritable attraction. C'était un stimulant très grand et en même temps une récréation*" (Bernay, 1890: 168). Sanlaville, the lead *mime-travestie*, is cited among these dancers. If there was a stigma that came along with her specialization in drag roles, her fellow dancers did not care about it, instead delighting in the uniqueness of her skillset and aspiring to imitate and learn from her.

Elsewhere in her treatise, Bernay confirms the link between drag and pantomime, extolling the dramatic abilities of both Fiocre and Sanlaville alongside two male dancers, Louis Mérante and Monsieur Pluque:

> Je ne puis passer sous silence deux artistes qui ont excellé dans l'art de la pantomime (sans parler de Mérante et de Pluque que je considère hors pair), d'Eugénie Fiocre et de Marie Sanlaville. Quelle adorable femme que la première ! Quelle taille ravissante ! Quels pieds ! Quelles mains ! Tout était parfait chez elle. Son jeu était fait de grâce et de charme (Bernay, 1890: 188-189).

As a female spectator with an eye trained in the demands of classical dance, Bernay reveled in Fiocre's beauty, her physicality, her interpretation of roles full of *"grâce et charme"*. Her extensive use of exclamation points conveys her sense of wonder at Fiocre's beguiling stage presence, negating the idea that it was only men who valued the dance artist for her performances in breeches. These attributes did not diminish Fiocre's effects on Bernay's viewing experience or evaluation of the dancer's craft, but instead served to heighten them.

Bernay nevertheless reserves the role of the ultimate pantomime artist for Sanlaville, who, Bernay claims, while lacking Fiocre's charm, made up for it with her talent. Speaking of Sanlaville's continuation of Fiocre's legacy, Bernay writes that, *"seule, Mlle Sanlaville a pu non pas la faire oublier, mais tenir son emploi sans l'égaler par la séduction, en la dépassant par le talent ! Mlle Sanlaville a dû faire place à une autre mais [...] Qui l'occupera comme elle ?,"* she states (Bernay, 1890: 189). Writing a year after Sanlaville's retirement from the stage, Bernay implies that no member of the Opera possesses the artist's skill with pantomime necessary for the travesty roles, corroborating that she occupied a truly unique position as an artist.

In the competitive recruitment and retention process of the Opera, proving oneself irreplaceable in certain skillsets would have been key to retaining one's position and augmenting one's salary. Drag and pantomime marks the difference between Sanlaville's 1869 salary of 1,000 francs, for example, and her reemployment contract in 1875 for 6,000 francs, when she takes over Fiocre's roles. To contextualize just how much this meant, in 1870, at the height of Fiocre's career, female industrial workers were earning annual salaries of approximately 600 francs, more than ten times less than Fiocre's 8,000 annual francs. Because of childcare and household responsibilities, most women could only work part time as housecleaners, giving them about 306 francs per year (Renaud: 1873, 176). Women were systematically paid half of what their male counterparts earned because their "true" worth was believed to be in the home; economists beginning in the 1840s would point to their lack of physical strength and technical expertise, concluding that their ultimate value resided in producing male workers rather than in what they themselves could produce as laborers (Scott 1990). To overlook the capital and the power earned by Fiocre and Sanlaville simply because they were not donning white tulle represents a critical oversight by dance historiography of the conditions of women's work and artmaking.

Sex and sexuality undoubtedly remained part of drag's appeal. Both Fiocre and Sanlaville artists cultivated relationships with men which undoubtedly furthered their careers. Yet their visibility as artists and independent sources of income indisputably allowed them much more leverage while negotiating the terms of such arrangements as opposed to, say, the run-of-the-mill *marcheuse* or even a bourgeois woman with few options for acquiring property in her own name. Both dancers finished by marrying well above their station; Fiocre married into nobility, while Sanlaville settled down with the prominent artist Jean-Georges Vibert. Yes, there were men writing in the press who objectified these women in drag. If, however, we take these accounts at their word without consulting other source material that provides a female perspective on their work and artistry, we do so by subscribing to the impossible contradictions circumscribing *la femme comme il faut*, or a woman as women should be according to male spectators of the nineteenth century. We risk blaming female dancers for the ill repute assigned to them within the framework of patriarchal values, while presuming their lack of agency within such a system. In the era of consolidating gender ideologies in the wake of the Paris Commune and the establishment of the Third Republic, many male commentators would have had a vested interest in denigrating female artists earning independent income in the public sphere – especially those who gave performative critiques of the cultural construction of gender. Little wonder, then, that many writers sought to pass off the feminization of male roles as either sexual titillation or a decline of the art form. As Bernay makes clear, the physicality of these women in drag was not exclusively used against them to hypersexualize and degrade their persons. Women took pleasure in watching, and revered the possibilities allowed by travesty performance too.

Three years after Judith Butler published her famous polemic on gender performance, Eve Sedgwick argued that we should avoid using her theory to determine whether or not "particular performances (e.g. of drag) [are] really parodic and subversive (e.g. of gender essentialism) or just uphold the status quo." Sedgwick saw the danger of "good dog/bad dog criticism by which [...] we persuade ourselves that deciding what we like or don't like about what's happening is the same thing as actually intervening in its production" (Sedgwick, 1993:

15). Whatever subversion Fiocre and Sanlaville performed in drag on stage, it should be mitigated by an understanding that when they donned pants, it was improbable that they did so to launch a feminist revolution. They would have, however, cared about their salary, and their ability to continue earning it. While we cannot know how they perceived themselves as artists, nor whether they perceived themselves as feminists, they clearly held ambitions as choreographers and dramatic interpreters bringing stories to life. Their play with gender is better understood as a means rather than as an end to empowerment – though in their gestures onstage, they pointed out how women might redefine the limits and liberties of existence and expression.

Bibliography

Anonymous, 1887, *Ces demoiselles de l'Opéra*, Paris, Tresse et Stock.

Banes Sally, 1998, *Dancing Women: Female Bodies Onstage*, London, Routledge.

Bard Christine, 2010, *Une histoire politique du pantalon*, Paris, Seuil.

Bernay Berthe, 1890, *La Danse au théâtre*, Paris, E. Dentu.

Boigne Charles de, 1857, *Petits mémoires de l'Opéra*, Paris, Librairie Nouvelle.

Bourcier Paul, 1978, *Histoire de la danse en Occident*, Paris, Seuil.

Chapman John C., 1997, "Jules Janin: Romantic Critic," *in* Lynn Garafola (ed.), *Rethinking the Sylph: New Perspectives on the Romantic Ballet*, Hanover, Wesleyan University Press: 197-241.

Chapman John C., 1984, "XXX and the Changing Ballet Aesthetic, 1828-1832," *Dance Research: The Journal of the Society for Dance Research*, 2,1: 35-47.

Engelhardt Molly, 2010, "Marie Taglioni, Ballerina Extraordinaire: In the Company of Women," *Nineteenth-Century Gender Studies*, 6:3, https://www.ncgsjournal.com/issue63/engelhardt.html

Garafola Lynn, 1986, "The Travesty Dancer in Nineteenth-Century Ballet," *Dance Research Journal*, vol. 17/18, n° 2: 35-40.

Guest Ivor, 1953, *The Ballet of the Second Empire*, London, A. & C. Black.

Guest Ivor, 2006, *The Paris Opera Ballet*, London Dance Books.

Hanna Judith Lynn, 1988, *Dance, Sex, and Gender: Signs of Identity, Dominance, Defiance, and Desire*, Chicago, University of Chicago Press.

Kennedy Fenella, 2017, "Rethinking the Travesty Dancer: Questions of Reading and Representation in the Paris Opera," *Dance Chronicle*, vol. 40, n° 2: 192-210.

Kinney Troy and Margaret West, 1914, *The Dance: Its Place in Art and Life*, New York, Frederick A. Stokes.

Levinson André, 1929, *Marie Taglioni*, Paris, Félix Alcan.

Marcus Sharon, 2019, *The Drama Of Celebrity*, Princeton, Princeton University Press.

Olivesi Vannina, 2021, *Vedettes et artistes. Une histoire de la féminisation du ballet de l'Opéra, 1830-1860*, dissertation dir. by Esteban Buch, Paris, École des hautes études en sciences sociales.

Perrot Philippe, 1981, *Les Dessus et les Dessous de la bourgeoisie. Une histoire du vêtement au XIX*^{e} *siècle*, Paris, Fayard.

Quinault Robert, undated manuscript, *La Danse en France sous la III*^{e} *République*, Paris, Bibliothèque-Musée de l'Opéra.

Rambert Marie, 1965, "Foreward," *A Gallery of Romantic Ballet*, Ivor Guest, London, New Mercury.

Renaud Georges, 1873, « Prix et salaires à Paris en 1870 et 1872 », *Journal de la société statistique à Paris*, n° 14: 176-185.

Scott Joan Wallach, 1990, *Gender and The Politics of History*, New York, Columbia University Press.

Sedgwick Eve Kosofsky, 1993, "Queer Performativity: Henry James's The Art of the Novel," *GLQ*, 1: 1-16.

Smith Marian, 2007, "The Disappearing Danseur," *Cambridge Opera Journal*, 19,1: 33-57.

Smith Marian, 2010, *Ballet and Opera in the Age of Giselle*, Princeton, Princeton University Press.

Taglioni Marie, 2017, *Souvenirs. Le manuscrit inédit de la grande danseuse romantique*, Rome, Gremese, ed. Bruno Ligore.

Vaillat Léandre, 1947, *Les Ballets de l'Opéra de Paris*, Paris, Compagnie Française des Arts Graphiques.

Winter Marian Hannah, 1974, *The Pre-Romantic Ballet*, London, Pittman.

Regarder danser Carlotta Ikeda : de la scène cabaret à la scène butô, regards croisés entre la France et le Japon

Maëva Lamolière

Le texte qui va suivre est issu de la communication présentée lors du colloque « Pour une histoire décentrée de la danse » qui a eu lieu à Lyon du 10 au 12 juin 2021. Pris dans une dynamique de recherche de thèse, le texte présenté oralement a été, dans le cadre de cette publication, remanié et augmenté au regard de nouvelles informations collectées et d'hypothèses d'analyses affinées. Menée au sein du département danse de Paris 8, ma thèse de doctorat, sous la direction de Sylviane Pagès et d'Isabelle Launay, se pense depuis la danse et ses savoirs et croise également des questions historiographiques et esthétiques. Ces questions sont traversées d'une dynamique transculturelle qui vient interroger la notion de circulation.

Ma recherche de doctorat porte sur la chorégraphe et danseuse butô Carlotta Ikeda, née au Japon à Fukui en 1941 et décédée le 24 septembre 2014 en France, à Bordeaux. Pour être plus précise, ma thèse interroge la catégorie « féminin » chez Carlotta Ikeda et tente de déplier quels malentendus et quels imaginaires se concentrent derrière cette appellation. En effet, l'analyse des discours critiques démontre que la catégorie « féminin » opère comme un leitmotiv qui se teinte d'exotisme et d'érotisme. Cependant, cette catégorie occulte tout un pan du geste ikédien : la métamorphose, une virtuosité du perceptif, un corps aussi grotesque qu'érotique, une plasticité hors-norme, un jeu sur le décalage et l'humour. Il s'agit alors de déplacer, de contourner, voire de tordre cette notion pour envisager d'autres regards et d'autres prismes plus dynamiques et plus féconds du point de vue du geste dansé. En d'autres termes, ce recours au qualificatif « féminin » qui se cristallise autour de la danse d'Ikeda occulte des dimensions esthétiques et historiographiques dont ma thèse tente de rendre compte. Ainsi, le texte ci-dessous revient sur la pratique du cabaret chez la danseuse et chorégraphe, pratique qui condense des enjeux historiographiques tout autant qu'esthétiques. Regarder la danse d'Ikeda depuis le cabaret permet de réinterroger tout un pan de l'historiographie du butô[1] et de réintroduire des gestes oubliés ou évacués. Ainsi, une tension entre un geste à la fois érotique et grotesque s'est dessinée. Il m'importe ici de retracer quelques jalons qui permettent de saisir la trajectoire de Carlotta Ikeda au cabaret afin d'élargir et de déconstruire la catégorie « féminin » qui lui a été apposée.

Mon texte s'organise en trois temps, dans une dynamique historiographique. Après un détour par quelques éléments biographiques sur Carlotta Ikeda, je reviendrai dans un premier temps sur le contexte du cabaret au Japon afin de saisir comment se pense cette porosité entre le cabaret et la scène butô chez ces danseur·se·s. La deuxième partie s'attachera à restituer les étapes qui ont marqué l'arrivée à Paris de Carlotta Ikeda accompagnée de Murobushi Kô et Yoshioka Yumiko (Mizelle Hanaoka) en 1977 pour danser dans un lieu de music-hall appelé Le Jardin des Champs-Élysées. Enfin, dans un dernier temps, je déplierai des hypothèses pour saisir pourquoi ce passage par le music-hall en France n'a pas fonctionné et quels écarts existent entre le cabaret pratiqué par les danseur·se·s butô et les attentes du music-hall parisien.

Le travail ici présenté s'appuie sur plusieurs sources, et en particulier sur le fonds d'archives de Carlotta Ikeda déposé au Centre national de la danse de Pantin qui se constitue de vingt-sept cahiers de notes, dont madame Ishiwata a proposé une traduction partielle en langue française, de documents administratifs, iconographiques, et d'un certain nombre de vidéos. La rencontre avec les danseuses de la compagnie et en particulier avec Yoshioka Yumiko (Mizelle Hanaoka), danseuse qui a accompagné Ikeda dès le début de la création de la compagnie Ariadone (1974), m'a permis de saisir certains éléments de contexte nécessaires à cette recherche. Un terrain effectué au Japon en juillet 2019 m'a donné l'opportunité de me plonger dans ce bain butô en participant au stage d'été du

---

1 En ce sens, l'ouvrage de Sylviane Pagès, *Le Butô en France, malentendus et fascination*, Pantin, Centre national de la danse, 2015, a largement contribué aux avancées de cette recherche.

Dairakudakan et en pouvant accéder aux archives de cette compagnie ainsi qu'aux archives de Hijikata Tatsumi dont quelques photographies prises au cabaret sont venues appuyer mes premières hypothèses. Les archives de Murobushi Kô mises en ligne [1] sont également une ressource précieuse pour cette recherche. La littérature sur le butô et en particulier les travaux menés par Sylviane Pagès nourrissent et irriguent cette thèse, tout comme les ouvrages et articles spécifiques sur l'histoire de l'érotisme et du cabaret au Japon. Ainsi, la pratique du décentrement et du croisement des sources est au cœur du processus méthodologique de cette recherche.

Carlotta Ikeda, un parcours au croisement de multiples imaginaires

Il me semble nécessaire de situer brièvement Carlotta Ikeda car son parcours témoigne déjà de circulations et de transferts géographiques et gestuels. Après une formation en danse moderne au sein de l'université de gymnastique, Carlotta Ikeda est danseuse au sein d'une compagnie (Michiko Yano Modern Dance Company). Peut-être faut-il brièvement rappeler que le passage par la danse moderne a été constitutif de la formation de certain·e·s danseur·se·s butô. Ainsi Sylviane Pagès écrit-elle :

> Or les fondateurs du butô, Hijikata Tatsumi et Ôno Kazuo, ont reçu, tous deux, des formations très marquées par la danse moderne née en Allemagne et les nombreux échanges chorégraphiques entre l'Allemagne et le Japon durant la première moitié du XXᵉ siècle. Hijikata commence ainsi la danse en 1946, à Akita, avec Masumura Katsuko, disciple de Eguchi Takaya, qui travaille avec Mary Wigman à Dresde entre 1931 et 1933. Revenu au Japon, Eguchi Takaya contribue avec sa femme, Miya Misako, « à fonder une nouvelle danse japonaise » et a pour élèves de nombreux danseurs butô : Kasai Akira, Ôno Kazuo puis, en 1960, Carlotta Ikeda (Pagès, 2015 : 111).

Carlotta Ikeda rencontre ensuite, au tout début des années 1970, la troupe du Dairakudakan dirigée par Maro Akaji. Ce dernier va rapidement l'inciter à prendre la tête d'une compagnie de femmes : la

---

[1] https://www.ko-murobushi.com/eng/works.

compagnie Ariadone voit ainsi le jour en 1974 et la première pièce chorégraphique s'intitule *Mesukazan (Le Volcan des femelles*, 1975)¹. Cette même année, Ikeda Sanae (de son vrai nom) devient Carlotta Ikeda, en hommage à la danseuse de ballet romantique du XIXᵉ siècle, Carlotta Grisi. Ici opère un imaginaire et un fantasme romantique qui met au jour des circulations fantômes inattendues. En effet, le projet esthétique du butô des années 1960 et le ballet romantique peuvent sembler de prime abord fondamentalement opposés : des sources géographiques par-delà les océans, des chronologies éclatées, et des projets esthétiques *a priori* antinomiques. Jean-Marc Adolphe pose la question en ces termes : « Y aurait-il, par-delà les différences de culture et les époques, en surplomb de styles aussi opposés que peuvent l'être ceux du ballet romantique et du Butô, un certain absolu de la danse ? Il faut le croire. » (Jean-Marc Adolphe *in* Lot, 2005 : 9). En bref, Carlotta Ikeda baigne dans trois univers chorégraphiques : la danse moderne², un imaginaire romantique et la danse butô qui va se décliner également par une pratique intense du cabaret, une réelle « matrice cabaret » pourrait-on dire. Sans pouvoir déployer pleinement cette histoire-là, nous pouvons cependant préciser que la pratique du cabaret chez les danseurs et danseuses butô a été initiée par Hijikata Tatsumi et sa femme Motofuji Akiko. Le cabaret agit donc comme une forme de tradition chez les danseur·se·s et se pense entre économie de survie et terreau artistique. Les influences, rumeurs et références convoquées par Ikeda décentrent, d'ores et déjà, la géographie du butô. Si le Japon est le lieu d'émergence de cette forme artistique, Ikeda s'empare dans sa formation et dans ses « filiations-fictions³ » de références européennes (Allemagne, Italie, Grèce) et nord-américaines. Aussi, c'est en France qu'elle rencontre son public et qu'elle développe son travail à partir de la fin des années 1970.

---

1 Il faut ici préciser que cette première création sera signée de Maro Akaji et de Murobushi Kô. Les rapports auctoriaux sont extrêmement complexes et, si Carlotta Ikeda prend la tête de la compagnie Ariadone, Murobushi Kô cosignera, voire signera de nombreuses pièces.
2 Cette dernière revendique aussi une formation à la technique Graham, entretien avec Alain-Paul Lequeux, « Tuer Père et mère », *Avant-scène théâtre*, 1982 : 98.
3 « La filiation-fiction suggère à la fois un geste de citation, de mémoire et de transmission, mais aussi un geste d'invention et d'émancipation […]. Elle éclate toute autorité à la fois envers l'histoire, et à la fois envers l'auteur.e. Elle redistribue les forces créatrices d'un geste vu, intégré, et déjà transformé » (Le Boulba, 2019 : 166).

En 1977, Carlotta Ikeda, accompagnée de Yoshioka Yumiko et de Murobushi Kô, arrive à Paris pour une tournée dans le cabaret Le Jardin des Champs-Élysées[1] qui se soldera par un échec puisque que la troupe sera congédiée après la première représentation. C'est en 1978 que la compagnie Ariadone connaît un succès critique avec la pièce *Le Dernier Éden, porte de l'au-delà*, présentée au Nouveau Carré Silvia Montfort de Paris du 25 janvier au 25 février 1978. L'année 1978 signe ainsi un « moment butô » (Pagès, 2015 : 25). C'est donc à partir de cette date que la compagnie Ariadone rencontre un succès public et médiatique et est amenée à faire des allers et retours entre la France, l'Europe et le Japon, avant de s'implanter progressivement en France et de s'y installer de façon pérenne au milieu des années 1990. Soutenue par les Ateliers Lumières, la compagnie Ariadone s'implante à Bordeaux où Carlotta Ikeda achète une maison et un studio de danse en 1997. Elle y décède en septembre 2014 après avoir signé ou cosigné avec Murobushi Kô environ vingt-cinq pièces chorégraphiques.

Le cabaret au Japon

Comprendre le rapport des danseur·se·s de butô au cabaret c'est tout d'abord situer le cabaret dans la culture japonaise. En ce sens, l'ouvrage de Philippe Pons et de Pierre-François Souyri retrace l'histoire de l'érotisme et de la sexualité au Japon, histoire prise dans un « esprit de plaisir » : « Entre 1948 et les années 1970 les spectacles de striptease connurent un essor considérable et envahirent le marché du divertissement à travers le Japon et de cabarets burlesques les shows se teintèrent d'une expression ouvertement sexuelle, dans une célébration du corps charnel (*nikutai*) » (Pons, Souyri, 2020 : 401). Selon Éric Dumont et Vincent Manigot, les évolutions du striptease cessèrent dans les années 1970. Ces deux auteurs précisent également que les shows lesbiens ont précédés les shows hétérosexuels et que les spectacles sadomasochistes étaient en vogue dans les années 1960 (*zankoku shô*) (Dumont, Manigot, 2016 : 135). Si la période Meiji (1868-1912), conservatrice et hygiéniste, a cherché à censurer, contrôler et normer cet « esprit de plaisir », le XXe siècle a peu à peu renoué avec cette culture érotique. Cette nouvelle culture de masse

---

[1] Le cabaret « Le Jardin des Champs-Élysées » était situé dans le 8e arrondissement de Paris. Il se nomme aujourd'hui « Pavillon Gabriel » et accueille des studios de télévision.

sera baptisée *ero-guro-nansensu* au début des années 1930[1]. Ainsi, Philippe Pons et Pierre-François Souyri définissent cette culture de masse comme étant « une "désobéissance" délibérée [qui] allait s'exprimer sur le mode de la dérision et de l'irrévérence, couplé à une appétence insatiable pour l'étrange (le plus souvent lié à la sexualité) qui donna lieu à une exploration des territoires où se nichent les turpitudes les plus sombres de l'espèce humaine » (Pons, Souyri, 2020 : 303-304).

L'existence et la popularité de ces spectacles nous intéresse dans le cadre de cette recherche car certains aspects de ces numéros de cabaret, tels que les bandages, des matériaux comme le caoutchouc et le fer, la mise en scène de situations chorégraphiques homoérotiques, seront repris dans les troupes cabaret d'Ikeda mais aussi dans ses chorégraphies butô. Chez Ikeda, les corps ligotés et bandés sont fréquents et ne sont pas sans rappeler les pratiques sadomasochistes du *bondage*. Ces corps bandés de caoutchouc apparaissent dès 1975 dans *Mesukazan* où les danseuses ont dans plusieurs tableaux des parties du corps enserrées de caoutchouc. Dans cette même pièce, Ikeda apparaît vêtue de fers à cheval en guise de soutien-gorge et d'un string en métal avec une lame de couteau au niveau du sexe. Il est ici important de rappeler que l'art de la corde (le *shibari*) ou le *kinbaku* (lier étroitement) devint au Japon au début du XXe siècle [2] une « pratique érotique élevée au rang d'une esthétique » (Pons, Souyri, 2020 : 307). Ainsi, la pratique du cabaret chez les danseurs et danseuses de butô peut être pensée comme une stratégie de survie financière mais aussi comme un réel terreau artistique, une réelle matrice chorégraphique. Stephen Barber précise dans son dernier ouvrage que Hijikata Tatsumi, considéré comme le pionnier de la danse butô, ne faisait d'ailleurs aucune hiérarchie entre danser au cabaret, danser du butô sur la scène underground ou jouer dans des films d'horreurs de type *ero-guro* (Barber, 2019 : 143). La chercheuse américaine Caitlin Coker affirme quant à elle que, chez les danseurs et

---

[1] « Les deux premiers termes (*ero, guro*) ont d'abord été utilisés séparément. Le troisième (*nansensu*), ajouté au début des années 1930, reflète l'inquiétude que suscite le basculement du pays dans l'ultranationalisme » (Pons, Souyri, 2020 : 303).
[2] Les auteurs précisent qu'à la fin du XVIIe siècle le ligotage était très populaire : « À la fin du XVIIe siècle, on ne comptait pas moins de 150 écoles de ligotage ayant chacune des méthodes spécifiques. Relevant de l'art martial, le ligotage répondait à des règles strictes pour les nœuds, nécessitant un grand savoir-faire » (Pons, Souyri, 2020 : 309).

danseuses qui rejoignaient l'*Asbestoskan* de Hijikata, danser au cabaret faisait partie de leur apprentissage pour danser du butô (Coker, 2020 : 410-411). Maro Akaji revendique également cette pratique du cabaret, en particulier avec sa pièce *Crazy Camel*[1] créée en 2012, qui se veut un hommage direct au *kimpun show*, catégorie de spectacles où les corps sont peints en doré. Carlotta Ikeda, prise dans cette filiation, a dansé dans des numéros de cabaret et a poursuivi cette tradition au sein de sa propre compagnie. Deux troupes principales de cabaret vont être créées par la chorégraphe et partir en tournée à partir de 1974 : Fanny Hill (en référence à une célèbre prostituée anglaise), un duo de type lesbien et parodique, et Hip-Shakers, un trio qui se concluait par une séquence de french-cancan. D'après Yoshioka Yumiko, à ces deux productions cabarets s'ajoutaient le groupe « Lesbos » et les danseuses participaient ponctuellement à deux groupes de *kimpun show* : « Golden cup », qui était un duo créé par Maro Akaji, et le groupe « Kamasutra » composé de trois hommes et de deux danseuses et qui se produisait dans des théâtres importants. Ces tournées de cabaret occupaient la majorité du temps des danseur·se·s.

1997 : arrivée en France et échec au music-hall

En novembre 1977, Carlotta Ikeda, Yoshioka Yumiko (Mizelle Hanaoka) et Murobushi Kô arrivent en France pour un contrat de trois mois au Jardin des Champs-Élysées. Le troisième cahier de notes rédigé par Carlotta Ikeda revient sur cette arrivée. Il est daté du 22 novembre 1977 et s'achève le 25 février 1978, soit cinq jours après la dernière représentation au Nouveau Carré Silvia Montfort. Ce cahier de notes est une forme de journal intime qui permet de retracer les quelques mois passés à Paris par les trois artistes. Carlotta Ikeda y consigne ses premières impressions, ses dépenses, ce qu'elle fait et voit à Paris. Dès le soir de leur arrivée, on apprend que les trois danseur·se·s vont voir un show au music-hall Le Jardin avec Martine Matyas, leur référente à Paris. Le cahier indique également qu'une première répétition a lieu au Jardin des Champs-Élysées le 28 novembre 1977. Le numéro présenté devait durer à l'origine quinze minutes et la première date devait avoir lieu le 10 décembre 1977.

---

[1] Le titre est ici un clin d'œil au Crazy Horse (cheval fou) et à la compagnie du chorégraphe, Dairakudakan qui peut être traduit par le « le grand vaisseau du chameau ».

Dans un entretien que j'ai réalisé avec Yoshioka Yumiko (2018), celle-ci m'a raconté qu'iels devaient danser deux numéros : un numéro décrit comme étant érotique et un autre présenté comme étant « plus animal ». Pour celui-ci, elle précise qu'elle et Carlotta Ikeda portaient un kimono de mariage qu'elles enlevaient et qui laissait apparaître leur peau recouverte de peinture blanche ; elles se transformaient en animaux et se bagarraient. On y trouvait également une séquence où les danseuses enchaînaient les positions du Kâmasûtra en vitesse accélérée. Les négociations pour la présentation de ce numéro semblent avoir été compliquées car la chorégraphe écrit dans son cahier : « J'obtiens un ok pour un passage de 6 min à 6 min 30 sans décors. » De plus, les relations avec les danseuses du lieu sont décrites comme étant difficiles : « La danseuse principale s'en va à cause de l'ordre de passage. » Deux jours après la première représentation, le 12 décembre 1977, les trois danseur·se·s apprennent qu'iels ne signeront pas de contrat et qu'iels sont congédié·e·s. Carlotta Ikeda écrit : « Nous décidons d'attendre pour avoir enfin une discussion pour connaître la vraie nature de la rupture de notre contrat. Le show étant terminé nous ne pouvons pas parler aux danseurs mais nous discutons avec le chorégraphe Dominique. » Ce dernier aurait ainsi répondu : « Vous ne correspondez pas au lieu. » Yoshioka Yumiko se souvient que le directeur aurait jugé leur spectacle trop grotesque et pas assez sexy. En bref, le show et la corporéité des danseur·se·s ne correspondaient pas à l'ambiance élégante et luxueuse du lieu. La déception est grande et, le 15 décembre, Ikeda écrit : « Travailler à Paris pour moi est absurde, rester jusqu'au mois de mars à Paris va être une source de souffrance. » La suite du cahier nous apprend également que le 1er décembre les trois artistes ont tenté l'audition du Crazy Horse, puis du Sexy le 19 décembre, et enfin du Paradis latin le 30 décembre, mais que ce fut sans succès. Après un contrat possible à Téhéran qui est annulé au dernier moment puis un contrat à Barcelone qui sera retardé puis annulé, les trois danseur·se·s auditionnent au Nouveau Carré Silvia Montfort le 4 janvier 1978 et obtiennent un contrat.

Comprendre les écarts

Nous avons précédemment vu dans quel contexte japonais le cabaret émerge et quelles étaient ses lignes de force principales. Afin de saisir pourquoi, et en quoi, la réception de ce cabaret butô des trois danseur·se·s fut impossible à Paris, il convient désormais d'esquisser quelques principes généraux du music-hall parisien. Il y a eu dans cette réception une confusion catégorielle entre le cabaret, lieu intimiste et dont nous avons vu la dimension avant-gardiste et expérimentale au Japon, et le music-hall parisien où le luxe et le spectaculaire dominent. L'anthropologue Francine Fourmaux a mené une enquête dans les music-halls parisiens (2009) et dessine quelques traits caractéristiques de ce genre. Cette étude nous donne certains points de comparaison et de mise en perspective avec le cabaret japonais et permet d'envisager les écarts entre la proposition des trois danseur·se·s et les habitudes spectaculaires du public du music-hall parisien.

À la lecture de cet ouvrage, il apparaît que le premier écart saillant entre le music-hall parisien et le cabaret japonais est d'ordre social et économique. En effet, l'anthropologue insiste sur le caractère spécial et luxueux d'une soirée au music-hall : les prix y sont élevés, on y mange des plats empruntés à la haute gastronomie française et on y boit du champagne. Selon l'anthropologue, les spectateur·trice·s ne se rendent au music-hall qu'une seule fois dans leur vie. En effet, la notion de « populaire », souvent employée pour qualifier ce genre de production artistique, est ici mise en tension avec l'économie élevée d'une telle soirée. À cela s'ajoute une dimension touristique attractive sur laquelle le cabaret insiste, devenant ainsi une vitrine de la capitale. À l'inverse, comme nous avons pu le voir précédemment, les cabarets japonais dans lesquels les danseur·se·s de butô se produisaient semblent s'adresser à un public de classe moyenne, à des étudiant·e·s et à des habitué·e·s, ce qui témoigne probablement du caractère économiquement abordable d'une telle soirée. L'étude de Marine Wisniewski sur le cabaret de l'Écluse définit aussi le cabaret par son caractère précaire et intimiste :

> Par sa double nature – il s'agit d'une salle de spectacle, mais aussi et d'abord d'un café ou d'un bistrot –, il est un lieu de sociabilité volontiers pratiqué, qui n'exige pour être approché ni précaution, ni préparation. On y entre facilement et sans contremarque, parfois à l'improviste, sans avoir au préalable réservé sa place. Celle-ci n'est d'ailleurs pas toujours assurée en raison d'un espace exigu et d'un agencement instable – les sièges, quand ils existent, ne sont bien sûr pas numérotés. Une telle précarité, qui est aussi un gage de proximité entre les spectateurs et les artistes, fait du cabaret un espace *commun*, où

le monde extérieur et ses réalités triviales peuvent affleurer à chaque instant (Wisniewski, 2016 :7).

Le deuxième point de comparaison saillant qui apparaît est d'ordre esthétique et concerne plus précisément le traitement et la mise en scène des corps, « la parade des corps » (Fourmaux, 2009 : 153). Tout d'abord, les mots « moule » et « modèle » reviennent de façon récurrente et apparaissent comme des critères dominants dans le recrutement des danseuses. « Les danseuses sont faites au moule, il n'y a pas besoin d'ajuster à la cliente », dit une couturière (Fourmaux, 2009 : 153). L'anthropologue précise les critères de sélection : « Le corps de la danseuse doit en effet être conforme à des canons explicites qui correspondent à un "modèle" spécifique. Il doit mesurer huit fois la tête […] [la taille] varie entre 1,70 m et 1,75 m selon les établissements » (Fourmaux, 2009 : 153). De plus, elle précise que tout est mis en place pour augmenter, valoriser et sublimer ce désir d'élévation et de grandeur :

> La taille est modifiée par différents procédés qui métamorphosent la silhouette. La découpe des costumes, les coiffures en chignon, les hautes parures placées sur la tête et sur les épaules, les talons qui cambrent les pieds en demi-pointes, les bottes, cuissardes, l'attitude, bien droite, et le port de tête sont autant de moyens utilisés pour allonger le corps, le grandir (Fourmaux, 2009 : 153).

Dans cette perspective, les danseuses ont pour la plupart une formation en danse classique et entretiennent leur souplesse et leur silhouette : les mensurations sont contrôlées et stipulées dans le contrat (Fourmaux, 2009 : 154-155). L'illusion de corps identiques et la notion de synchronicité sont aussi accentuées par des artefacts scénographiques : « Un grand miroir incliné au fond de la scène est un décor fréquent, qui démultiplie les lignes formées par les danseuses et reproduit à l'infini des corps identiques aux mouvements semblables et synchrones » (Fourmaux, 2009 : 165). Dans cette perspective, le numéro présenté par Ikeda et ses deux acolytes dans le music-hall Le Jardin des Champs-Élysées semble être tout à fait opposé à ce cadre normatif : le grotesque prend le dessus sur la sublimation, la dimension horizontale et le niveau bas prédominent et s'opposent ainsi à l'élévation des revues du music-hall. De plus, le rapport à la nudité est probablement apparu d'une façon très crue, très directe et très triviale. Dans la perspective du décentrement qui nous occupe ici, nous pourrions dire que les corporéités butô sont décentrées et reconfigurées dans leur spatialité par rapport aux artefacts du music-hall qui accentuent la ligne, la verticalité et participent ainsi à un érotisme sublimé. En effet, les costumes du music-hall sont somptueux, travaillés, volumineux et coûteux et il y a tout un corps de métier derrière leur fabrication. À l'inverse, chez les danseur·se·s de butô, les costumes sont faits à la main, dans une économie de recyclage et de récupération. De plus, l'analyse des costumes démontre que Carlotta Ikeda affectionnait spécifiquement les matières contraignantes, loin d'être idéales pour un costume de danse : le caoutchouc, les bandages, le métal, le plastique. S'il y a costume dans le butô, celui-ci renforce la nudité et la dimension sexuelle, ou alors celui-ci fait totalement disparaître les contours du corps. À l'inverse, dans le music-hall parisien, « les danseuses ne sont jamais nues, elles sont habillées par la lumière », disait le directeur du Crazy Horse (Fourmaux, 2009 :197). Si les danseuses du music-hall sont souvent peu vêtues et que le string et les cache-tétons en sont les emblèmes, les lumières et la haute sophistication des costumes tendent à gommer la dimension sexuelle. Francine Fourmaux écrit : « En rendant son corps conforme à la norme instaurée et conforme aux autres corps qu'elle côtoie grâce au maquillage et à la parure, la danseuse nue opère en fait davantage une dissimulation qu'une exhibition » (Fourmaux, 2009 : 200). *A contrario*, la nudité des danseur·se·s de butô apparaît d'une façon plus directe, frontale, en mettant en jeu une dimension grotesque et volontairement sexuelle. La description du numéro de cabaret que l'on peut trouver dans le cahier d'Ikeda emploie les termes d'« enchevêtrement », de « créature », et Yoshioka Yumiko évoque une bagarre entre deux animaux. De plus, la dimension homoérotique du numéro et la convocation d'images telles que les positions du Kâmasûtra, le quatre pattes, les fesses offertes vers le public ont fort probablement rendu cette nudité « aggravée » (Pagès), ou « empirée » (Huesca, 2015 : 30) car dénuée de tout artifice et délibérément connectée à une dimension sexuelle. Enfin, il est important d'interroger la question des rapports de genre : si le cabaret homoérotique et sadomasochiste est en vogue au Japon et que le numéro présenté à Paris mettait en jeu un duo lesbien et animal, le music-hall parisien évoqué est quant à lui *quasi* toujours hétéronormé et renforce les stéréotypes de genre.

Ces quelques points de comparaison permettent de mesurer, toutes précautions gardées, les écarts entre la pratique butô du cabaret et les lieux raffinés du music-hall parisien. Finalement, ces deux genres artistiques renvoient à des imaginaires très distincts et ne permettent pas aux trois danseur·se·s de répondre aux attentes et aux imaginaires du music-hall parisien. Cependant, dans un effet de transfert et de circulation, Carlotta Ikeda s'est emparée à plusieurs reprises du motif du french-cancan tant dans ses productions cabaret que sur la scène butô. Ainsi, le trio Hip-Shakers se concluait par une séquence de french-cancan, tout comme la pièce butô *Mesukazan* (1975) et, des années plus tard, *Uchuu-Cabaret* (2008). D'après Yoshioka Yumiko, Carlotta Ikeda transformait ce motif du cancan en un cancan butô, car grimaçant et en en dévoilant la dimension sexuelle. Certains critiques de l'époque décrivent une séquence de *Mesukazan* (1975) où, après un french-cancan endiablé et grimaçant sur la musique d'Offenbach, les danseuses se retournaient, soulevaient leurs jupons et offraient ainsi leurs fesses au public. La dimension sexuelle, parodique et transgressive des origines du cancan est analysée par la chercheuse en danse Camille Paillet (2015). Cet élément d'information est tout particulièrement intéressant au regard du projet esthétique d'Ikeda. En effet, le rapport à la prostitution que développe Camille Paillet ne semble pas anodin dans l'intérêt que Carlotta Ikeda a pu y porter car l'un des groupes de cabaret d'Ikeda s'appelle Fanny Hill, en hommage aux mémoires d'une femme de plaisir anglaise écrites par John Cleland (1748). De plus, la question du renversement du genre et du cancan comme possibilité de s'emparer de pas à l'origine masculins permet d'étayer l'hypothèse d'une dimension transgressive et émancipatrice dans la construction artistique de la chorégraphe. Ainsi, Camille Paillet écrit :

> Toutefois, le registre parodique propre au cancan autorise une liberté qui sera perçue dans certains discours en tant que facteur d'émancipation féminine. Une liberté qui s'affirme dans la corporalité même du cancan et qui prend sens par son incarnation féminine. Le sujet de l'émancipation de la femme qui se diffuse dans les discours politiques des socialistes et des féministes se réfracte sur les corps libérés des danseuses de cancan. L'argument de la liberté en tant que valeur républicaine est très souvent clamé par les auteurs qui ont écrit sur les danseuses de cancan. Paul Mahalin dans son livre sur le bal Mabille définit le cancan comme « une danse d'opposition, une

protestation sautée » ; tandis que Véron, le directeur de l'Opéra, va jusqu'à trouver une filiation entre le cancan et les mouvements révolutionnaires de 1848. Les *Mémoires de Rigolboche* soulignent également la dimension libertaire du cancan : « Le cancan n'a qu'un seul synonyme : la rage. […] Le cancan néglige et repousse tout ce qui peut rappeler la règle, la régularité, la méthodique. C'est avant tout une danse libre » (Paillet, 2015 : 6).

Il semble tout à fait intéressant de noter que le cancan, envisagé comme une possibilité émancipatrice et transgressive, s'accorde avec le projet de Carlotta Ikeda qui aura, tout au long de sa carrière, cherché une danse hors-normes, hors-cadre, hors-champs. Nous pouvons ici réaffirmer que c'est en décentrant notre regard vers le cabaret et en faisant du cabaret une matrice chorégraphique qu'il nous est aujourd'hui possible de réintroduire dans l'analyse des œuvres de Carlotta Ikeda une dimension subversive, érotique et grimaçante. Si le décentrement a été une pratique méthodologique, cette notion opère également dans la corporéité même des danseur·se·s qui sont décentrées car reconfigurées dans leur spatialité. Carlotta Ikeda restera également décentrée vis-à-vis de l'épicentre de la danse contemporaine florissante des années 1980. Si cette dernière va bénéficier progressivement d'un soutien institutionnel en France, elle restera néanmoins toujours à la limite, à la marge et à la lisière des gestes et des écritures contemporaines dominants des années 1980.

Bibliographie

Barber Stephen, 2019, *Film's Ghosts. Tatsumi Hijikata's Butoh and the Transmutation of 1960s Japan*, Zurich, Diaphanes.

Coker Caitlin, 2020, « The Daily Practice of Hijikata Tatsumi's Apprentices from 1969 to 1978 », *in* Baird Bruce, Candelario Rosemary, *The Routledge Companion to Butoh Performance*, Londres, Routledge, 2020.

Dumont Éric, Manigot Vincent, 2014, « Une histoire du striptease japonais », *Cipango* [en ligne], 21, mis en ligne le 26 septembre 2016, consulté le 22 décembre 2016, http://cipango.revues.org/2230, 10.4000/cipango.2230

Fourmaux Francine, 2009, *Belles de Paris. Une ethnologie du music-hall*, Paris, éditions CTHC.

Huesca Roland, 2015, *La Danse des orifices*, Paris, Jean-Michel Place.

Le Boulba Pauline, 2019, *Les Bords de l'œuvre. Réceptions performées et critiques affectées en danse*, thèse de doctorat sous la direction d'Isabelle Ginot, département danse de l'Université Paris 8.

Lot Laurencine, 2005, *Carlotta Ikeda*, Lausanne, Favre.

Pagès Sylviane, 2015, *Le Butô en France. Malentendus et fascination*, Pantin, Centre national de la danse.

Paillet Camille, 2015, « La féminisation du chahut-cancan sous le Second Empire parisien. L'exemple de Marguerite Badel dite la Huguenote dite Marie la Gougnotte dite Rigolboche », *Recherches en danse*, n° 3.

Pons Philippe, Souyri Jean-François, 2020, *L'Esprit de plaisir. Une histoire de la sexualité et de l'érotisme au Japon*, Paris, Payot & Rivages.

Wisniewski Marine, 2016, *Le Cabaret de l'écluse (1951-1974). Expérience et poétique des variétés*, Presses universitaires de Lyon.

Des décentreurs de danse : Lucien de Samosate, le butō et les dionysiaques d'aujourd'hui

Michel Briand

Dans le cadre d'une réflexion collective et transdisciplinaire « pour une histoire décentrée de la danse », rappelons d'abord que la figure du décentrement apparaît à divers degrés métaphoriques : dans la pratique chorégraphique (A. Nikolais et M. Cunningham) ; dans les études de genre et sexualité (J. Butler) ; en anthropologie culturelle, psychologie, philosophie morale et politique, et historiographie, en particulier en ce qui concerne le décentrement des sources ou par rapport à elles, notre fil directeur ici. Le parcours proposé se veut en effet décentré, parfois excentrique et indisciplinaire, rapprochant *Classical*, *Gender* et *Performance Studies*. Après une réflexion plus abstraite sur le décentrement comme attitude et activité d'ordre épistémologique dans les études de danse, sur l'application critique du *queer* aux binarités, et sur l'articulation intempestive de l'antique au contemporain, on présente trois points de vue plus concrets sur la pantomime gréco-romaine, le solo de butō et, finalement, des chorégraphies contemporaines dites « dionysiaques ». On associera ainsi des figures théoriques et orchestiques du décentrement, qui ont une valeur critique et esthétique, éthique et formelle, historique et politique, selon des gradations variées (Briand, 2022 ; Holmes, 2017).

Épistémologies du décentrement *queer* en danse antique et contemporaine

La recherche en danse peut se figurer par des images impliquant jeux de force plus que de formes (Deleuze, 1981), alliant dynamisme et précarité, et troublant une distinction binaire objet/sujet, ou entre œuvre et spectacle d'une part et chercheuse et spectatrice d'autre part.

Ces figures suggèrent des « pas de côté » qui font « danser la recherche », évoqués par Tracy C. Davis (2008 : 1-8), dans son introduction aux études sur les arts de la performance, intitulée « the pirouette, detour, revolution, deflection, deviation, tack, and yaw of the performative turn » :

> The performative turn is variously, fluidly, and playfully a turn, yes, but a turn that is alternately a technique of dance (pirouette), leads to an unconventional routing (detour), champions social change (revolution, social or otherwise), bends for new use (deflection), proudly questions the culturally normative (deviation), like a sail propels us forward yet is obliquely positioned to the wind (tack), and though unsteady is wide open (yaw), depending upon what is apt[1].

Au-delà d'une rhétorique à l'ironie légère, on note une dialectique assumée de l'immersion et de la distance, ou de la recherche à la fois rigoureuse et située, voire engagée. Ce type de réflexion est en plein développement dans les domaines conjoints de la recherche et de la création, ou de l'histoire (Carter, 2004).

Dans son chapitre *Queer Theory* (Davis, 2008 : 166-181), E. P. Johnson rapproche ce *performative turn* d'un *cultural turn* perturbant aussi les disciplines : après le préfixe *post*, *inter*- et surtout *trans*- font évoluer nos études, au moins en discours. Le *queer* « tordu, déformé, faussé, trouble » (ie. *kʷer*- « tordre », allemand *quer*- « de travers ») est d'abord péjoratif, puis l'insulte s'inverse, induisant encapacitation (*empowerment*), subjectivation dynamique et agentivité (*agency*) pour les personnes d'abord stigmatisées (Whitney, 2010 ; Halperin, 2015 ; Matzner, 2016 ; Rennes, 2017 ; Perreau, 2018 ; Briand, 2021). L'image de la torsion (*to queer* « tordre, dévier ») est d'origine cinétique, voire kinesthésique, donc synesthésique. L'idée d'un « trouble dans le genre » (Butler, 2005) en tire une part de sa force argumentative, quand les identités de genre, mais aussi de

---

1 Le tournant performatif est, de manière variée, fluide et ludique, un tournant, mais un tournant qui est tour à tour une technique de danse (pirouette), entraîne un acheminement non conventionnel (détour), soutient le changement social (révolution, sur un plan social ou autre), se plie à de nouveaux usages (réflection), met fièrement en question les normes culturelles (déviation), comme une voile qui nous propulse en avant tout en étant oblique par rapport au vent (bordée) et, bien que précaire, est largement ouverte (embardée), en fonction de ce qui est juste.

classe, de race, etc., sont définies en termes de processus et de performativité[1], non comme l'expression d'un sujet stable prédéfini. Le décentrement *queer* des identités les voit comme plurielles, hétérogènes, dynamiques, paradoxales, et subvertit le rapport entre le même et l'autre, ou, en termes linguistiques, entre le marqué et le non-marqué. En histoire de la danse comme du corps, il y a bien des binarités à dépolariser et graduer, et qui le sont, de façon variée selon les cultures et les époques : corps/âme, humain/animal, temps/espace, identité/altérité, « occidental »/« oriental », danse/théâtre, *highbrow/ lowbrow*, ancien/moderne. Pour ce dernier couple, le *contemporain*, en triangulation avec le *moderne* et l'*ancien*, pourrait jouer un rôle similaire au *queer*, par rapport aux binarités *straight* du type masculin/féminin ou hétéro/homo. De même le *camp* (et le grotesque) par rapport au couple sérieux/comique (Sontag, 1966 ; Briand, 2021). Ajoutons qu'en ces matières (Ahmed, 2006), la pragmatique, l'intentionnalité, la discursivité, et surtout la corporéité (et le désir) *queer* sont affaire d'orientation singulière et collective (et *désorientation*) dans l'espace et le temps, voire d'indiscipline (*unruliness*). C'est en passant par cette référence que S. Olsen (Olsen, 2021) étudie le solo épique, mélique, tragique ou comique des danses grecques archaïques et classiques, qu'on rattache traditionnellement plus au chœur (*khoros*, groupe dansant et chantant) qu'à l'*orkhêsis* (danse proprement dite, en chœur ou en solo) : le solo est anciennement rebelle et turbulent (*unruly*).

Enfin, la danse, relevant à la fois du plastique et du musical, *queerise* l'opposition entre arts de l'espace et du temps. Le mot « écart », d'abord cinétique, nomme un lien réflexif entre cultures éloignées dans le temps (Briand, Dupont, Longhi, 2017) et l'espace, et l'anachronisme raisonné (Loraux, 1993) est nécessaire à la comparaison trans-historique et trans-culturelle. L'observation et l'imaginaire des danses antiques favorisent, à chaque rupture épistémique et esthétique, l'invention d'une modernité ou contemporanéité sensibles à ce qu'un détour anthropologique et historique peut inspirer, altérant les évidences du présent, et tout présentisme, chrétien ou hyper-/post-moderne. Cette coïncidence apparaît dès Nietzsche, qui tente de revivifier le tragique moderne, par

---

[1] Avec les nuances de Marquié 2018, sur la *performance*, entre linguistique de l'énonciation, influencée par une interprétation particulière de J. L. Austin, et arts de la scène.

une observation transmédiale et non idéaliste de la *Naissance de la tragédie, à partir de l'esprit de la musique,* en 1872, et par les vertus de l'inactualité/intempestivité (*Unzeitgemässigkeit*), dans sa deuxième *Considération inactuelle*. On retrouve cette tension chez Artaud, dans le théâtre dit post-dramatique et chez Warburg revu par Didi-Huberman (Didi-Huberman, 2011). L'histoire de la danse gagne à décentrer toute chronologie évolutionniste, en préférant au *khronos*, sans le nier, d'autres régimes de temporalité et d'historicité : durée ou éternité de l'*aiôn*, occasion du *kairos* « moment opportun » et de la *krisis* « moment décisif », temps vécu du *bios*, résistance énergique de la *stasis* « soulèvement » (Hartog, 2020 ; Fontaine, 2004). L'idée que le contemporain est une intersection de temporalités y fait repérer des agencements (*entanglements*) d'hétérogénéités (Jaspir, 2005), produisant hétérotopies et hétérochronies, et des rhizomes généalogiques, plutôt que des racines (Bettini, 2016). On relativisera dès lors la catégorisation platonicienne des types de danse pacifique et guerrière, où le tiers dionysiaque fait désordre et d'autant plus sens. Les danses de l'Antiquité grecque peuvent s'étudier aussi à partir des danses modernes et contemporaines, dans un sens chronologiquement peu correct, mais suggestif.

Figures orchestiques du décentrement : le Protée de Lucien, le butō et les dionysiaques

Avec cette boîte à outils « tordus » associant figures de recherche dansées, performativités *queer* et écart intempestif, et mettant en crise les notions de source, d'origine, d'évolution, livrons-nous alors à un double décentrement entre pensée et danse et entre antique et contemporain.

La pantomime antique, pharmakon *protéiforme*

Dans la pantomime antique (Garelli, 2007)[1], à la fois louée et blâmée par le traité paradoxal de Lucien de Samosate (*Sur la danse, Perì orkhéseos*, IIe siècle), le danseur est un Protée, virtuose métamorphique, comme le sophiste performant ses discours, tels

---

1 Le champ d'études sur les danses dans l'Antiquité est très vivant, cf. Naerebout, 1997 ; Lada-Richards, 2007 ; Briand, à paraître). Sur le rapport entre danses antiques et contemporaines, voir Mackintosh, 2010 et Gianvittorio-Ungar, Schlapbach, 2021.

l'*Éloge de la Mouche* ou les *Histoires vraies*. Lucien introduit ces dernières par une affirmation moqueuse à l'égard des historiens, qui se disent véridiques, alors qu'ils mentent comme l'Ulysse d'Homère, héros du déguisement et de la fabulation. Il joue d'une ironie toute socratique, ambivalente ; « il y a au moins un point où je serai véridique, c'est en avouant que (*pseúdomai*) je suis un menteur (trad. Chambry)/je fais de la fiction (trad. Briand) » :

> L'ancienne légende de Protée l'Égyptien […] ne dit pas autre chose que ceci : il était un danseur, un homme habile à représenter (*mim<u>e</u>tikòn*) et capable d'adapter ses figures et transformations à tout, au point de représenter la fluidité d'une eau et l'intensité d'un feu, par l'ardeur de ses mouvements (*en t<u>ê</u>i t<u>ê</u>s kin<u>é</u>se<u>o</u>s sphodróteti*), et aussi la sauvagerie d'un lion, la rage d'une panthère ou l'agitation d'un arbre, bref, tout ce qu'il voulait. Mais la légende, tournant vers l'extraordinaire (*paradoxóteron*) la nature de Protée, le décrit comme s'il devenait réellement ce qu'il représentait. Ce qu'il serait possible de dire aussi bien des danseurs d'aujourd'hui, qu'on pourrait voir rapidement changer et représenter Protée lui-même[1].

Le pantomime, tel le rhéteur, peut représenter en solo les amours d'Arès et Aphrodite et « parle avec les mains mêmes » (63, *taîs khersìn autaîs laleîn*). Le bon danseur, érudit et vif, est un éducateur aidant à se « connaître soi-même », « comme dans un miroir », avec de forts effets d'empathie kinesthésique (Bolens, 2008 ; Foster, 2011) :

> Il obtiendra des spectateurs une approbation complète, quand tous ceux qui le verront reconnaîtront leurs propres sentiments, ou plutôt quand chacun d'eux se verra lui-même dans le danseur, comme dans un miroir (*h<u>ó</u>sper en katóptr<u>o</u>i*), avec ses passions et ses actions habituelles (par. 81).

Avec la tonalité comico-sérieuse (*spoudaiogeloion*) ou *camp* typique d'un polygraphe mariant comédie satirique et dialogue philosophique, Lucien, ou son avatar, ici Lykinos, joue de masques composites et changeants. Syrien, Grec, Romain, au niveau ethnique,

---

[1] Sauf indication contraire, les traductions du grec sont les miennes.

éthique, esthétique, culturel, son art dialogique est inassignable à une seule voix, non pas décentré mais en décentrement. On évoquera ensemble les notions de *queerisation* et créolisation, inspirées d'A. Buffard et A. Ménil (De Chaillé, Sebillotte, Zoonens, 2020 ; Briand, 2019), plutôt qu'un métissage d'identités préalables. Le philosophe Craton, au début du texte de Lucien, attaque ainsi la pantomime pour son efféminnation, son indiscipline, les pulsions et risques sociaux et ontologiques auxquels elle soumet performeurs et public, sans maîtrise de soi :

> Comment peux-tu, Lykinos, renoncer aux belles études et au commerce des anciens pour écouter, comme un oisif, le son des flûtes et regarder un homme efféminé (*theludrían ánthropon*), qui se pavane dans des habits moelleux et affecte de chanter des chansons lubriques, qui imite (*mimoúmenon*) des femmes amoureuses (*erotikà*), particulièrement les plus lascives de l'Antiquité (par. 2).

En réponse, après s'être revendiqué (7) de la *khoreía* ou « culture orchestique » platonicienne, cosmique aux deux sens du terme (« monde » et « parure »), Lykinos admet que la pantomime peut être risquée, si le performeur se prend à son propre jeu et, en transe, s'identifie à son rôle, confondant comme son public fiction scénique et réalité. Une réelle *katharsis*, par laquelle le public suit les métamorphoses de la danse, pour s'y (re)trouver, non s'y perdre, implique une juste mesure entre immersion et distance, force et forme, émotion et raison. L'artiste doit éviter d'emporter le théâtre dans une folie contagieuse :

> 82. Les danseurs, comme les écrivains, peuvent tomber dans ce qu'on appelle communément l'*imitation vicieuse* (*kakozelía*). Elle consiste à dépasser les bornes de l'imitation (*tò métron tês miméseos*), à forcer les traits, à représenter comme gigantesque ce qui n'est que grand, à efféminer à l'excès ce qui est simplement délicat, à pousser la virilité jusqu'à la sauvagerie et à la brutalité. 83. Je me rappelle avoir vu un jour donner dans cet excès un danseur estimé jusque-là, d'ailleurs intelligent et vraiment digne d'être admiré ; mais, je ne sais par quel hasard, il se laissa emporter à un jeu de théâtre extravagant (*eis askhḗmona hupókrisin*), pour avoir voulu outrer l'imitation (*di' huperbolḕn miméseos*). Comme il dansait (*orkhoúmenos*) Ajax

devenu subitement fou (*maínomenon*) après sa défaite, il força tellement son rôle qu'on aurait pu croire qu'au lieu de représenter la folie (*hupokrínasthai manían*) d'un autre, il était fou lui-même (*maínesthai autòs*)[1].

À la fin du dialogue (85), Lykinos fait de la danse un *pharmakon*, « drogue », tantôt poison, tantôt remède, évoquant Circé et Hermès. Une danse ancienne peut être décentrée dès le départ : certains Grecs et Romains ne « nous » ont pas attendus pour déconstruire et parodier binarités idéalistes, harmonies illusoires et maîtres à penser prétentieux. Lucien est rétif, par anticipation, à ce qu'une histoire des arts évolutionniste, nostalgique, *straight* et eurocentrée, construit : il n'aurait pas compris la statuaire blanchie ni l'histoire monumentale des historiens de l'art et philologues auxquels s'oppose aussi Nietzsche (Jockey, 2013). Lucien, sceptique ou cynique, et libre-parleur (*parrhésiaste*), satirise une tradition platonicienne ou stoïcienne préparant la haine chrétienne des spectacles, chez Tertullien ou Jean Chrysostome, pour qui « le démon se trouve partout où il y a de la danse[2] ». Comme pour l'*Histoire de la sexualité* de M. Foucault (Foucault, 1978-2018), il n'y a pas de solution de continuité entre le polythéisme et les Pères de l'Église, à propos du corps et des arts, mais la poursuite d'un débat vif, comme entre sophistes « païens » grecs, ou ici Lykinos et Craton.

Ekphrasis, *expressionnisme et butō*

Les sujets de la pantomime gréco-romaine sont mythologiques : ce spectacle, comme dans le *bharata-natyam* indien avec les *mudras*, implique un enrichissement réciproque de l'orchestique (danseur, gestes mimétiques et symboliques, costumes, masques, chaussures percussives), du verbal (chanteur ou chœur tragique ou comique) et du musical (instrumentistes, dont l'aulète). La comparaison anachronique est suggestive : ce dispositif rappelle la *Medea* de la danseuse Carlotta Ikeda, virtuose de la métamorphose protéenne, et de l'écrivain Pascal Quignard, décentrant la littérature par la danse, et inversement, ainsi que les cultures classiques et modernes japonaises et européennes

---

[1] Trad. É. Chambry. Dans cette traduction classique, on devrait remplacer « imitation » par « représentation ».
[2] *Homélie sur l'Évangile selon Matthieu*, 48 (49).

(Quignard, 2013 ; La Roca, 2017 ; Calle-Bruger, 2021)[1]. Mais cette *ekphrasis* n'est pas restreinte à la description d'une œuvre d'art, au sens moderne : c'est l'*ekphrasis étendue* d'un personnage, Médée, qui construit un espace-temps singulier, et d'autre part l'*ekphrasis inversée* (Briand, 2020) d'une fiction poétique oralisée, comme chez Lucien. Au début du XXIe siècle, comme au IIe, la danse n'illustre pas, mais dé-crit, avec *enárgeia* « intensité » et *poikilía* « variété », ce que l'imaginaire multisensoriel du public tente de composer à l'écoute (ou à la lecture) du texte. Comme si Quignard avait rédigé ce qu'il dit, ému, sur la scène, à partir de la danse d'Ikeda, et non l'inverse, plus habituel dans la tradition des livrets d'opéra ou *lieder*. Corps et gestes mènent la danse : les arts du texte ne sont pas au centre de la création et, en opposition à une conception néo-aristotélicienne de la tragédie, comme dans le théâtre dit post-dramatique et le rite pré-dramatique, ni la « représentation » (*mimêsis*) ni l'« intrigue » (*muthos*) ne dominent la pragmatique spectaculaire.

L'*ekphrasis inversée* apparaît dans les descriptions entre sublime et grotesque, satirique et baroque, classique et monstrueux, que donne Valeska Gert dans le « kaléidoscope de (s)a vie », chaînon possible entre pantomime antique et butō (Gert, 2020) :

> Qu'est-ce que l'inouï ? C'est la naissance, l'amour, la mort. Personne n'a osé jusqu'alors les représenter sans fard et avec la *Mort* : je me tiens immobile dans une longue tunique noire sur le podium crûment éclairé. Mon corps se tend avec lenteur, le combat débute, les poings se serrent, de plus en plus fermement, les épaules se courbent, le visage se distord sous l'effet de la souffrance, du tourment. [...] Je me tiens là immobile pendant des secondes, une colonne de souffrance. Puis la vie lentement quitte mon corps, très lentement il se détend. La souffrance faiblit, la bouche s'amollit, les épaules tombent, les bras deviennent flasques, les mains. Je sens la rigidité des spectateurs dans la salle, je veux les consoler, un reflet de vie se glisse sur mon visage, déjà, de très loin, émerge un sourire. Puis voilà qu'il s'affaisse brusquement, les joues se relâchent, la tête chute rapidement, une tête de poupée. Fini. En allée. Je suis morte (*Mein Weg*, 1931, *in* Gert, 2020).

---

1 *In* Calle-Burger, 2021, voir les contributions sur *Medea* de M.-L. Picot, A. Mahe, R. Boisseau et P. Quignard même.

Ce récit de soi évoque un goût affirmé du bizarre et la tension entre rires et larmes, rictus et cri, tremblement et fulgurance : « On a oublié de me brûler », « l'objectivité n'est pas moins *kitsch* que l'enflure », ou « je ne méprise pas l'ordure », les humains étant des insectes.

Le solo de butō (Pagès, 2015) est un lieu de décentrement réflexif, *queer*, intempestif, et de débordement, avec une forte valeur (micro-)politique : « Oserais-je dire, sans crainte du paradoxe, que l'étincelle de la révolution russe ne s'est pas produite dans le cerveau de Lénine, mais dans le corps de Nijinski ? Toutes les émeutes sont des danses. Toutes les danses dignes de ce nom sont des émeutes » (De Vos, 2018). La formule retrouve la *stasis* déjà évoquée, soulèvement, révolte et « dialogue avec la gravité » (Agamatsu, 2000). Hijikata évoquait aussi le *pharmakon*, « poison/remède », typique de Médée. En 1959, s'inspirant des *Amours interdites* de Mishima pour sa pièce *Kinjiki*, il aurait pensé à appeler *pharmakon* ce qui sera l'*ankoku butō*, « danse obscure » : « À travers ce mot grec que Derrida utilisera plus tard, il est question de soumettre le corps à l'expérience périlleuse de la guérison du mal par le mal, conformément à la logique de la *catharsis* aristotélicienne » (Lucken, 2019, d'après Aslan 2002 : 65)[1]. Mishima et Hijikata se passionnaient pour les arts plastiques et scéniques classiques japonais et occidentaux, pour la danse moderne (avec Kazuo Ōno), surtout Isadora Duncan, et pour Artaud, Bataille, Sade, Genet. Mishima en Saint-Sébastien photographié par Eiko Hosoe atteste cette résolution *queer* des binarités, par un décentrement esthétique et éthique comme « transvaluation de toutes les valeurs » (*Umwertung aller Werte*), plus du côté de la vie, selon Nietzsche, que de la mort.

Le dionysiaque, alors et maintenant

La catégorie labile du dionysiaque aide à penser la dynamique d'une historiographie qui se réfléchit, en figures chorégraphiques, par des discours et pratiques constitutivement colorés et tordus. Une généalogie critique des dionysismes est indispensable, pour historiciser des évidences modernes, parfois à nouveau binaires, que des créateurs et théoriciens s'emploient à diffracter, par hybridation et jeux d'écart, tout en veillant à en faire vivre les tensions, par une

---

[1] « Du butō masculin au féminin » : 53-101, mentionnant Fukushima Nahomi, *De Kazuo Ohno. Le butoh et son ontologie*, DEA Paris 8, dir. Patrice Pavis, 1999 : 8 ; Lucken, 2019 : 126-182.

organicité, une tenségrité relevant du dispositif, non du système. Sur la « danse dionysiaque », on renvoie aux points qu'établit M.-H. Garelli (2020) :

• le dionysiaque ne s'oppose pas à l'« apollinien », qui en grec n'existe pas comme adjectif à valeur esthétique. La polarité du premier Nietzsche implique qu'une grande œuvre régénérant le théâtre moderne, donc paradoxalement pas à partir d'Euripide, trop rhétorique pour lui, soit dionysiaque *et* apollinienne, associant chœur et dialogues, texte et danse, musique et chant. Nietzsche ensuite s'est focalisé sur, voire parfois identifié au seul Dionysos. D'où la question « tout ce qui se réfère à Dionysos est-il dionysiaque ? », qu'on peut confronter à la cruauté d'Apollon, envers Marsyas, la Pythie, Cassandre, Daphné…

• le dionysiaque est « surtout un produit de l'histoire moderne des religions » et les danses tragiques, issues du chant-danse « lyrique », comme l'*emméleia*, ne sont pas des transes frénétiques : le chœur cherche d'abord l'harmonie collective, dans la déploration ou le carnaval. La comédie d'Aristophane est une « trygédie » (mot-valise mêlant « vendanges » et « tragédie »), et les danses burlesques comme le *kômos* ou le *kórdax*, au substrat textuel mesuré, ne relèvent pas de l'expression libre ou de la possession, sans technique.

• pour les modalités dramatiques intégrant Dionysos dans la cité classique, on parlera d'un « dionysisme secondaire », qui « consiste à conduire le corps à faire une expérience particulière par le biais d'une gestuelle à caractère religieux inscrite dans un culte spécifique, expérience de l'autre en soi qui entretient des relations avec le fonctionnement de la cité ».

Des gestes et postures (Bourcier, 1989) vus comme dionysiaques sont repris à partir de Duncan ou Nijinski. Des expériences de dionysisme moderne instituent avec le public une relation de l'ordre du *pharmakon* (Marquié, 2020), qui fait de la relation à l'antique une dégénérescence et régénération et la « contagion comme poison et remède ». L'histoire de la danse alors se *queerise* et créolise, s'inspirant d'un tragique troublé par/troublant une comédie carnavalesque et politique à la fois. On y décentre le regard par une vision empathique et sensorielle de l'Antiquité et une rencontre intempestive, anthropologique et tragique, des mondes anciens et contemporains (Lecznar, 2020, sur D. H. Lawrence, Schechner, Soyinka). On peut penser à :

• Marlene Monteiro Freitas, *Bacchae. Prelude to a Purge* (2017), et sa *catharsis* excentrique, purgation au sens médical. Il ne s'agit pas de « bacchanales », si l'on observe ce que ce terme recouvre anciennement, mais d'un assemblage énergique et précaire rappelant le « tragique gai » d'un Nietzsche dionysiaque plus du tout wagnérien. Ainsi pour G. Petrović Lotina [Gržinić, Stojnić, 2018 : 158], « the history of *Bacchantes* is constructed as a drama unfolding on the verges of tragedy and comedy, and consciousness and unconsciousness, within the non-linear structure of the performance[1] ». Cette fiction dansée, à la dramaturgie tout sauf néo-aristotélicienne, relève de situations plus que de narrations : la chorégraphe y pratique un « dualisme en spirale », décentré (Natálio, 2015)[2].

• Trajal Harrell, dans la série *Paris is Burning at the Judson Church* (2009), surtout *L, Antigone Sr.*, tord la tragédie de Sophocle (Vᵉ siècle) par la rencontre intempestive du *vogueing* et de la *post-modern dance*. Le tiers alliant le contemporain et l'antique est *queer/camp*, mais ce qui relie les danses actuelle et contemporaine, est classique :

> Dans la construction d'un public imaginaire – celle du public […] de la Judson Church en 1963 – dans l'esprit du public réel de 2009, ou, dit autrement, dans la distance entre les personnes pour qui nous imaginons que la pièce est en train d'être performée et la performance réelle pour les personnes présentes, quel genre de relations nouvelles peut-on créer, adapter et réassigner entre le/les performeur(s) et le public ?

• François Chaignaud, ses performances impures, virtuoses, contradictoires et tendues, aux dispositifs radicaux harmonieux, alliant *pathos* et ironie, danses actuelles et genres baroques, romantiques, modernes, des *Sylphides* (2009) et *Castor et Pollux* (2010) au dialogue « sublime et pervers » avec Akaji Maro, dans *Gold Shower* (2020).

Dans une modalité plus plastique, on peut mentionner :

---

1 « L'histoire des *Bacchantes* se construit comme un drame qui se déploie aux marges de la tragédie et de la comédie, de la conscience et de l'inconscience, suivant une structure non-linéaire de la performance. »
2 « A spiraled dualism between Apollo and Dionysos, Brazilian funk and Bolero de Ravel, music and dance, the new-born and the mother giving birth. »

• Romeo Castellucci, *Orestea (una commedia organica?)* (1995-2015), d'après Eschyle, et dans *Inferno Purgatorio Paradiso* (2008), d'après la *Divine Comédie*. La dialectique torse entre corps et texte, ou histoire longue et contemporanéité radicale, provoque la violence intégriste, opposée au *queer* ainsi qu'aux mélanges et aux intensifications instables. Loin de « rendre un texte tragique *contemporain* », puisque « la tragédie n'est pas de la poésie » et que « le noyau de la tragédie n'est pas tragique : il est pré-tragique », Castellucci s'interroge, sur le rapport multiforme entre tragique et satyrique, du drame satyrique au chœur formé de satyres (Briand, 2010) :

> Depuis le final des *Euménides* je me retourne en arrière et je regarde, en la dépassant, le début de la trilogie. Que dire, ensuite, du drame satirique [*sic*] manquant à la tétralogie la plus achevée ? Que dire du *Protée* perdu ? Que dire de cette comédie qui aurait contrebalancé, en termes de véritable poids, une trilogie tragique tout entière ? Est-ce là que je me situe ? De mon point de vue, probablement ; d'où le sous-titre *une comédie organique* ? ; d'où je regarde tout à l'envers, vers la grandeur de Clytemnestre. [...] Le rire de la comédie aurait un but libérateur face à la présumée catharsis. La catharsis est, comme on le sait, une invention d'Aristote. Il n'y a qu'une résolution *apparente*. Le tragique se poursuit ainsi pour se dissiper sous forme névrotique dans le rire. C'est la comédie son unique catharsis (Castellucci, 2001).

• moins *queer*, plus monumentaux, mais aussi trans-génériques, sur le plan artistique, Olivier Dubois, *Tragédie*, qui, en apparat critique, cite Nietzsche et N. Loraux sur la tragédie, mais ni l'un ni l'autre sur l'anachronisme, ou encore Jan Fabre, *Mount Olympus. To Glorify the Cult of Tragedy* (2015). Ce dernier, comme d'autres, prend « orgie » et « bacchantes » au sens donné par un imaginaire moderne éloigné du Dionysos antique. C'est sensible dans la séquence *Dionysos' Bacchae* (II, 4), où sept hommes nus passent d'une transe au sirtaki, devant un Bacchus obèse, couronné de fleurs. On peut y sentir « l'intrusion plus ou moins tranchée de la culture populaire dans l'art sacré ou savant » (Bret-Vitoz, 2020), dans une perspective parfois typique d'un air du temps critique et institutionnel, où le dionysisme est plus masculin (post-)moderne que *queer* con-temporain.

Épilogue

Notre parcours décentré ou polycentré voulait s'accorder à ses objets. D'où ses sinuosités et anachronismes déviants, d'un *pharmakon* à d'autres. Ce pourrait être un enchaînement alterné de pas en avant et de côté, en spirale, conforme à une conception contemporaine du temps, alliant linéarité, cyclicité et, peut-être, opportunité. L'application du décentrement, en processus réflexif et orchestique, spatial et temporel, à une histoire de la danse prise en longue durée ouvre sur des modes d'argumentation hétérogènes et singuliers. Il n'y a pas simplement une histoire de la danse centrée, *straight*, blanche, masculine, académique, monologique, etc., que, du haut d'un savoir enfin décentré, *queer*, transculturel, protéiforme, nous saurions critiquer et libérer. Dès Lucien, et dans le théâtre attique, tout est déjà fluide et heurté, oblique et tordu, comique et sérieux, dans les performances comme dans l'étude, sous forme de plaidoyer ou réquisitoire : le décentrement caractérise la danse qui, contre la marche militaire, résiste à la rectitude sans risques d'un centrage irrévocable.

Bibliographie

Agamatsu Ushio, 2000, *Dialogue avec la gravité*, Arles, Actes Sud.

Ahmed Sarah, 2006, *Queer Phenomenology. Orientations, Objects, Others*, Durham, Duke University.

Aslan Odette, 2002, *Butō(s)*, Paris, CNRS Éditions.

Bettini Maurizio, 2016, *Contre les racines*, Paris, Flammarion.

Bolens Guillemette, 2008, *Le Style des gestes. Corporéité et kinésie dans le récit littéraire*, Lausanne, BHMS.

Bourcier Paul, 1989, *Danser devant les dieux. La notion du divin dans l'orchestique*, Paris, La Recherche en danse.

Bret-Vitoz Renaud, Van Haesenbroeck Élise & Vincent-Arnaud Nathalie (dir.), 2020, *Danse et dionysiaque. Histoire, héritages, métamorphoses*, Dijon, Éditions Universitaires de Dijon, 2020.

Briand Michel (dir.), à paraître, *Cultural History of Dance in Antiquity*, in Arcangeli Alessandro & Kant Marion (dir.), *Cultural History of Dance*, 6 vol., New-York, Londres, Bloomsbury.

Briand Michel, 2022, « *Concordan(s)e/Verticales : Sous la peau* (Arno Bertina/Daniel Larrieu). Une transmédiation », *in* Adler Aurélie, Bikialo

Stéphane, Germoni Karine *et al.* (dir.), « Éditions Verticales 1997-2017 : éditer et écrire debout », *Revue des lettres modernes* n° 2022 – 1, série *Écritures contemporaines*, n° 14 : 411-434.

Briand Michel, 2021, « Le *Laocoon* en icône *queer* et *camp*. Enjeux esthétiques, culturels, politiques », in Bièvre-Perrin Fabien (dir.), *Thersites. Journal for Transcultural Presences & Diachronic Identities from Antiquity to Date*, n° 13, dossier : « Antiquipop : chefs-d'œuvre revisités » : 1-42.

Briand Michel, 2020, « Débat entre Michel Briand, Johannes Odenthal, Tedi Tafel et Raffaela Viccei, mené par Karin Schlapbach, "L'*ekphrasis* de la performance dansée : de la description d'un objet au récit d'une interaction" », *Perspective, actualité en histoire de l'art*, n° 2020-2, *Danser* : 19-50.

Briand Michel, 2019, « L'Antiquité transculturelle : noms de (la) danse dans le Περὶ ὀρχήσεως de Lucien de Samosate (IIe siècle) », in Fabbricatore Arianna (dir.), *La Danse théâtrale en Europe. Identités, altérités, frontières*, Paris, Hermann : 11-32.

Briand Michel, 2010, « Interplays between Politics and Amateurism: Ritual and Spectacle in Ancient Greece and some Post-modern Experiments (Castellucci, Bagouet, Duboc, Halprin) », *Proceedings of the SDHS 2010 Conference, Dance and Spectacle*, Londres, Univ. of Surrey, Guilford & The Place : 33-48.

Briand Michel, Dupont Florence & Longhi Vivien (dir.), 2018, « La *civilisation* : critiques épistémologique et historique », *Cahiers « Mondes anciens ». Anthropologie et histoire des mondes antiques*, n° 11.

Butler Judith, 2005, *Trouble dans le genre. Pour un féminisme de la subversion*, Paris, La Découverte.

Calle-Bruger Mireille, 2021, *Pascal Quignard*, Paris, Éditions de l'Herne, Cahiers de l'Herne.

Carter Alexandra, 2004, *Rethinking Dance History. A reader*, Oxon, Routledge.

Castellucci Claudia & Castellucci Romeo, 2001, *Les Pèlerins de la matière. Théorie et praxis du théâtre (Écrits de la Socìetas Raffaello Sanzio)*, Besançon, Les Solitaires Intempestifs.

Davis Tracy C. (dir.), 2008, *Cambridge Companion to Performance Studies*, Cambridge University Press.

De Chaillé Fany, Sebillotte Laurent & Zoones Cécile (dir.), 2020, *Alain Buffard. Good Boy*, Dijon, Les Presses du Réel & Pantin, Centre national de la danse.

De Vos Patrick, 2018, « *L'Insurrection de la chair* de Hijikata Tatsumi, Tokyo, 1968 », in Launay Isabelle, Pagès Sylviane *et al.* (dir.), *Danser en 68. Perspectives internationales*, Montpellier, Deuxième époque : 27-56.

Deleuze Gilles, 1981, *Francis Bacon. Logique de la sensation*, Paris, Seuil.

Didi-Huberman Georges, 2011, *Atlas ou le gai savoir inquiet. L'œil de l'Histoire, 3*, Paris, Minuit.

Fontaine Geisha, 2004, *Les Danses du temps. Recherches sur la notion de temps en danse contemporaine*, Pantin, Centre national de la danse.

Foster Susan L., 2011, *Choreographing Empathy. Kinesthesia in Performance*, Londres, New York, Routledge.

Foucault Michel, 1978-2018, *Histoire de la sexualité*, Paris, Gallimard.

Garelli Marie-Hélène, 2020, « La notion de "danse dionysiaque" dans l'Antiquité. Forme orchestique, philosophie du mouvement ou contexte libérateur ? », in Bret-Vitoz, Van Haesenbroeck & Vincent-Arnaud (dir.), *Danse et dionysiaque. Histoire, héritages, métamorphoses*, Dijon, éd. universitaires de Dijon, 2020.

Garelli Marie-Hélène, 2007, *Danser le mythe. La pantomime et sa réception dans la culture antique*, Louvain, Paris, Peeters.

Gert Valeska, 2020, *Je suis une sorcière. Kaléidoscope de ma vie*, Paris, L'œil d'or.

Gianvittorio-Ungar Laura & Schlapbach Karin (dir.), 2021, *Choreonarratives. Dancing Stories in Greek and Roman Antiquity and Beyond*, Leyde, Brill.

Halperin David M., 2015, *L'Art d'être gai*, Paris, Epel (2014, *How to be Gay*, Cambridge Ma., Harvard University Press).

Hartog François, 2020, *Chronos. L'Occident aux prises avec le Temps*, Paris, Gallimard.

Holmes Brooke & Marta Karen, 2017, *Liquid Antiquity*, Athènes, DESTE Foundation for Contemporary Art.

Jockey Philippe, 2013, *Le Mythe de la Grèce blanche. Histoire d'un rêve occidental*, Paris, Belin.

La Roca Maria Concetta, 2017, « *Medea* de Pascal Quignard. La danse butō et le spectateur : perspectives neuro-esthétiques », *Marges*, n° 24.

Lada-Richards Ismene, 2007, *Silent Eloquence: Lucian and pantomime dancing*, Londres, Bristol Classical Press.

Lecznar Adam, 2020, *Dionysus after Nietzsche. The Birth of Tragedy in twentieth-century Literature and Thought, Classics after Antiquity*, Cambridge University Press, 2020.

Loraux Nicole, 1993, « Éloge de l'anachronisme en histoire », *Le genre humain*, n° 27 : 23-39.

Lotina Goran Petrović, 2018, « Reconstructing the Bodies : Between the Politics of Order and the Politics of Disorder », in Gržinić Marina & Stojnić

Aneta (dir.), *Shifting Corporealities in Contemporary Performance : Danger, Im/mobility and Politics, AvantGardes in Performance*, Springler, Palgrave/MacMillan : 143-163.

Lucken Michael, 2019, *Le Japon grec. Culture et possession*, Paris, Gallimard, 2019.

Macintosh Fiona (dir.), 2010, *The Ancient Dancer in the Modern World : Responses to Greek and Roman Dance*, Oxford University Press.

Marquié Hélène, 2018, « Repenser le genre chez Judith Butler au prisme des arts vivants », *in* Plana Muriel & Sounac Frédéric (dir.), *Corps troublés. Approches esthétiques et politiques des arts et de la littérature*, Dijon, Éditions universitaires de Dijon : 79-89.

Marquié Hélène, 2020, « Réflexions sur le dionysiaque dans la danse à la fin du XIXe siècle », *in* Bret-Vitoz Renaud, Van Haesenbroeck Élise & Vincent-Arnaud Nathalie (dir.), 2020, *Danse et dionysiaque. Histoire, héritages, métamorphoses*, Dijon, Éditions universitaires de Dijon.

Matzner Sebastian, 2016, « Queer Unhistoricism : Scholars, Metalepsis, and Interventions of the Unruly Past », *in* Butler Shane (dir.), *Deep Classics. Rethinking Classical Reception*, Londres, New York, Routledge : 179-201.

Naerebout Frits G., 1997, *Attractive Performances. Ancient Greek Dance : Three Preliminary Studies*, Amsterdam, Gieben.

Natálio Rita, 2015, « The Spiralled Dualism of Marlene Monteiro Freitas », http://departuresandarrivals.eu/en/texts/texts-and-reviews/ the-spiraled-dualism-of-marlene-monteiro-freitas-625

Olsen Sarah, 2021, *Solo Dance in Archaic and Classical Literature. Representing the Unruly Body*, Cambridge University Press.

Pagès Sylviane, 2015, *Le Butô en France. Malentendus et fascination*, Pantin, Centre national de la danse.

Peponi Anastasia-Erasmia, 2015, « Dance and Aesthetic Perception », *in* Destrée Pierre & Murray Penelope (dir.), *A Companion to Ancient Aesthetics*, Oxford University Press : 204-217.

Perreau Bruno, 2018, *Qui a peur de la théorie queer ?*, Paris, Presses de SciencesPo.

Plana Muriel, 2018, *Fiction queer. Esthétique et politique de l'imagination dans la littérature et les arts du spectacle*, Dijon, Éditions universitaires de Dijon.

Quignard Pascal, 2013, *L'Origine de la danse*, Paris, Galilée.

Rennes Juliette (dir.), 2017, *Encyclopédie critique du genre. Corps, sexualité, rapports sociaux*, Paris, La Découverte.

Sontag Susan, 1966, *Against Interpretation and Other Essays*, New York, Picador.

Webb Ruth, 2009a, *Demons and Dancers. Performance in Late Antiquity*, Cambridge, Ma, Harvard University Press.

Whitney Davis, 2010, *Queer Beauty : Sexuality and Aesthetics from Winkelmann to Freud and Beyond*, New York, Columbia University Press.

Partie 3

Transferts culturels de la danse en France et aux Amériques (XXᵉ-XXIᵉ siècle)

De la notion de « forces discrètes » : tentative pour une histoire des danseurs

Mélanie Papin

La période des années 1970 correspond au moment d'émergence d'une nouvelle génération d'artistes chorégraphiques en France qui va engendrer, en partie, les principes de la danse dite « contemporaine » et favoriser sa reconnaissance auprès des pouvoirs publics. Elle est pourtant mal connue. Notre travail de thèse intitulé *1968-1981 : Construction et identités du champ chorégraphique contemporain en France. Désirs, tensions et contradictions*[1] s'est ainsi attaché à en cerner les contours et les enjeux propres. Cette démarche nous a amené à proposer le terme de « forces discrètes » précisément parce qu'il permettait de penser au plus près les singularités de cette période et la nature des forces agissantes, à savoir l'ensemble des acteurs « émergeants » et à la marge du champ chorégraphique pour la danse de scène en France.

Nous exposerons les conditions d'apparition de ce terme dans notre recherche afin de tenter d'en tirer quelques perspectives pour l'histoire de la danse en France.

Les « forces discrètes » désignaient donc « l'ensemble des danseurs mais aussi journalistes, administrateurs, bref tous les acteurs du champ chorégraphique qui, à la marge des instances publiques et de la scène culturelle dominante, ont pensé et formalisé les modalités d'amélioration de leur condition de vie, de travail et de création ». La spécificité du champ chorégraphique pouvait ainsi être posée : celle d'artistes prospérant dans des réseaux plus ou moins informels, dans lesquels circulent et s'organisent une pensée et des savoir-faire contemporains portés par des désirs de libération des corporéités

---

[1] Thèse de doctorat soutenue en 2017 à l'Université Paris 8 Vincennes-Saint-Denis, sous la direction d'Isabelle Launay, à paraître chez Horizons d'attente.

autant qu'une action collective qui épouse, bien souvent, les formes de combativité politique et militante spécifiques aux années post-68. À leur côté, ils pouvaient compter sur le soutien et l'accompagnement de critiques de presse soucieux du renouvellement des formes et d'administrateurs de petites compagnies de danse en train d'inventer leur métier. S'y révélaient donc des processus relativement discrets mais d'une grande puissance collective et émancipatrice.

Une histoire partielle et partiale

Se pencher sur l'histoire de la danse en France des années 1970 partait du constat que certains aspects de cette décennie n'avaient pas fait l'objet de recherches approfondies, qu'elle se trouvait sous le coup d'une histoire partielle et partiale. En 1980, la journaliste Lise Brunel avait pourtant démarré le chantier en présentant les principaux groupes chorégraphiques dans son ouvrage *Nouvelle Danse française*. Mais ce terme consacrera finalement les successeurs des années 1980 et valorisera davantage la création chorégraphique sous l'influence de politiques culturelles mises en place après l'élection de François Mitterrand. Cette appellation porteuse de malentendus historiographiques et discursifs – la connotation identitaire et la perception d'une nouveauté pouvant, en effet, être interrogées – a finalement contribué à mettre un voile sur les processus plus discrets qui ont œuvrés dans la décennie 1970. Que connaissons-nous des années 1970 ?

À l'exception de l'ouvrage *La Danse au XXe siècle* d'Isabelle Ginot et Marcelle Michel (2002) qui esquisse un paysage varié de la danse des années 1970 en France, la grande majorité des écrits en langue française jusqu'à une période récente[1] composait un récit sur le mode hagiographique, progressiste et linéaire. Poursuivant une « chimère des origines » (Foucault, 1971 : 150), cette approche tend à unifier les processus et les enjeux propres à chaque séquence historique pour se mettre en quête d'une « vérité » sur la danse. Chaque moment ne serait, en somme, que la variation d'un même modèle transhistorique. Tel est, par exemple, le cas de l'*Histoire de la danse en Occident* (1978, 1994) de Paul Bourcier qui trace un chemin tout en continuité, de la Préhistoire à la danse contemporaine, ou du *Ballet occidental*

---

1 La *Nouvelle histoire de la danse en Occident, de la préhistoire à nos jours* (Seuil, 2020), réintroduit cette variété.

(1995) de Marie-Françoise Christout qui entend, à travers une vision universaliste et humaniste, retracer « clairement les grandes étapes historiques et esthétiques de cet art en évoquant les principales œuvres, les plus illustres chorégraphes, théoriciens et danseurs qui n'ont cessé de révéler jusqu'à nos jours l'éclat de leur personnalité originale » et grâce auxquels « s'exprime aujourd'hui comme hier, avec une poésie indicible et une harmonie éphémère, l'âme de la danse dont les métamorphoses réfléchissent les aspirations profondes de l'homme. » (Christout, 1995 : 258).

Dans la mémoire collective, Maurice Béjart (1927-2007), bien que déjà directeur du Ballet du XXe siècle à Bruxelles, fait figure de grand rénovateur de la danse en France. Il a longtemps été perçu comme celui qui a popularisé et modernisé l'art chorégraphique. Or, sa vision fondée sur la danse classique sur laquelle s'agrège d'autres esthétiques ne remet pas fondamentalement en cause les principes idéologiques de l'académisme. Créé en 1967 au Festival d'Avignon, le ballet *Messe pour le temps présent*, dans lequel les danseurs en jean et en baskets débutent sur scène à la barre par des figures de danse classique pour évoluer vers le *jerk*[1], sur les musiques électroacoustiques de Pierre Henry, semble pourtant bien dans l'air du temps. Béjart y conquiert une image moderniste, adoubée par le milieu du théâtre. Investissant, par ailleurs, de nouvelles scènes en-dehors des théâtres traditionnels, les Palais d'expositions[2], les spectacles de Béjart drainent davantage de spectateurs et donnent une dimension populaire au ballet en touchant un public diversifié.

Aux côtés de l'œuvre béjartienne, seuls quelques moments forts sont retenus : l'invitation par le directeur l'Opéra de Paris, Rolf Liebermann, faite à Merce Cunningham (1919-2009) pour créer le ballet *Un jour ou deux* en 1973[3] avec le corps de ballet ; la nomination de l'ancienne interprète phare d'Alwin Nikolais (1910-1993), Carolyn Carlson[4] comme chorégraphe-étoile, toujours à l'Opéra de Paris,

---

1 Littéralement « secousse » en anglais ; il s'agit d'une danse individuelle en vogue dans les années 1960 venant des États-Unis.
2 L'une des premières grandes salles investies par Béjart à Bruxelles.
3 26 danseurs du corps de ballet participent à la création, dont les étoiles Wilfrid Piollet, Jean Guizerix et Michaël Denard, le 6 novembre 1973 à l'Opéra Garnier.
4 Californienne d'origine finlandaise, elle a été formée notamment au département de danse moderne de l'Université de l'Utah, avant d'être soliste de Nikolais de 1965 à 1971 : elle est consacrée par le prix d'Étoile remporté au Festival international de danse de Paris en 1968 et diffusera la méthode d'apprentissage de la danse Nikolais.

suivie de la création du Groupe de Recherches Théâtrales (le GRTOP), ouvert en 1974 pour les danseurs du corps de ballet et pour des danseurs venus de l'extérieur[1]. Les figures de Cunningham et de Carlson suffisent à fixer un récit de la révolution du contemporain dans le sanctuaire classique et à réduire la décennie à la présence nord-américaine au sein de l'institution hégémonique.

Par ailleurs, du Concours le Ballet pour demain, plus tard dénommé par sa ville d'accueil Concours de Bagnolet, créé en 1969 par l'ancien danseur de l'Opéra-Comique Jaque Chaurand, on retient le tremplin qu'il a offert à la génération dite de la « Nouvelle danse française » et qui s'est retrouvée à la tête des Centres chorégraphiques nationaux. À partir de 1976, tous les chorégraphes amenés à diriger ces centres (et d'autres) y ont remporté un prix : Dominique Bagouet, Jean-Claude Gallotta, Régine Chopinot, Maguy Marin ou encore Joëlle Bouvier et Régis Obadia.

Se pencher sur les publications sur la danse permet de témoigner d'un vide. Maurice Béjart[2] domine celles à caractère monographique ou autobiographique, comme les danseurs de l'Opéra de Paris, qui sont tout aussi bien représentés à travers les nombreux ouvrages dédiés aux étoiles[3]. Jacqueline Robinson ou Françoise et Dominique Dupuy sont longtemps restés comme les rares danseurs issus du courant moderne et contemporains de cette période à avoir pu

---

1 Le GRTOP est officiellement créé en janvier 1975. Les danseurs du corps de ballet seront finalement peu présents aux cours ouverts. La compagnie de 12 danseurs, issus des studios de Joseph Russillo ou de de la Compagnie Russillo-Béranger : Odile Azagury, Patrick Fort, Caroline Marcadé, Peter Morin, Dominique Petit, Christian Ramer, Anne-Marie Reynaud, Christine Varjan, Henry Smith, Larrio Ekson, Quentin Rouillier, Anna Weil. La composition de la compagnie évolue ensuite : Jorma Uotinen, Dominique Mercy ou Malou Airaudo sont présents dans les dernières pièces. Les musiciens Barre Philips et John Surman qui improvisent leurs musiques sur scène, les comédiens Petrika Ionesco et Michèle Colisson y figurent ainsi que d'autres danseurs. Master de Yasuko Suda, *Le Groupe de Recherche Théâtrale de l'Opéra de Paris : analyse d'une institution éphémère* (2012), Département Danse, Université Paris 8.

2 Le catalogue de la médiathèque du Centre national de la danse compte 45 occurrences de Maurice Béjart comme auteur. Ce chiffre contient nombre de préfaces à des ouvrages sur l'art de la danse ou des monographies de danseurs.

3 Citons notamment Mannoni Gérard, 1981 et 1982, *Les Étoiles de l'Opéra de Paris*, Paris, Théâtre national de l'Opéra de Paris ; *Michaël Denard. Le geste et la voix*, Paris, Somogy ; 1979, *Cyril Atanassoff*, Paris, Fayard ; Bessy Claude, 2004, *La Danse pour passion*, Paris, JC Lattès ; Mannoni Gérard, 1997, *Yvette Chauviré, autobiographie*, Strasbourg, Le Quai.

transmettre à travers des ouvrages une part de leur histoire et de leurs expériences. La première a notamment effectué un véritable travail de recherche et de valorisation de l'activité des danseurs et pédagogues modernes France jusqu'au début des années 1970 dans son ouvrage publié en 1990, *L'Aventure de la danse moderne en France (1920-1970)* (Paris, Bougé). Outre de nombreux articles riches d'une réflexion théorique[1], *Une danse à l'œuvre* (2002) de Françoise et Dominique Dupuy permet de cheminer dans la mémoire de ces deux artistes.

Du côté des travaux scientifiques, la période s'est écrite sous l'angle de la mise en place des politiques culturelles, du processus d'institutionnalisation, soit du rôle de l'État dans son développement. On compte parmi les premiers travaux ceux de Marianne Filloux-Vigreux (*La Danse et l'Institution, genèse et premiers pas d'une politique de la danse en France 1970-1990*) puis de Patrick Germain-Thomas (*Politiques et marché de la danse contemporaine en France [1975-2009]*). La décennie 1970 y est présentée, dans le premier, comme les prémices aux décennies « glorieuses » des années 1980 sans manquer toutefois de préciser combien « certains artistes (danseurs et chorégraphes), au travers de leur engagement militant avant 1981 et au sein de l'institution après 1981, ont eux-mêmes largement collaboré à ce processus [d'institutionnalisation] » (Filloux-Vigreux, 2009 : 13). Le second fait une large place à quelques-unes de ces figures et à leurs actions, laissant néanmoins dans l'ombre le reste.

L'ouvrage de Muriel Guigou intitulé *La Nouvelle Danse française* (2005) décrit quant à lui essentiellement une histoire et une sociologie de la scène contemporaine au travers des chorégraphes à la tête des Centre chorégraphiques nationaux à partir des années 1980, bien que l'auteur démarre son étude en 1968. Elle posait à cet égard les principes du mythe historiographique de la Nouvelle danse française, terme repris à Lise Brunel, ainsi qu'à la presse des années 1980 et 1990, qui nourrit encore largement les imaginaires de l'apparition de la danse contemporaine en France en condensant plusieurs aspects d'une histoire de la domination :

• La désignation de figures majeures par la politique institutionnelle de soutien à la danse dont elles ont bénéficié ;

---

1 Cf. Dupuy Dominique, 2007, *Danse contemporaine, pratique et théorie. Marsyas, écrits pour la danse*, Arles/Marseille, Le Mas de la danse.

• La construction de l'image d'une création contemporaine « sortie de terre » à partir des années 1980 et du créateur *ex-nihilo*, auto-fécondée, sans rapport ou presque avec le fond gestuel et esthétique présent auparavant ;
• Les esthétiques venues d'ailleurs, en l'occurrence des États-Unis, comme premier levier de la dynamique de la création contemporaine.
L'auteur justifie son point de vue ainsi :

> Les compagnies les plus subventionnées sont celles qui ont le plus de possibilités de créer mais aussi de diffuser leurs œuvres. Nous étudierons, pour cette raison, les chorégraphes choisis par les représentants de l'État (des commissions nationales chargée d'attribuer les subventions) sur période du début des années 1980 jusqu'à nos jours (Guigou, 2004 : 55).

La jeune génération qui trace sa propre voie dès le début des années 1970 passe ainsi comme une figurante au travers de ces quelques événements auxquels elle prend pourtant une part active. De fait, leurs noms n'apparaissent pas ou peu, hormis dans quelques rares publications plus tardives[1] : parmi eux, Catherine Atlani, Anne-Marie Reynaud, Odile Azagury, Marie-Christine Gheorghiu, Christine Gérard, Susan Buirge, Christiane de Rougemont, Serge Keuten, Suzon Holzer, Jacques Patarozzi, Quentin Rouillier, Graziella Martinez, Hideyuki Yano, Elsa Wolliaston, créateurs de pièces contemporaines et animateurs engagés, souvent rassemblés en collectifs : le Four Solaire, Free Dance Song, La Main, Moëbius, Arcor, Mâ Danse Rituel, etc. Entre la mise en évidence des institutions et des esthétiques classiques, la valorisation de la danse américaine et la projection vers la danse des années 1980, la vie propre de la danse dans les années 1970 est passée sous les radars de l'histoire. Une mise en question de l'effacement de l'émergence au profit d'une histoire glorieuse où seuls les « vainqueurs » qui ont occupé l'espace institutionnel et médiatique sont valorisés semblait nécessaire.

Envisager ce moment de l'histoire de la danse en France comme un processus d'émergence collectif collait mal avec le modèle

---

[1] Outre les ouvrages d'Isabelle Ginot et Marcel Michel (2002), de Laura Cappelle (2020), citons les monographies de Chantal Aubry, *Yano, un artiste japonais à Paris* (Centre national de la danse, 2008) ; Isabelle Ginot, *Dominique Bagouet, un labyrinthe dansé* (Centre national de la danse, 1999) ; Mélanie Papin et Christine Gérard, *Une parole libre en danse* (Ressouvenances, 2021).

épistémologique largement dominé par l'institutionnalisation et la valorisation des courants, des figures et des œuvres majoritaires. Hormis, donc, ces quelques événements, la décennie 1970 a longtemps constitué un point aveugle, une période vite balayée tant les « actes entrelacés » (Rancière, 2000 : 66) (esthétique, politique, social, discursif) qui la constituent à nos yeux résistaient aux grands cadres traditionnels de l'historiographie en art. La notion de « forces discrètes » permettait ainsi de sédimenter les multiples croisements à l'intérieur de la période étudiée en prenant le vécu des danseurs mais aussi l'action solidaire de tout un réseau, comme source et comme référence, en envisageant la continuité autant que les ruptures avec les périodes qui précèdent et qui succèdent.

Saisir l'ensemble des enjeux propres à l'émergence du champ chorégraphique contemporain en France passait donc par faire apparaître ce qui appartient de « plein droit à l'ensemble des composantes sociales » (Guattari, Rolnik, 2007 : 33). Il nous est apparu que les danseurs et leurs soutiens, animés par un désir émancipateur de vivre et de danser particulièrement intense dans l'après Mai 68, ont produit des micropolitiques au travers desquelles ils ont acquis « cette liberté de vivre leur processus » (Guattari, Rolnik, 2007 : 66) leur permettant de « lire leur propre situation et ce qui se passe autour ». Leur *agentivité*, en tant que capacité à agir selon ses nécessités, ses désirs et ses idées, s'offrait à nous comme une ressource pour une histoire de la danse dite « contemporaine » en France.

L'hypothèse principale est que sans réels moyens ni reconnaissance institutionnelle, mais portés par un fort désir émancipateur, les danseurs contemporains et leur entourage professionnel ont fait de la confidentialité et de la relative discrétion dans laquelle ils œuvraient une force qui a alimenté leur activité d'un idéal de liberté et de solidarité. Dès lors s'est engagée une démarche historiographique qui donnait toute sa place aux circuits secondaires ou souterrains, à la vie des marges, aux luttes en dehors des institutions, aux processus et aux pratiques en studio plutôt qu'aux œuvres avec cette question méthodologique : comment saisir une constellation des forces ? À partir des années 1950 et 1960 et de l'essor du ballet néoclassique en face duquel le réseau de danseurs modernes peine à exister, jusqu'à l'explosion de la Nouvelle danse française des années 1980, quels phénomènes et quels modes d'action ont permis au champ chorégraphique contemporain en France de se développer ? Nous n'en exposerons pas tous les aspects dans ce texte. Néanmoins, une première étape du travail a consisté à élaborer une séquence historique qui accueille ce point de vue.

Construire une séquence historique

La séquence historique sur laquelle nous nous sommes portée démarrait en 1968 pour s'achever en 1981. « Que fait Mai 68 à la danse ? » Tel a été le point de départ. Alors même que Mai 68 est institué comme un moment important dans l'historiographie en cinéma et théâtre (Biet, Neveux, 2007), en arts plastiques ou en littérature (Combes, 2008), il est peu traité, inaperçu ou évasif dans l'historiographie en danse. Le Mai 68 de la danse est souvent rapidement décrit comme un « résonateur » (Michel, 1988) qui tient lieu d'« un mouvement irrépressible de jeunes artistes désireux de s'exprimer par rapport à leur époque » mais sans production d'analyse. Il est, par ailleurs, peu reconnu par les danseurs eux-mêmes. Une amertume s'est en effet installée chez une partie d'entre eux, ne voyant pas leurs luttes aboutir dans l'immédiat après Mai 68. Dominique Dupuy parle d'une « vieille histoire » et d'« une cicatrice qu'on ne souhaite pas ré-ouvrir » (Pagès, Papin *et al.*, 2014 : 34).

À cette mémoire blessée s'ajoute le fait que le Mai 68 de la danse ne porte pas les germes d'un questionnement esthétique profond : ces débats ne figurent pas parmi les plus importants. Mais il représente, malgré tout, un moment politique considérable à travers la création du CAD – comité d'action de la danse sur le modèle des nombreux comités d'action qui ont fleuri entre mai et juin 1968 – et les rapports sur la situation de la danse qu'il a générés. Le comité d'action de la danse regroupant notamment danseurs classiques et modernes de plusieurs générations cristallise les désirs égalitaires exprimés au début des années 1960 au moment de la création de la section chorégraphique du SNAC (Syndicat national des auteurs et des compositeurs). Une première cartographie des forces discrètes s'est ainsi esquissée. On y retrouve Claire Delaroche et Vincent Caldor, deux administrateurs des rares compagnies de danse moderne (Les Ballets modernes de Paris de Françoise et Dominique Dupuy et les Ballets contemporains de Karin Waehner), des jeunes danseurs comme Anne-Marie Reynaud, Brigitte Léfèvre, Jean Guizerix, Serge Keuten, Graziella Martinez ou ceux de la compagnie de Felix Blaska, ou encore la journaliste Dinah Maggie.

Mai 68 annonce donc les formes de militance et d'organisation du champ chorégraphique par des collectifs de création et des collectifs de luttes, la plupart du temps auto-gérés et solidaires. On pense en particulier au collectif Action danse en 1972[1], à l'ADRA (Action Danse Rhône-Alpes, créé en 1977 par cinq professeurs-chorégraphes lyonnais : Claude Decaillot, Michel Hallet Eghayan, Lucien Mars, Hugo Verrechia et Marie Zighera) ou encore à celui nommé « Indépendanse » en 1978, initié par la chorégraphe Marie-Christine Gheorghiu notamment ; à des événements plus ponctuels mais fondateurs comme le grand débat de 1976 au cours du concours de Bagnolet ; ou encore au travail des fédérations de danse [2] qui organisent des stages partout en France et permettent à de nombreux danseurs de se former.

Autour du moment 68 (Zancarini-Fournel, 2008), nous voyons aussi émerger sur les scènes françaises deux figures de la danse nord-américaine, Merce Cunningham et Alwin Nikolais, qui vont, assurément, nourrir des imaginaires et ouvrir un champ des possibles dans les pratiques en studio et dans la création chorégraphique. À travers la présence de Carolyn Carlson et de Susan Buirge, Alwin Nikolais essaime une pédagogie basée sur l'improvisation et l'exploration de grands cadres conceptuels du mouvement Temps, Espace, *Motion* et Forme. Au-delà de l'invitation de Merce Cunningham à l'Opéra de Paris qui n'a pas été sans polémiques et incompréhensions[3], les qualités techniques qu'il développe représentent alors un horizon d'attente important pour certains jeunes danseurs classiques en quête de formes contemporaines du corps en représentation, à l'instar de Jacques Garnier et Brigitte Lefèvre, danseurs démissionnaires du Ballet de l'Opéra de Paris et fondateurs, en 1972, du Théâtre du Silence. En parallèle, les réseaux de formation prolifèrent avec la création en 1969 de la Fédération française de danse (FFD) et des Rencontres internationales de danse

---

1 Initié par un collectif regroupant la journaliste Lise Brunel, les chorégraphes Christine de Rougemont, Graziella Martinez, notamment pour défendre le Théâtre des Deux-Portes et menacé de fermeture.
2 En particulier la FFDacec (fédération française de danse, d'art chorégraphique et d'expression corporelle) (1969).
3 Malgré les difficultés de certains danseurs à cerner la proposition du chorégraphe, la polémique est venue d'une interview de Claude Sarraute dans *Le Monde des arts et du spectacle* du 2 novembre 1973, prêtant à Merce Cunningham et à John Cage des propos critiques à l'égard de l'Opéra de Paris : propos démentis dans *Le Monde* le 7 novembre 1973.

contemporaine (RIDC) dirigées par Françoise et Dominique Dupuy. Ils ouvrent la voie à la professionnalisation des danseurs contemporains dans le sillage de lieux cardinaux comme l'Atelier de la danse, dirigé par Jacqueline Robinson, dont la formation professionnelle en danse contemporaine est créée en 1966.

Enfin, c'est dans ces années-là que des premières tentatives institutionnelles sont posées avec la création du Ballet théâtre contemporain[1] en 1968, première compagnie de danse décentralisée ou encore avec l'arrivée d'une inspectrice de la danse, Léone Mail[2], au ministère des Affaires culturelles en 1969, amorçant un processus qui se concrétisera treize ans plus tard.

1981 est une date davantage repérée dans l'historiographie en danse. Elle correspond à un basculement en termes de politique culturelle et elle annonce un changement d'échelle pour le champ chorégraphique par l'importante médiatisation et la visibilité qui s'ouvrent aux chorégraphes contemporains dès le début de cette décennie 1980. Alors que la politique de soutien aux artistes de danse était quasi inexistante auparavant, les rapports au politique changent avec l'augmentation spectaculaire des budgets alloués à la création et avec le développement des Centres chorégraphiques nationaux notamment. Ces efforts pour une politique culturelle en faveur de la danse à l'échelle nationale vont contribuer à la reconnaissance de la danse dans l'espace culturel (présence dans les médias, valorisation dans les salles de spectacle, augmentation des projets éditoriaux), simultanément au fait que la danse contemporaine devient un phénomène artistique majeur partout en Europe.

Notre recherche n'a pas cherché à idéaliser ce qui s'est joué dans cet intervalle. Nul dessein d'un groupe harmonieux, soudé par les mêmes besoins, nul récit de la cohérence autour d'un projet esthétique porté par des enjeux politiques, éthiques ou corporels communs. Il s'agissait davantage de cerner la diversité, la pluralité, la complexité et les ambivalences, les rapports de pouvoirs mais aussi la profondeur du champ chorégraphique contemporain en France. Exposer et articuler les tensions, les désirs et les contradictions valorisait ainsi une conception discontinue et fragmentée de l'histoire, remplaçant le récit historiographique dominant par une constellation de récits,

---

1 Confié à Françoise Adret et Jean-Albert Cartier, il est fondé à Amiens, puis à Nancy en 1978.
2 1916-2001. Elle fut notamment maîtresse de ballet à l'Opéra de Paris lorsque Serge Lifar dirigeait la danse.

conduisant à interroger, selon la formule de Paul Ricœur, le « caractère pluridimensionnel de la vérité ».

Fécondité des sources mineures

Construire autour de la notion de « forces discrètes » un objet en histoire du temps présent, c'est-à-dire délimité par la présence d'acteurs vivants, porteurs d'une mémoire et d'un vécu, détournait d'emblée des sources officielles. L'exploitation des sources orales et des archives « mineures » s'est révélée propice à une telle entreprise tout en soulevant la question de la mémoire en danse. Les entretiens d'artistes ont d'abord permis, de manière très factuelle, de recueillir des éléments biographiques dont aucun ouvrage – ou de façon lacunaire – ne faisait trace. La constitution de ressources propres a constitué l'une des voies de la recomposition de la mémoire des années 1970 en danse. Mais, de façon plus profonde, il s'agissait de tenter de capter le souvenir de l'expérience restée vivante par la chair et la voix : la remémoration des processus de création, des processus pédagogiques, des conditions de vie et des modes d'être ensemble. La rencontre avec les témoins a formé un axe méthodologique majeur dans les perspectives de l'histoire orale. Celle-ci s'est développée depuis les années 1950 dans le champ des études en histoire sociale et les histoires des minorités principalement, parce que l'absence de sources et de traces conservées dans les archives publiques l'avait rendue nécessaire. C'est donc face au risque de l'oubli et de la relégation que s'est construit ce rapport de la parole à l'histoire.

Ces archives provoquées ont coexisté avec les témoignages et entretiens écrits, audio ou filmés provenant notamment des fonds de l'Institut national de l'audiovisuel (INA) produits durant la période étudiée. Nous nous sommes également appuyée sur une documentation volatile mais passionnante qui donnait une forme d'accès aux œuvres chorégraphiques et à leurs contextes de production et de création : documents préparatoires, notices biographiques, textes de présentation, notes personnelles et de travail, documents administratifs, tracts communiqués et déclarations ont été autant de trésors puisés dans les fonds privés de certains danseurs et dans les fonds publics[1].

---

1 Centre national de la danse, Bibliothèque nationale de France et INA dont la politique de recollement de ces sources mineures est de plus en plus importante.

L'examen des principales revues de la presse écrite[1] spécialisée en danse parues en France au cours de la période étudiée a permis de s'intéresser à ce qui relève du contexte et de la réception critique. Les fonds d'archives de certains critiques de danse ont constitué des ressources très précieuses car ils sont composés de matériaux bruts où jaillit une parole spontanée et non encore du discours. Les archives de Lise Brunel[2] notamment, conservées au Centre national de la danse, comportent des enregistrements d'entretiens menés en vue de la préparation d'articles mais aussi la captation sonore de débats et de rencontres publiques. On entend la parole des danseurs et aussi parfois les questions du public. La formulation des phrases, la nature des questions posées, l'ambiance laissent entrevoir les affects qui se déposent face à la nouveauté chorégraphique. Ces sources de première main, dont certaines ont un caractère plus intimiste encore (notes de spectacle, notes de travail) apportent un éclairage inédit.

---

[1] Notamment, *Chroniques de l'art vivant* (1968-1975), *Empreintes, écrits sur la danse* (1977-1984), *Les Saisons de la danse* (1968 et 1981), *Pour la danse, Chaussons et petits rats* (1970 et 1981). Les fonds Jean-Marie Gourreau et Lise Brunel nous ont donné accès à des articles de la presse généraliste quotidienne et hebdomadaire (1968-1981) ; voir les travaux de Ninon Prouteau sur la critique chorégraphique (articles de Dinah Maggie dans *Combat*).
[2] 1922-2011. Journaliste française, formée à la danse moderne par Ludolf Schild, elle a écrit dans *Lettres françaises*, *Chroniques de l'art vivant*, *Les Saisons de la danse*, *Théâtre Public*, *Art Press*.

Fig. 1 : Lise Brunel et Merce Cunningham, photo Ann Nordmann (D. R.)

Le fonds du journaliste Jean-Marie Gourreau, qui contient une importante quantité de photographies de spectacles d'artistes alors encore peu connus et jouant dans des lieux modestes, nous a mis en contact avec des créations chorégraphiques jusque-là largement invisibilisées. L'observation des scénographies, des prises d'espace, des expressions, des gestes ou attitudes, croisée avec les témoignages de danseurs et la réception critique des pièces, ont ouvert des perspectives esthétiques jusque-là assez peu étudiées.

Pour une histoire de l'agir

Ces sources écrites, orales et visuelles ont mis en relief deux aspects de la démarche en histoire du temps présent. La première prend en considération la sociologie du témoin : dans l'usage du témoignage comme source, il est important d'identifier et d'intégrer « les personnes ayant le sentiment d'avoir, à quelque titre que ce soit, fait l'histoire » (Trebitsch, 1992) dans la catégorie des « grands témoins » et, à l'inverse, les « petits témoins », ceux qui ont plutôt l'impression d'avoir subi l'histoire ou qui n'avaient pas la sensation d'en avoir été des acteurs. De même, nous avons pu repérer « les témoins offrant un discours verrouillé, construit et maîtrisé » et, à l'inverse, ceux « qui livrent des souvenirs moins ordonnés, plus spontanés » (Voldman, 1992). Deux productions récentes parmi d'autres ont montré la fécondité d'une objectivation de la mémoire des danseurs comme l'un des moyens de nourrir l'histoire et la recherche dans des perspectives nouvelles. L'ouvrage de Dominique Genevois consacré à Mudra (2016), l'école fondée par Maurice Béjart en 1970 à Bruxelles, privée de ses archives détruites par un incendie, est écrit sur la base des entretiens qu'elle a réalisés avec les anciens élèves. (Genevois : 13). Les ressources produites par Dominique Rebaud autour de l'héritage d'Alwin Nikolais en France sont également constituées d'entretiens avec des danseurs (Rebaud, 2012 : 2).

L'attention à la parole du témoin conduit à envisager un deuxième axe fort dans la méthodologie de la recherche qui porte sur le dialogue instauré entre deux historicités longtemps opposées, celle du témoin et celle du document. Paul Ricœur, lorsqu'il posait la question du partage entre fidélité et vérité en histoire, proposait de prendre la mémoire comme « objet d'histoire » et non plus comme une source impure, subjective, face à la vérité supposée de l'archive ou du savoir historien. L'appréhension des expériences sensibles et des parcours, de même que la description de la capacité des « agents sociaux à agir, à prendre des décisions de façon indépendante, à faire des choix » (Bacquet, Biewener, 2013), se sont ainsi mêlées à l'analyse et à la compréhension des composantes économique, politique, culturelle, esthétique et pratique qui forment les communautés de danse.

En donnant corps aux formes de vie sensible et au vécu des danseurs, il nous semble que cette approche amène à transformer les regards sur l'histoire de la danse en France en donnant accès aux pouvoirs d'agir des individus dansants[1]. Si les cadres et les méthodes restent encore à formuler, l'une des principales visées est celle d'écrire le passé pour penser le présent. La prise en compte des expériences vécues et des subjectivités individuelles comme objets de savoirs, problématisées et reliées aux gestes, aux pratiques, aux lieux, aux paroles et aux œuvres, l'accueil des différentes mémoires,

---

1 Traduit de l'anglais, *empowerment*, la notion de « pouvoir d'agir » s'est développée aussi bien dans les cadres de l'éducation et de l'action sociale que dans ceux des relations internationales et s'est élaborée au sein des sciences sociales et des milieux professionnels à partir des années 1990. Elle désigne autant un état qu'un processus « à la fois individuels, collectifs et sociaux ou politiques ». (Bacquet, Biewener, 2013).

constituent non seulement une manière de prendre connaissance du passé de la danse en France dans des perspectives nouvelles mais aussi de souscrire à la possibilité d'une communauté en danse.

En octobre 1981, lorsque s'est tenue la Commission Danse lors des États généraux de la culture, quelques 300 danseurs présents ont approuvé un texte où il est écrit : « Notre sens du présent n'est pas sommaire. Nos danses ne sont pas des sommations... il faut les voir et les revoir pour sentir ce qu'elles montrent, la plupart du temps c'est que l'espace est habité, peuplé. » Si l'on regarde le chemin parcouru depuis les premiers appels à la mobilisation de quelques forces disséminées du Comité d'action de la danse en Mai 68 (et même avant), il est aussi frappant de constater les relations désormais tissées entre esthétique et politique mais aussi l'émergence d'une langue commune, une langue au présent qui expose autant une politique qu'une poétique du lien : « Notre sens du présent » ; « nos danses » ; quelles perspectives pourraient aussi offrir le fait de penser le « nous » ? La sémantique du « nous » tel que l'explique Marielle Macé[1] est de proposer une « grammaire des attachements ». Penser le « nous » permet de maintenir, en effet, des conditions de partage. Ne peut-il pas advenir de nouveaux récits, de nouvelles manières de raconter à partir d'une anthropologie des liens et une écologie des relations ? Mesurer la force des désirs mais aussi les ambivalences à travers le « nous » est une façon de nommer ce qui compte vraiment. Ce n'est pas tant une question d'appartenance (faire partie d'un groupe ; être identifié ; parler d'identité) que la recherche du désir collectif, des espérances collectives. Fussent-elles utopiques, nous pouvons y entrevoir les conditions de possibilité d'une histoire plus inclusive.

Bibliographie

1998, *Cahiers du Cinéma*, Hors-série « Cinéma 68 ».

Bacquet Marie-Hélène & Biewener Carole, 2013, *L'Empowerment, une pratique émancipatrice*, Paris, La Découverte.

---

1 Séminaire « Formes de vies et Expressivité » 2020-2021 le lundi 30 novembre/Séminaire de recherche. Alexandre Gefen (CNRS-Université Sorbonne-Nouvelle-ENS) et Sandra Laugier (Université Panthéon Sorbonne) et Festival réparer le monde, 4ᵉ édition, Théâtre du Rond-Point, 5 février 2020.

Biet Christian & Neveux Olivier, 2007, *Une histoire du spectacle militant. Théâtre et cinéma militants (1966-1981)*, Montpellier, L'Entretemps.

Brunel Lise, 1980, *Nouvelle Danse française. Dix ans de chorégraphie (1970-1980)*, Paris, Albin Michel.

Combes Patrick, 2008, *Mai 68. Les écrivains et la littérature*, Paris, L'Harmattan.

Dupuy Françoise & Dupuy Dominique, 2002, *Une danse à l'œuvre*, Pantin, Centre national de la danse.

Filloux-Vigreux Marianne, 2009, *La Danse et l'Institution. Genèse et premiers pas d'une politique de la danse en France 1970-1990*, Paris, L'Harmattan.

Foucault Michel, 1971, *Hommage à Jean Hyppolite*, Paris, PUF.

Genevois Dominique, 2016, *Mudra, 103 rue Bara, l'école de Maurice Béjart 1970-1988*, Bruxelles, Contredanse.

Germain-Thomas Patrick, 2010, *Politiques et marché de la danse contemporaine en France (1975-2009)*, thèse dirigée par Philippe Urfalino, École des hautes études en sciences sociales.

Guattari Felix & Rolnik Suely, 2007, *Micropolitiques*, Paris, Les empêcheurs de tourner en rond.

Guigou Muriel, 2004, *La Nouvelle Danse française*, Paris, L'Harmattan.

Michel Marcelle, 1988, « Historique du concours de Bagnolet », in *Programme du XIXe Concours chorégraphique international de Bagnolet* : 9.

Pagès Sylviane, Papin Mélanie & Sintès Guillaume (dir.), 2014, *Danser en Mai 68, premiers éléments*, Paris, Micadanses.

Rancière Jacques, 2000, *Le Partage du sensible. Esthétique et politique*, Paris, La Fabrique éditions.

Rebaud Dominique, 2012, *Le Décentrement à l'œuvre dans la création collective des années 1970/1980 en France* (ressource documentaire, dispositif Aide à la recherche et au patrimoine en danse, Centre national de la danse).

Ricœur Paul, 2001, *Histoire et Vérité*, Paris, Seuil, coll. « Points Essais ».

Robinson Jacqueline, 1990, *L'Aventure de la danse moderne en France (1920-1970)*, Paris, Bougé.

Trebitsch Michel, 1992, « Du mythe à l'historiographie », in Voldman Danièle (dir.), 1992, *Cahier de l'IHTP*, n° 21.

Voldman Danièle (dir.), 1992, « La bouche de la vérité ? La recherche historique et les sources orales », *Cahier de l'IHTP*, n° 21.

Voldman Danièle, 1992, « Définitions et usages », *in* Voldman Danièle (dir.), 1992, *Cahier de l'IHTP*, n° 21.

Zancarini-Fournel Michel, 2008, *Le Moment 68. Une histoire contestée*, Paris, Seuil, coll. « L'univers historique ».

Stay (Dis)Connected : décentrements et rapprochements dans la performance en commun
Le cas des *Jam Sessions* au Centquatre[1]

Madeleine Planeix-Crocker

Introduction : de l'endettement corporel aux décentrements en danses

Dans l'article suivant, je propose un rapprochement entre les *Jam Sessions* et la lecture attentive de Randy Martin, théoricien états-unien des études de performance.

Willy Pierre-Joseph est co-fondateur de l'association WYNKL dont la philosophie motrice s'énonce « *Stay (Dis)Connected* » (Rester (Dé)Connecté·es). C'est en 2014 qu'il impulse la création de séances de danses partagées, nommées *Jam Sessions*, au Centquatre. Cet établissement public de coopération culturelle est pris dans le tissu urbain concentré du 19ᵉ arrondissement de Paris, avoisinant les banlieues d'Aubervilliers et de Pantin. Nées d'un besoin pragmatique d'espaces peu chers et praticables pour répéter, ainsi que d'une volonté de décloisonner les disciplines en danse, les *Jam Sessions* rassemblent des groupes improvisés de participant·es dans les locaux du Centquatre.

Dans son article « A Precarious Dance, a Derivative Sociality », Randy Martin écrit dans le sillage de la crise économique de 2007-2008 qui eut lieu aux États-Unis puis en Europe (Martin, 2012). À la suite de la faillite, puis du sauvetage, des banques occidentales jusqu'alors considérées « *too big to fail* » (trop grandes pour faillir), les emprunteur·euses – eux et elles – se voient transformé·es en

---

[1] Cet article est issu de ma recherche de thèse en cours à l'École des hautes études en sciences sociales (EHESS), dont les *Jam Sessions* sont une étude de cas.

endetté·es. S'opposent d'une part la logique d'insuffisance financière, aussi appelée « *scarcity* » (la précarité) et, d'autre part, celle d'un « surplus » de dettes à régler de la part des emprunteur·euses (Martin, 1998)[1].

À travers le prisme de la critique matérialiste adopté dès son ouvrage *Critical Moves* (1998), Martin soulève alors un paradoxe : la logique financière dépend de flux, souvent coercitifs et hasardeux, comme le démontrent la crise économique de 2008 ainsi que celles qui l'ont précédée. Néanmoins, cette même logique ne génère pas pour autant de « langages des mouvements[2] » qui nous éclaireraient sur le pourquoi et le comment de nos gestes en société (Martin, 1998). Pour ce faire, Martin se tourne vers la danse :

> Ce silence et cette immobilité au cœur de la finance libèrent la scène et marquent un tournant vers la danse, un jubilé de pratiques qui chantent l'éloge de l'endettement corporel et qui prévoient des trajectoires de vol par lesquelles des ciels accueillants se feront connaître (Martin, 2012 : 68).

Le chercheur-praticien propose alors d'inverser le mouvement, c'est-à-dire d'examiner le système financier capitaliste du point de vue des emprunteur·euses, dont les corps subissent ensemble les effets des dettes encourues ; c'est ce qu'il nomme l'« endettement corporel ». Un renversement s'opère : le décentrement de la logique capitaliste permet d'observer la dérive de corps-laissés-pour-compte, ou bien encore laissés-à-leur-compte. Dans ce nouveau paradigme, une telle nuance indique en d'autres termes que le surplus de dettes causées par des crédits toxiques devient abondance des possibles. Martin propose que l'un de ces possibles est la mobilisation sociale, dont la danse deviendrait le véhicule.

Se dessinent alors les mouvements de ce que Martin appelle des « *decentered social kinesthetics* » (kinesthésies sociales décentrées) à l'ère postmoderne en danse : « les orientations, sensibilités, ou prédispositions qui façonnent les approches au mouvement » (Martin, 2012 : 69). Ici, l'objet « danse » n'est plus figé ou cloisonné par la quête de représentations classiques et modernes (Martin, 2012 : 69).

---

1 Pour un exemple (Détroit) particulièrement grinçant de ces effets aux États-Unis, cf. Hamera, 2017.
2 Toutes les traductions sont les miennes.

Pour illustrer des pratiques qui donnent corps à ces kinesthésies sociales décentrées, aux techniques et aux langages propres, il cite : la performance *Man Walking Down the Side of a Building* de la chorégraphe américaine Trisha Brown, les exploits de *skaters* ou bien encore les *battles* en hip-hop qui s'expriment en-dedans et en-dehors de rues désertées et de bâtiments désaffectés new-yorkais, dès les années 1970[1].

Au dire de Martin, ces mouvements d'exploit parfois à haut risque n'imposent pas une généalogie mais offrent plutôt une série de connexions latérales dans lesquelles se rejoignent des pratiques diverses, dérivées et « indisciplinées » dans leur interdisciplinarité (Martin, 1998 : 183). Ces mobilisations témoignent d'une contre-histoire des endetté·es. Leur histoire ne peut être éphémère ou volatile, tout comme d'ailleurs la performance artistique, car elle perdure dans les mémoires kinesthésiques des corps qui l'ont vécue.

Les kinesthésies sociales décentrées, ou ce que j'appellerai également les danses en dérive, deviennent la condition à la production de savoirs propres. Les sujets endetté·es ressaisissent les risques relatifs avant tout à *leurs corps*, et expérimentent leur agentivité sur les ruines d'un système de valeurs endogènes (Martin, 1998 : 48). Ainsi, l'analyse des kinesthésies sociales décentrées, inscrites dans ce champ renouvelé des études des danses insufflé par Martin, permet d'interroger de quoi *sont faites* les danses et ce qu'elles *génèrent* d'autre qu'elles-mêmes, par la mobilisation des corps. Le renversement des polarités de valeurs par les possibles de mouvements aux extrêmes fait voir ce que nous pouvons être et faire ensemble, autrement.

Forte de cette lecture de Martin, je reviens à mon terrain d'étude. En tant que chercheuse-participante des *Jam Sessions* depuis 2019, je me demande ainsi dans quelle mesure ces séances de danse se rapprochent des kinesthésies sociales décentrées examinées par Martin, autant dans la forme que dans les engagements. Je commencerai par une présentation de mon terrain d'étude, à savoir l'établissement du Centquatre – contexte d'accueil des *Jam Sessions* – ainsi que de la mission adoptée par l'association WYNKL qui s'y développe. Le fonctionnement des *Jams* elles-mêmes et le rôle

---

1 Dans un contexte plus contemporain à l'écriture de son article, Martin analyse les mobilisations sociales, de peuples, telles qu'*Occupy Wall Street* (États-Unis) et le mouvement des Indignés (Espagne) qui émergent en réaction électrique à la crise des crédits.

charnière joué par Pierre-Joseph seront étudiés par la suite. Une attention particulière sera apportée aux décentrements des corps et des espaces activés par ces séances de danse. Enfin, je terminerai sur une analyse des relations établies lors de ces rencontres et de leur potentiel micro-politique. Mon étude sera irriguée par les entretiens semi-directifs menés auprès de Willy Pierre-Joseph que j'ai pu rencontrer après un premier entretien avec Delphine Marcadet, anciennement directrice des publics du Centquatre. J'ai également souligné la parole de deux participantes croisées sur le terrain et avec lesquelles j'ai tissé un échange approfondi autour de collaborations professionnelles et amicales[1].

L'association WYNKL à la rencontre du Centquatre : décloisonnements en question

Tout d'abord, si les apports de Martin dans « A Precarious Dance » se révèlent pertinents pour cette analyse, c'est qu'ils se raccordent temporellement avec l'ouverture du Centquatre. En effet, c'est aux débuts de cette même crise économique étudiée par Martin que voit le jour le Centquatre, situé sur le site de l'ancien service municipal des pompes funèbres de Paris. L'établissement de 35 000 m^2 se voit lancer le défi d'une réhabilitation des territoires impulsée par la politique culturelle du maire de Paris de l'époque, Bertrand Delanoë[2]. À son ouverture, le Centquatre bénéficie d'un budget de fonctionnement annuel de 12 millions d'euros – 8 millions de fonds municipaux et 4 millions de recettes propres (Conrod, 2010)[3]. Son modèle économique témoigne d'une tendance incontestable de diversification des modes de financement des espaces de la création en réponse partielle aux coupes budgétaires publiques engendrées par la récession[4].

---

1 À la suite de cet article, j'ai mené des entretiens avec d'autres participant·es des *Jam Sessions* ainsi qu'avec des membres de l'équipe du Centquatre, dont l'analyse approfondie se trouvera dans ma thèse.
2 Comme a pu en témoigner la préemption du 59Rivoli, une friche artistique sur cette rue très cotée du 1er arrondissement. Cf. Planeix-Crocker, 2014.
3 Ce ratio reste sensiblement le même en 2020 : https://www.104.fr/media/rapports-dactivites-ca/rapport-dactivites-2020-bd.pdf
4 On peut penser ici aux modèles économiques du Palais de Tokyo (Paris 16e) et au Carreau du Temple (Paris 4e) qui fonctionnent en financements propres à hauteur de 60 et 70 % respectivement de leur budget global : https://www.leparisien.fr/paris-75/carreau-du-temple-notre-modele-economique-est-fragile-13-11-2015-

Ces contraintes budgétaires reposent une fois de plus, comme le dirait Martin, sur la « bonne volonté abondante des artistes et des travailleur·euses de l'art » (Martin, 2012 : 74). Après une ouverture tièdement accueillie, voire contestée, le Centquatre est repris en main en 2010 par José-Manuel Gonçalves, en qualité de directeur artistique (Sibony, 2010 ; Fèvre, 2010). Dès son arrivée, Gonçalves ouvre les deux grandes halles du bâtiment, dotées de verrières, aux pratiques dites « spontanées » privilégiées dans les missions de l'établissement culturel[1]. Ces pratiques (de la danse au théâtre en passant par le cirque et le yoga) occupent les espaces centraux qui leur sont cédés gratuitement pour des temps de répétition et d'expérimentation.

En outre, expositions et spectacles sont programmés au Centquatre. La billetterie de ces rencontres contribue aux recettes propres de l'établissement. Le magasin-dépôt Emmaüs Défi, le restaurant Grand Central et la librairie Corner Livres constituent l'enveloppe commerciale des halles du bâtiment. Entrer au Centquatre, c'est donc être pris·e d'assaut par des possibles sensoriels : *breaker* sur la surface du béton ciré ; éveiller le regard dans une exposition d'art ; être à l'écoute d'un concert ; prendre goût à une pizza fraîchement cuite. Sentir ces relations-contacts donne envie d'y passer une journée entière, ce qui est largement envisageable au vu des activités multiples qui y sont accueillies. Sur le papier – et dans l'imaginaire de Gonçalves et de ses équipes – le Centquatre est conçu comme un « écosystème » d'espaces aux usages qui se veulent « anti-muséaux » et donc décentrés par rapport à des usages institutionnels plus classiques (Conrod, 2010).

Se rapprocher des utilisateur·rices des lieux permet d'en compléter le portrait. À écouter Deicy, une participante interviewée qui fréquente souvent les espaces de répétition pour sa pratique dansée, on comprendra que le Centquatre est effectivement « un espace hybride dans sa forme institutionnelle », mais qu'à l'usage il n'est « pas toujours facile de s'y concentrer »[2]. Constat plus déroutant au vu des moyens alloués au projet global, les pratiques spontanées ont beau y être abondantes, nous dit Deicy, ce n'est pas pour autant que des

---

5272903.php et https://www.strategies.fr/actualites/marques/ 1055659W/-le-palais-de-tokyo-est-devenu-une-marque-.html

1 Entretien Delphine Marcadet, directrice des publics au Centquatre, avec Madeleine Planeix-Crocker, 30 janvier 2020, en personne.

2 Entretien Deicy, participante *Jam Session* et usagère du Centquatre, avec Madeleine Planeix-Crocker, 28 avril 2021, téléphone.

circulations croisées en émanent : « On se retrouve dans le même endroit mais il y a finalement peu d'échanges entre pratiques » (Entretien Deicy). Absente, donc, serait une médiation liant les activités foisonnantes mais distinctes menées sur le terrain. Alors que l'architecture et les usages du Centquatre sont pensés en décentrement de leurs emplois originels, on comprendra que cela ne suffit pas pour en faire un lieu de croisements des pratiques artistiques qui y sont accueillies.

C'est à cet endroit que Willy Pierre-Joseph trouve des potentialités génératives pour développer les activités de l'association WYNKL. Diplômé en danse thérapie et anciennement éducateur spécialisé, Pierre-Joseph s'est entraîné « en hip-hop, danse africaine traditionnelle et contemporaine, dancehall, jazz, swing, rock et capoeira[1] » ; il a également pratiqué la gymnastique, le basketball et les arts martiaux (Entretien Pierre-Joseph). Si la danse hip-hop s'institutionnalise en France au sein de structures culturelles (marqué en 2008 par la nomination de Kader Attou au Centre chorégraphique national de La Rochelle), celle-ci reste en marge, géographiquement et financièrement, des grands axes de développement du ministère de la Culture (McCarren, 2013 : 54, 71). C'est ainsi qu'en 2012, à la fermeture du parvis de la Défense – lieu historique de rencontres des danseur·euses hip-hop dont la présence y avait été tolérée sans être autorisée – Pierre-Joseph se voit dans l'obligation de trouver un autre espace d'entraînement et de partage par les danses. Cette situation le pousse à rayonner aux alentours de Paris où il découvre le Centquatre, récemment repris par Gonçalves et dont les espaces, encore peu investis à l'époque, représentent un terrain de jeu hors pair.

Une déambulation se transforme ainsi en chemin de prédilection. Pierre-Joseph retourne chaque semaine à l'établissement excentré, d'abord seul puis avec des ami·es praticien·nes. À force de répéter régulièrement au Centquatre, Pierre-Joseph rejoint l'observation empirique de Deicy ; de la « sectorisation » des espaces du bâtiment par pratiques artistiques, il trace une analogie avec les mondes de la danse actuels, encore segmentés selon les disciplines (Entretien Pierre-Joseph). Fort de cette constatation et de sa formation transversale qui expliquerait, selon lui, son positionnement en dedans-dehors de la « communauté de danseurs », Pierre-Joseph articule en

---

1 Entretien Willy Pierre-Joseph, co-fondateur de l'association WYNKL, avec Madeleine Planeix-Crocker, 5 mai 2020, Skype.

2014 les prémisses de l'association WYNKL, épaulé de son compagnon de route, Link Berthomieux (Entretien Pierre-Joseph). Ensemble, ils proposent de « décloisonner les genres et les esthétiques » pour mettre en lien les danseur·euses qui, comme eux, souhaitent se démarquer de leur groupe de référence mais qui ne savent pas où et comment rencontrer des artistes d'autres pratiques du mouvement. L'enjeu est de faire dialoguer les danseur·euses à travers leurs pratiques et d'en démontrer les liens poreux. C'est donc dans le prolongement des valeurs de WYNKL, et à la rencontre de celles exprimées mais pas intégralement activées du Centquatre, que Pierre-Joseph se positionne dans l'établissement culturel et conçoit les *Jam Sessions*.

Pour ce faire, il provoque un dialogue approfondi avec le service des publics du Centquatre, qui lui cède d'abord un petit local de répétitions à l'occasion des premières *Jams*. Dans la continuité des apports de Martin, Annelies Van Assche, chercheuse en performance, analyse les enjeux de ce « travail relationnel » souvent impayé et porté par des artistes indépendant·es au sein d'institutions, renforçant leur statut précaire tout en leur ouvrant des portes (Van Assche, 2020 : 16). En effet, l'engagement soutenu de Pierre-Joseph à convoquer les équipes du Centquatre, dont Gonçalves, à ses événements, lui accorde une visibilité au sein de l'établissement.

Au fur et à mesure des échanges, l'association WYNKL s'inscrit dans la fabrique du lieu et parvient à en occuper la grande halle pour ses activités. Au dire de Pierre-Joseph, les *Jams* « se sont invitées naturellement au Centquatre […]. On a besoin l'un de l'autre » (Entretien Pierre-Joseph). Pierre-Joseph apprécie particulièrement l'invitation de l'établissement à l'« expression des danseurs » plutôt qu'une commande d'« animer les espaces » (Entretien Pierre-Joseph). Il témoigne ainsi d'une mutualisation générative des ressources et des besoins entre l'association et l'institution d'accueil. WYNKL participe activement à la dynamisation des activités du Centquatre ainsi qu'à son repérage par des communautés de danseur·euses ; l'établissement, à son tour, soutient Pierre-Joseph en mettant à disposition des équipes techniques et de communication pour la mise en œuvre et le rayonnement de ses rencontres. Se dessinent alors des partenariats fructueux hors des sentiers battus du secteur chorégraphique conventionné.

Ainsi, l'envie et le besoin en débordements d'aller vers d'autres pratiques et usages des espaces animent les « manifestations collectives » que sont les *Jams* (Martin, 1998 : 218). Je propose donc que la mission de Pierre-Joseph s'accorde en matière de ruptures esthétiques avec l'émergence de kinesthésies sociales décentrées étudiées par Martin. En effet, un tel projet revient avant tout à questionner les techniques mêmes des pratiques dansées précisément en décentrant les injonctions disciplinaires à la fois sur les corps et les espaces en société. J'en étudie les singularités ci-dessous.

Les *Jam Sessions* ou danser en dérive au Centquatre

Lancées en 2014 comme lieux d'expérimentations inspirés des séances d'improvisations musicales en jazz, les *Jam Sessions* adoptent progressivement un rythme de rassemblement trimestriel. Depuis 2015, les séances sont ouvertes à toutes et à tous en accès libre et gratuit sous la grande nef du Centquatre. L'horaire de début est fixe (souvent à 14 heures), mais la clôture s'articule en fonction de la dynamique du groupe et peut s'étendre jusqu'à la fermeture du bâtiment à 19 heures.

C'est par appel-réponse que Pierre-Joseph engage la participation aux *Jams*. Ce phénomène correspond à l'action de lancer un appel à rassemblement pour répondre à un besoin social, ici en l'occurrence celui du décloisonnement des espaces et des esthétiques en danse (Cohen-Cruz, 2010). En effet, la voix solaire de Pierre-Joseph résonne dans la halle et convie les participant·es, informé·es ou non de l'événement, à se retrouver en cercle pour un échauffement collectif. Les sons d'un·e DJ mixant musique électronique et tubes de la variété française impulsent les premiers mouvements.

En participant moi-même à une première *Jam* en 2019, j'y rencontre des « petits rats » formés au Conservatoire Jacques Ibert du 19e arrondissement, une retraitée férue de tai-chi, un adolescent en observation active qui nous dessine en mouvement. C'est lors de cette séance initiatique que je croise Deicy, devenue participante adepte des *Jams*. J'observe d'autres usager·ères du Centquatre se joindre spontanément au cercle ; une bande de jongleurs laisse de côté ses quilles pour se fondre au groupe par tours acrobatiques, rebonds et roulements au sol. Réunissant ainsi danseur·euses aux parcours pluriels, les *Jams* ne sont pas un espace de représentation ou de performance en termes d'aptitude ou de spectacle mais un lieu « où chacun·e trouve sa place » dans son mouvement (Entretien Pierre-Joseph).

Deicy défend la particularité des *Jams* par rapport à d'autres espaces de *battles* qu'elle côtoie aussi régulièrement. Elle relève le croisement des styles « très divers » de mouvements, notamment ceux du hip-hop, de la *house* et de la danse contemporaine (Entretien Deicy). La participante attribue cette hybridité à « l'envie de rassembler les danseurs de différents styles car c'est ce que [Pierre-Joseph] compose lui-même, et c'est l'occasion pour lui de réunir ses pratiques [1] » (Entretien Deicy). Comme j'ai pu également en témoigner, Deicy ajoute que ce brassage « arrive à toucher un large public (pas uniquement des danseurs) » (Entretien Deicy). L'enjeu des *Jams* est celui de la rencontre des pratiques et non pas de la compétition entre elles. La forme du cercle donne à voir l'ensemble des participant·es et permet de brasser leurs gestes.

Que l'on arrive seul·e ou accompagné·e, les échanges verbaux et non-verbaux lors de la *Jam* se construisent aisément, facilités par la présence soutenante de Pierre-Joseph. Je suis attentive à l'intentionnalité de sa parole, opérant à la fois affirmations et invitations : « Est-ce que vous allez bien ? » ; « Aujourd'hui on est ensemble » ; « Sens-toi libre » ; « Fais ce que tu veux avec ton mouvement » ; « Kiffe le moment présent » ; « Ne te prends pas la tête » (notes de terrain). Ces mots d'accueil font écho à la philosophie centrale de l'association WYNKYL qui dit que « la meilleure danse sera toujours la tienne ; tu es largement suffisant·e » (Entretien Pierre-Joseph). Activant les ressources du Centquatre ainsi que la participation impliquée de son propre réseau, Pierre-Joseph contre une logique d'insuffisance pour occuper, remplir et élargir les espaces à disposition, tout comme les potentialités qui s'y rencontrent. Par son projet fédérateur, il assure la médiation manquante entre usager·ères des lieux.

L'on comprend alors le rôle fondamental que joue Pierre-Joseph en tant qu'organisateur des *Jams*, statut pleinement assumé par ce dernier et qui s'ajoute à celui de coordinateur artistique : « C'est lui qui donne le rythme à la *Jam*, en proposant des exercices pour que les danseur·euses se connectent […] et qu'on essaie de créer quelque chose ensemble », témoigne Deicy (Entretien Deicy). Parmi ces exercices, on peut compter des séances d'improvisation en duo au

---

[1] J'ajoute tout de même ici que Pierre-Joseph organise également des *Jam Sessions* plus spécialisées dans d'autres espaces culturels, dont le Générateur à Gentilly. Ces *Jams* s'assimilent davantage à des *battles*, comme peut en témoigner Deicy qui y a participé.

centre du cercle impulsés par des challenges thématisés (danser par contraintes physiques, d'espace ou de parties du corps).

Ici, Pierre-Joseph intervient pour faciliter la porosité entre pratiques, de corps-à-corps, tant recherchée par l'association WYNKL. Il raconte par exemple que lorsqu'il voit un cercle de *battle* se former entre danseur·euses hip-hop, il « laisse faire » un certain temps, puis vient le troubler du dehors pour encourager la « mixité des codes de danse » et guider l'ouverture des pratiques (Entretien Pierre-Joseph). Ainsi, si le constat de la sectorisation des danses trouve son reflet dans l'accueil des pratiques artistiques au Centquatre, les *Jams* « permettent ces échanges », au dire de Deicy (Entretien Deicy). Sur des *beats dub*, des pirouettes se mêlent à des *tricks* du *break* : dans l'amplitude des mouvements, les esthétiques se répondent, s'échangent et s'inspirent. Les *Jams* favorisent les dialogues de danses.

Les gestes des danseur·euses en dérive passent donc par le frottement de kinesthésies sociales décentrées, différentes et mobilisées dans le cadre des *Jams*, ainsi que par le décloisonnement de sa propre pratique pour intégrer et expérimenter avec celles des autres – « sortir de sa zone de confort, […] sortir de son univers pour être plus dans un partage avec les autres », comme l'exprime Deicy (Entretien Deicy). Cela représente ainsi pour Martin une étape charnière de la constitution de soi des participant·es, œuvrant désormais ensemble par leurs danses. Ce sont donc les gestes, la transpiration, les sourires, les regards et les encouragements des participant·es d'âges, de genres, d'origines culturelle et socio-économique différents, qui se mélangent et donnent corps au « magma » composite et débordant du groupe (Entretien Pierre-Joseph).

Malgré son rôle de facilitateur des *Jams*, Pierre-Joseph ne se positionne pas pour autant en tant que pédagogue des techniques dansées. En effet, pendant les *Jams*, il met en suspens son rôle de « passeur [1] » pour encourager plutôt ce que Martin nomme le décentrement de l'autorité parfois coercitive du·de la professeur·e de danse ou du·de la chorégraphe (Entretien Pierre-Joseph ; Martin,

---

1 Adopté davantage dans le cadre de son projet ambitieux de recherche-création, REICKO (Réveil de l'Intelligence Corporelle et Kinesthésique Originelle).

1998 : 176)¹. L'absence de miroirs au Centquatre encourage l'apprentissage par le contact des corps et non pas par mimétisme. C'est ainsi que l'invitation en appel-réponse de Pierre-Joseph se transforme en ce que Judith Hamera, chercheuse-praticienne en performance, appelle « *response-ability* », soit « une éthique de soin qui vient en soutien à la réponse de l'autre » face à un appel qu'on lui lance (Hamera, 2007 : 187).

Les paroles de Pierre-Joseph, mesurées ainsi avec soin par ce dernier, agissent même en prophylactique face à la « prise de risque² » que représente la danse en public pour une participante anonyme. Sensible aux encouragements de Pierre-Joseph, celle-ci lâche prise de sa « peur et timidité » et se perd avec plus de confiance dans le magma des *Jams* (Entretien Participante anonyme)³.

C'est ainsi que se déconstruisent aussi les statuts binarisés de participant·es et de publics car, selon Pierre-Joseph, toute observation est participation. En résonance avec les figures du·de la spectateur·rice émancipé·e de Jacques Rancière ou bien encore du·de la spect-acteur·rice d'Augusto Boal, Martin défend que ce sont le regard et la présence des publics qui « activent » une performance et lui accordent son agentivité historique (Rancière, 2008 ; Boal, 1985 ; Martin, 1998 : 49). Si des spectateur·rices curieux·euses se rassemblent fortuitement autour de la *Jam*, Pierre-Joseph élargit le cercle de danseur·euses pour les intégrer à l'événement. Il arrive donc qu'un·e participant·e du cercle prenne un·e visiteur·euse par la main pour l'entraîner en danse. Au dire de la participante anonyme, lors d'une *Jam* « la place du plateau est questionnée différemment ; on perd les repères traditionnels des côtés cour et jardin » (Entretien Participante anonyme).

Ainsi, les pratiques décloisonnées invitées aux *Jams* se révèlent en tant que kinesthésies sociales décentrées jusqu'à leur spacialisation-même au sein de l'établissement culturel : « Lors des *Jam Sessions*, la danse jaillit partout, à 360 [degrés] » (Entretien Participante anonyme). Cette occupation panoramique des espaces s'accompagne

---

1 Cela serait le reflet local de ce qu'André Lepecki (2013), professeur d'études de performances, appelle « State choreopolicing » (choréopolitique de l'État) à l'échelle de la Nation.
2 Entretien Participante anonyme des *Jam Sessions*, avec Madeleine Planeix-Crocker, 4 mai 2021, téléphone.
3 Dans un autre ouvrage, Martin (1990 : 11) soutient même que « les études de danse et de théâtre montrent comment un groupe de personnes surmonte le trac ».

du regard rayonnant de Pierre-Joseph : « J'ai l'œil partout » (Entretien Pierre-Joseph). Le regard décentré, car conjugué à chaque co-présence participante, devient son antenne pour capter par sentience le pouls de l'évènement.

C'est alors que la pratique en dérive des *Jams* donne sens aux décentrements des espaces et des regards imaginés à la conception du Centquatre. Donc, si « déconnexion » il y a dans les *Jams*, c'est en réponse à toute tentative de clôturer les corps dans des pratiques (de faire et/ou de voir), ou de cloisonner les espaces dans des usages, afin de rendre possibles de nouvelles connexions.

Rapprochements et énergies collectives

Si l'on parle de pouls, on peut aussi parler d'énergies en tant qu'émotions collectives (Kaufman, Quéré, 2020). De la peur évoquée par la participante anonyme, on en arrive au témoignage de la « bonne ambiance » et des « bonnes vibes » ressenties des *Jams* (Entretien Participante anonyme ; Entretien Deicy). Ce sont les mémoires kinesthésiques qui témoignent. Dans les espaces du Centquatre, les danseur·euses surgissent de partout pour s'exprimer et partager les plaisirs dérivés du mouvement.

On comprend donc que le partage d'intimités affectives et corporelles lors de pratiques de kinesthésies sociales décentrées comme les *Jam Sessions* engage la responsabilité des participant·es et du facilitateur. L'énergie comme « éthique de présence[1] » pourrait ainsi être la reconnaissance de l'endettement imbriqué de nos corps en connexions (Hamera, 2007 : 185). Cette éthique s'opère dans l'expérience vécue de la *Jam* et en constitue, à mon sens, une modalité de mise en commun des participant·es qui ne se connaissent pas ou peu en amont. Le partage tient le temps d'une *Jam* et peut déborder au-delà de son contexte de rassemblement, sans pour autant en être une condition *sine qua non*. Une séance s'étend parfois au-delà du Centquatre, se prolongeant dans la rue ou bien encore dans l'appartement d'un·e participant·e, conséquence improvisée d'une mobilisation organisée.

---

1 Hamera étaye : « L'énergie fait plus que cristalliser et encourager l'attention individuelle, plus que promouvoir performativement la solidarité du groupe, même si cela est d'une importance vitale. L'énergie renforce une éthique d'obligation, de service sur scène et hors scène, une éthique de présence aux autres en tant que corps ancrés dans l'interdépendance physique des danseur·euses. »

En effet, si les *Jams* n'engagent en aucun cas une fidélisation, celle-ci se repère par l'adhésion marquée de certain·es participant·es devenu·es habitué·es des rencontres, comme cela est le cas pour Deicy. Pierre-Joseph modère un groupe d'échange informel sur l'application WhatsApp pour informer les adeptes des prochaines *Jams* ; celleux-ci se saisissent à leur tour du réseau social pour proposer des sorties, soirées et projets communs. Cela étant, si liens amicaux et collaborations professionnelles se tissent à travers les *Jams*, s'exprimant en-dehors des espaces du Centquatre, Pierre-Joseph précise l'emploi principal des *Jams* :

> La *Jam* n'est pas une finalité, mais un outil. Donc je l'utiliserai autant de fois que cela me paraît nécessaire, car il est efficace pour rassembler des gens autour d'un même système de valeur, et travailler dans la bienveillance […]. Le Centquatre nous permet d'accueillir ça (Entretien Pierre-Joseph).

En effet, les kinesthésies sociales décentrées n'œuvrent pas pour la réparation de communautés fracturées en danse, « là n'est pas la question » nous dirait Pierre-Joseph (Entretien Pierre-Joseph). Plutôt, pour citer Martin :

> C'est vers une élaboration de la société elle-même et contre la subordination de la vie sociale à la domination et à l'exploitation que ces différences [en danse] font la différence ou créent de la politique (Martin, 1998 : 212).

Ces pratiques, à l'image des différences entre les participant·es, font jaillir des décentrements disruptifs, dissonants et débordants face aux relations contenues au sein d'un système capitaliste lui-même fracturé. Je soutiens de plus que, même si Pierre-Joseph tient à déplacer l'attention apportée aux techniques distinctes lors d'une *Jam*, le rapprochement des danses qui s'y opère favorise non seulement un partage d'intimités mais également l'élaboration de nouvelles esthétiques et techniques hybrides :

> La technique construit des espaces intimes et familiers pour une politique de la construction de soi et de communs caractérisée en termes spatiaux ; cette politique dévoile des manières d'échapper à, et de se relocaliser dans, des positions subjectives

différentes et, en même temps, elle redessine des frontières idéologiques (Hamera, 2007 : 61).

Les *Jams*, par ses danses différentes et (dé)connectées, deviennent l'expression d'une société souhaitée ; le Centquatre devient le terrain d'expérimentation de ce projet social.

Ainsi, l'approche matérialiste de Martin des études en danse est un outil pour témoigner de cette nouvelle vision de la société dans laquelle « les corps en surplus prennent place et se font voir » (Martin, 1998 : 217). Une telle démarche nous guide en-dehors de la métaphysique occidentale vers un projet micro-politique émergeant des interstices esthétiques ouverts par décentrements. Les danses en dérive sont un appel à participation pour affirmer l'envie de l'être-, faire- et danser-ensemble.

Conclusion : danser, ce que l'on se doit

Valoriser les manières dont nous sommes connecté·es sans non plus « faire Un », partager certaines sensibilités du danser-ensemble sans avoir besoin de se modéliser ou d'imiter : c'est ainsi que s'élargissent les conceptions de la souveraineté comme production de soi (Martin, 1998). Si les corps décentrés sont fugaces ce n'est pas pour autant qu'ils sont éphémères (à l'image de la volatilité des marchés ou de certaines conceptions de la performance). Ce que ces corps génèrent, au-delà de leurs danses en dérive, est leur propre valeur qui surgit de la mise en commun de pratiques décloisonnées. Si processus de décentrement il y a, ils sont activés par le renversement des systèmes de valeur de l'insuffisance financière et de l'endettement en faveur du surplus bouillonnant des corps en mouvement. Comme nous avons pu le constater, de telles dérives se saisissent des prises de risques dont émanent parfois peurs, et souvent plaisirs.

De l'étude des *Jam Sessions*, ce que l'on appréhende avant tout sont les « *unsteady mutualities* » (liens bougeants) entre les participant·es qui se suffisent à eux·elles-mêmes et sont largement suffisants, comme le dit Pierre-Joseph (Hamera, 2007 : 24). Ces liens se prolongent par une main tendue à d'autres qui en sont les témoins.

Mobilisées, ces kinesthésies sociales décentrées dansent « le social » comme un être-ensemble ; c'est ainsi que les *Jams* se révèlent en tant que performance en commun (Martin, 1998 : 218). Ce faisant, l'association WYNKL participe activement à de nouvelles histoires des danses, celles qui privilégient le commun *(dis)connected* car décentré, mais retrouvé car rassemblé.

Bibliographie

Boal Augusto, 1985, *Theatre of the Oppressed*, trad. Charles A. & Maria-Odilia Leal McBride, New York, Theatre Communications Group.

Cohen Cruz Jan, 2010, *Engaging Performance : Theater as Call and Response*, New York, Palgrave Macmillan.

Conrod Daniel, 2010, « Centquatre et cent reproches », *Télérama*, 7 mai.

Fèvre Anne-Marie, 2010, « Au CentQuatre parisien, les polémiques font le spectacle », *Libération*, 23 avril.

Hamera Judith, 2007, *Dancing Communities : Performance, Difference and Connection in the Global City*, New York, Palgrave Macmillan.

Hamera Judith, 2017, *Unfinished Business : Michael Jackson, Detroit, and the Figural Economy of American Deindustrialization*, Oxford, Oxford University Press.

Kaufman Laurence & Quéré Louis (dir.), 2020, *Les Émotions collectives*, Paris, Éditions de l'École des hautes études en sciences sociales.

Lepecki André, 2013, « Choreopolice and Choreopolitics : or, the Task of the Dancer », *The Drama Review*, vol. 57, n° 4 : 13-27.

Martin Randy, 1990, *Performance as Political Act : The Embodied Self*, New York, Bergin & Garvey Publishers.

Martin Randy, 1998, *Critical Moves : Dance Studies in Theory and Politics*, Durham, Duke University Press.

Martin Randy, 2012, « A Precarious Dance, a Derivative Sociality », *The Drama Review*, vol. 56, n° 4 : 62-77.

McCarren Felicia, 2013, *French Moves : The Cultural Politics of le Hip Hop*, New York, Oxford University Press.

Moten Fred & Harney Stefano, 2013, *The Undercommons*, New York, Minor Compositions.

Planeix-Crocker Madeleine, 2014, « Contester et revitaliser : le squat artistique au cœur d'une politique culturelle et urbaine », Mémoire de recherche, Princeton University.

Rancière Jacques, 2008, *Le Spectateur émancipé*, Paris, La Fabrique.

Sibony Judith, 2010, « Occupation du Centquatre : l'action culturelle envahie sur son propre terrain », *Le Monde*, 2 avril.

Van Assche Annelies, 2020, *Labor and Aesthetics in European Contemporary Dance : Dancing Precarity*, New York, Palgrave Macmillan.

Décentrement et décentralisation dans l'œuvre du chorégraphe Alwin Nikolais et de quelques autres de ses contemporains

Elie Goldschmidt

L'organisation du colloque international et interdisciplinaire « Pour une histoire décentrée de la danse » à Lyon (10-12 juin 2021) témoigne de l'intérêt théorique et méthodologique pour la notion de décentrement. Du point de vue méthodologique, l'idée de décentrement offre tout d'abord une perspective historienne, ouverte et croisée, sur la diversité des lieux et de modes d'expression de la danse dans le monde, corrigeant ainsi une représentation trop ethnocentrée de la danse en Occident qui ne faisait pas suffisamment de place à la périphérie et aux minorités. Cette perspective globale et historienne ne doit cependant pas en occulter une autre, épistémologique et esthétique, propre au décentrement en danse.

Ce terme a été introduit de façon assez récente dans le corpus de la danse en référence à l'œuvre du chorégraphe américain Alwin Nikolais (1910-1993). Le décentrement est la traduction littéraire en français du terme de l'anglais *decentralization* qui a désigné, à partir des années 1970, une des principales techniques qu'il a inventées pour la prise et le développement du mouvement des danseurs dans l'espace. Il lui a fallu un peu plus d'une dizaine d'années pour l'élaborer avant de pouvoir la nommer, puis d'accorder à cet outil d'exploration et de composition le statut de principe théorique pour une danse émancipée du centralisme des corps qui, pour lui, affectait la danse. Force est de constater que l'idée de décentrement est apparue également à la même époque, bien qu'en d'autres termes et sans être explicitement nommée, dans l'œuvre de son compatriote Merce Cunningham (1919-2009), en particulier dans sa déconstruction de l'espace scénique et cinétique du danseur, ainsi que chez quelques autres chorégraphes américains.

L'intention de cet article est de rappeler dans quelles conditions le décentrement du corps, défini comme processus d'abandon/ déplacement, éventuellement d'abolition ou de démultiplication d'un centre corporel ou scénique, a été expérimenté et dans une certaine mesure théorisé dans la danse moderne américaine de l'après Seconde Guerre mondiale. Il s'agira également de montrer pourquoi et comment la catégorie du décentrement du corps présente un intérêt majeur pour une relecture critique de l'histoire de la danse moderne et contemporaine[1].

Un créateur polyvalent au service d'un art « total »

Pour rappel, Nikolais (2018) est une figure essentielle de la danse moderne et un créateur fécond, qui a contribué au développement de la danse moderne américaine d'après-guerre en tentant d'accorder, à l'instar de Pollock en peinture, le mode expressionniste – trop dominé à son goût par le langage des émotions – avec une esthétique radicalement abstraite. Successivement pianiste accompagnateur de films muets et de cours de danse, marionnettiste, danseur, soldat enrôlé dans l'armée américaine dans la libération de la France, de la Belgique et de l'Allemagne pendant la Seconde Guerre mondiale, inventeur du *Choroscript*, un système de notation d'inspiration labanienne du mouvement, il fut reconnu dès les années 1950 comme un chorégraphe et un pédagogue talentueux. Il signa tout au long de sa carrière plus de cent vingt chorégraphies dont il créa les lumières, la scénographie, les costumes et quasiment toutes les compositions sonores. Il fut également le premier directeur du Centre national de danse contemporaine (Cndc) d'Angers de 1978 à 1981, où plus d'une cinquantaine de danseurs français ont été formés à son enseignement. À la fois homme de théâtre visionnaire, artiste multimédia (Percival 1971), pionnier en matière de projections de diapositives sur la scène et les danseurs, plasticien et compositeur, il savait jouer à merci de l'illusion dans ses pièces. Mais derrière le jeu divertissant d'un art délibérément « total », derrière l'invention de techniques d'échauffement, et d'une pédagogie de l'improvisation et de la composition du mouvement, à partir de 1949, avec l'aide de son compagnon de route et de vie le danseur et chorégraphe Murray Louis, Nikolais replaça la

---

[1] Je remercie Marc Lawton, qui est un des spécialistes et traducteurs de Nikolais, pour sa relecture et ses remarques.

danse au-delà de la scène théâtrale au cœur d'une interrogation philosophique sur elle-même et sur le sens métaphysique du mouvement.

Le corpus nikolaien dont nous disposons comprend des captations de ses pièces, des dits et écrits, des articles de presse, des interviews, des films et documentaires, un fonds d'archives dans une université de l'Ohio, des témoignages de ceux, danseurs ou étudiants, qui l'ont approché, et des travaux de recherche. Suffisamment conséquents pour une compréhension générale de son système chorégraphique, les outils théoriques, méthodologiques et techniques qu'il a développés laissent encore la place à de nombreuses interrogations en raison de leur exposition fragmentaire, de leur complexité et de leur ambivalence. Cela est le cas pour celui de décentrement qui semblerait avoir joué de fil conducteur de ce cheminement partant de l'expérimentation du mouvement en studio jusqu'aux pièces scéniques et, de là, à une philosophie du mouvement.

La découverte du mouvement décentré

Dans un document vidéo enregistré à des fins pédagogiques (Gitelman, Martin, 2007 : note 15), Nikolais rappelle que ses premières intuitions de l'idée de décentralisation datent des années 1950. Elle est apparue précisément en janvier 1953, lorsqu'il travaillait à la composition d'une de ses premières pièces abstraites *Etudes II: Masks, Props and Mobiles*. Il avait choisi d'y faire danser ses danseurs avec des accessoires comme des tissus élastiques, des bâtons, des filets, etc., qui, tout en prolongeant leurs corps, participaient à leurs mouvements. Il utilisera également des disques fixés aux pieds des danseurs en 1956 dans *Kaleidoscope*. Nikolais saisira vite l'intérêt de cette pratique de l'intégration de matières et d'accessoires scénographiques au corps et au mouvement des danseurs, un procédé auquel il aura recours très régulièrement tout au long de sa vie d'artiste chorégraphe.

En faisant danser ses danseurs avec des accessoires, il s'était rendu compte qu'il les contraignait mentalement à changer de repère corporel en décentrant leurs mouvements de leur personne vers les objets qu'ils animaient, à l'instar du marionnettiste qui décentre les mouvements qu'il réalise dans ses marionnettes. Cet exercice les poussait dans un premier temps à rechercher dans leur corps les sensations occasionnées par l'utilisation inhabituelle des accessoires et des matières comme des prothèses intégrées au corps, tout en explorant les possibilités de mouvements et de formes qu'elles favorisaient. Cela contraignait dans un deuxième temps le danseur à percevoir son action moins par référence à une silhouette humaine verticale et egocentrée qu'à une forme abstraite identifiée par des qualités de mouvement. Le corps du danseur, éventuellement fragmenté ou augmenté d'accessoires, ne devient alors qu'un simple médium du mouvement. Ce procédé du décentrement du corps dans des matières et accessoires sera par la suite renforcé par le recours sur scène aux masques monochromes qui rendent plus impersonnelle et abstraite la silhouette du danseur.

C'est pourquoi, à propos de sa pièce suivante créée deux années plus tard, *Village of Whispers* (Village des murmures), en 1955, il affirme :

> C'est la naissance de la décentralisation, l'idée d'abstraction commençait à prendre forme. Je me suis rendu compte que le mouvement contient sa propre intelligence (Gitelman, Martin, 2007 : 39).

L'expérience du décentrement (*decentralization*) du danseur est ainsi pour son inventeur un pas vers l'abstraction. Celle-ci lui a permis d'effectuer une transition vers une nouvelle conception de la danse et de la mise en scène où l'unité de base de la composition n'est plus la figure du danseur de ballet, mais le mouvement lui-même, et la scène n'est plus un plancher sur lequel circonvolent des danseurs de ballet, mais un théâtre « total » où fusionnent une pluralité de medias du mouvement. Le mouvement pris pour lui-même sera dès lors pour « l'expressionisme abstrait en danse » – un genre revendiqué par Nikolais pour caractériser sa démarche à partir des années 1950 – ce que la couleur était à la même époque pour l'expressionnisme abstrait en peinture, par exemple dans les œuvres de Pollock.

De l'intuition au paradigme du décentrement

Au cours de son élaboration dans les années 1950, la technique de décentrement nikolaienne n'était pas encore identifiée par son nom. Elle ne le sera qu'au début des années 1970, et après que Nikolais l'ait élaborée et mise en pratique dans son travail pédagogique et dans ses œuvres scéniques. Sans être non plus nommée comme telle, et bien que très éloignée de l'esthétique de Nikolais, l'idée de décentralisation avait également émergé à peu près à la même période chez Merce Cunningham et John Cage, à la fois dans leur façon de concevoir l'espace d'expression du danseur, et à la fois dans celle de produire des événements distincts et totalement indépendants les uns des autres dans un même espace scénique, comme par exemple la danse et la musique qui l'accompagne. L'idée de décentralisation était-elle un nouveau paradigme dans « l'air du temps » ?

Bien que Nikolais ne se soit pas lui-même prononcé sur l'origine de ce terme, et comme nous l'avons mentionné plus haut, force est de constater qu'il a été introduit et largement diffusé dans les arts et les sciences humaines au début des années 1960 par le théoricien canadien de la communication et des médias Marshall Mc Luhan, qui l'avait lui-même emprunté à Tocqueville. Ce dernier l'avait inventé et introduit aux États-Unis au XIXe siècle pour qualifier le système politique de ce pays, et par opposition à celui de l'État français qui était particulièrement hiérarchique et centraliste. Sans connotation normative comme chez le politologue français, la décentralisation apparaît chez McLuhan dans la description qu'il fait du « Village global », un paradigme énoncé comme un oxymore réunissant le proche et le lointain et qu'il a inventé pour appréhender la société moderne. Celle-ci est en effet caractérisée par le fait que les grandes distances entre les individus sont abolies dans le monde moderne par les réseaux de communication, d'électricité, le train et l'avion, le téléphone, la radio et la télévision. Le réseau global est donc un ensemble de ressources décentralisées dans l'espace. Et c'est sans doute par ce biais que le paradigme de la décentralisation est vraisemblablement parvenu à Nikolais. Le corps est un vaste réseau qui peut être perçu et pensé comme un ensemble non hiérarchisé et décentralisé.

Le rapprochement entre McLuhan et Nikolais ne s'arrête d'ailleurs pas là, car ce qui frappe, c'est la convergence de leurs points de vue sur plusieurs questions comme celle des définitions du corps, du mouvement, et du *medium*. En effet, dans ses trois œuvres principales, *La Galaxie Gutenberg. La genèse de l'homme typographique* ; *Pour comprendre les médias. Les prolongements technologiques de l'homme* et *Message et massage, un inventaire des effets* (McLuhan, 1962, 1964 et 1967), McLuhan affirme que tous les moyens de communication que nous utilisons, appelés médias, sont en fait une *extension naturelle ou artificielle de notre corps sensible*. Ainsi, pour les médias électroniques, la radio est une extension de l'oreille et la télévision une extension de l'œil et de l'oreille. De même, la roue est une extension du pied et les vêtements (extension du corps) sont aussi des médias. Ainsi, les expériences de prolongation du corps par des accessoires chez Nikolais rejoignaient, tout en les anticipant de quelques années, l'analyse des médias de McLuhan. Cette convergence indique ainsi, en ce qui concerne la danse, sa puissance à conduire des recherches sur des objets théoriques à partir d'expérimentations faites sur le corps et le mouvement.

« *Dance is the art of motion* » (La danse est l'art du mouvement) disait Nikolais, et il citait souvent en renfort la formule de Mc Luhan, « Le médium est le message », pour expliquer que le mouvement du danseur « pris pour lui-même en tant qu'intelligence » peut se suffire à lui-même et n'a pas besoin d'être justifié par autre chose que sa propre expression. Nikolais connaissait donc les travaux largement médiatisés de ce sociologue, et il est logique que le concept de décentralisation mcluhannien ait pu correspondre à ce que Nikolais avait élaboré sans encore savoir le nommer.

Le décentrement comme nouvel outil de recherche et de création chorégraphique

Au fil des ans, l'intégration de nouveaux médias du mouvement, au même titre que les danseurs et les accessoires, deviendra plus intensive, notamment avec celle des jeux de lumières ou de diapositives projetés sur les corps et les décors, permettant au chorégraphe et metteur en scène de s'exprimer de façon abstraite. Le décentrement du corps, avec l'utilisation d'accessoires, pouvait donc le conduire, et en cela réside le deuxième intérêt de sa découverte, à la décentralisation des différents éléments ou médias qui interagissent sur scène en vue de produire un théâtre « total », à la fois abstrait et plein de surprises, agissant comme par magie sur le spectateur.

Certes, Loïe Fuller avait déjà inventé, avec sa pièce *Danse serpentine* (1892), une danse décentrée dans des voilages et des lumières, et Oskar Schlemmer avait déjà expérimenté dans son *Ballet triadique* (1922) la modification du mouvement du danseur par les costumes et accessoires. Mais Nikolais a sans doute été plus loin dans cette aventure artistique dans la mesure où, comme par un renversement dialectique, sa technique de danse a intégré organiquement au corps dansant le principe du décentrement découvert avec le jeu des accessoires au point d'être capable de se dispenser de ces derniers. En faisant travailler ses danseurs avec des accessoires, puis sans eux, comme on peut effacer les traits de construction d'une figure après l'avoir dessinée, il conduit à mentaliser le décentrement. Le décentrement contraint le danseur, tout en invitant le spectateur, à déporter son attention aussi bien sur un point du corps, un accessoire qui le prolonge, ou encore hors et au-delà de lui, sur n'importe quel point éloigné de l'espace qui devient, le temps nécessaire, le point de repère « central » du mouvement qu'il effectue.

Dans une interview de Murray Louis par Dominique Rebaud à propos du décentrement nikolaien, celui explique que :

> Le corps est fragmenté. Il y a la tête, le torse, les bras, les jambes, les hanches et les pieds. Ces éléments sont tous différents. Ils ont tous une voix différente. Ils sont individuels. Ils pensent différemment et se comportent différemment. Pour aboutir à la décentralisation, il faut se poser deux questions : d'où vient l'énergie et comment se répand-elle dans le corps ? (Rebaud, 2013a)

Concrètement, la technique du décentrement nikolaien se présente sous deux modalités ou moments qui se complètent. L'un est divergent, c'est un exercice, comme nous venons de le voir, de fragmentation de la représentation du corps du danseur en points distants les uns des autres et non hiérarchisés. C'est un processus de décentration et d'ouverture qui met en retrait le pouvoir central et décideur qu'est l'Ego du danseur au profit de tout point susceptible d'occuper la fonction de centre de gravité. En apprenant à se décentrer vers n'importe quel point du corps ou de l'espace, le danseur s'ouvre à l'extériorité, découvre des possibilités à partir de périphéries et devient plus disponible au mouvement pris pour lui-même. Une fois mentalisé par le danseur, le décentrement doit le conduire à s'imaginer relié, comme le rappelait Laurence Louppe, à « un *traveling center*, un centre qui voyage partout dans notre corps, mais qui peut aussi errer ailleurs » (Louppe, 2004 : 219). Puis dans un deuxième temps, le travail du décentrement consiste à reconnecter mentalement les parties du corps en les mobilisant vers – ou à partir – de points de repères décentrés, pour finalement réaliser un parcours de mobilité. C'est la modalité ou le moment de convergence. Cela consiste à faire dialoguer toutes les parties entre elles, et tout en laissant circuler librement le mouvement qui les traverse, le dirige vers un objectif commun qui fait office de « focus », de centre provisoire de l'attention.

Si les modalités divergentes et convergentes peuvent apparaître comme distinctes, elles sont néanmoins complémentaires et l'objet d'une synthèse une fois maîtrisées. Cette complémentarité peut se comprendre par analogie avec le jeu d'une équipe de football, lorsque les joueurs se déploient dans l'espace en restant à l'écoute des autres et en mobilisant toutes leurs ressources sur le ballon. Ce rapprochement du jeu de balle avec le décentrement nikolaien reste cependant limité car le danseur décentré ne déporte pas seulement son attention (son « *focus* » dans la terminologie nikolaienne) sur des parties tangibles ou visibles du corps ou des points de l'espace – à l'instar du ballon dans le football que l'on suit –, mais de façon plus abstraite sur des qualités définies et perceptibles d'expression du mouvement. Précisons ici que la qualité de mouvement doit s'entendre comme une chose assez proche de ce que le philosophe Peirce appelait des *qualia* (Peirce, 1958-1966 : § 223), c'est-à-dire des propriétés identifiables et communicables qui relèvent de la perception et plus généralement de l'expérience sensible. Le chorégraphe demandait ainsi à ses danseurs d'être capables de se focaliser sur des qualités abstraites du mouvement identifiables, comme la vélocité ou la lenteur, celle du rebond, de l'étiré ou du ramassé, du volume, de la surface ou de la direction, etc. Des *qualia* qui devaient être classables selon une nomenclature du mouvement comprenant quatre fondamentaux (que Nikolais appelait *principles*) : celui de l'espace (*Space*), non pas comme lieu mais comme spatialité, celui du temps ou temporalité (*Time*), celui de la forme (*Shape*), et la motion (*Motion*), que l'on peut comprendre comme la façon de bouger, autrement dit de faire circuler l'énergie du mouvement dans le corps et l'espace.

Inspiré au départ par la démarche de Laban que lui avait transmise Hanya Holm, Nikolais a ainsi inventé un système de formalisation et de classification des qualités expressives du mouvement, près d'une vingtaine formant une palette, qu'il a enseignées et utilisées dans la composition de ses pièces. Le décentrement nikolaien vise donc à dégager et à atteindre des qualités esthétiques qui peuvent être développées dans le cadre d'une œuvre chorégraphique.

Le décentrement, un outil pédagogique mis au service de la régénération des corps

Nikolais a consenti beaucoup d'efforts pour mettre au point une pédagogie originale adaptée au projet du décentrement du mouvement dansé pour ses danseurs. Elle comprend des techniques d'échauffement et de renforcement musculaire héritées de l'école allemande via Kaschmann et Holm[1], des techniques d'improvisation[2] et de composition. Le chorégraphe américain n'enseignait pas un *style* particulier transmis par mimétisme à partir de pas conventionnels comme dans le ballet classique, ou de figures et d'enchaînements écrits par les chorégraphes comme le faisaient la plupart de ses contemporains américains. Dans le sillage du courant de la danse d'expression allemande (*Ausdrückstanz*), il apprenait à ses danseurs et à ses étudiants une méthode pour « danser par eux-mêmes », en se débarrassant au demeurant des « mauvaises habitudes » liées au formatage des corps par les normes sociales et par l'éducation, ou par des techniques de danse acquises par mimétisme, pour mieux laisser au danseur la liberté d'inventer ses propres mouvements, au plus proche de sa propre nature. Libérer le corps pour danser par soi-même demande de saper les codes et les normes comportementaux, gestuels, vestimentaires, souvent soumis à la loi du genre, qui se greffent sur la personne du danseur. Une proposition d'autant mieux entendue par ses élèves dans les années 1960-1970 que le rejet du conservatisme social et des normes établies y était à son apogée pendant que certains prônaient le retour à soi par la nature.

Or, d'une façon qui peut paraître paradoxale, l'injonction nikolaienne de danser par soi-même a pour condition l'émancipation du soi en tant qu'Ego car celui-ci représente un double obstacle à la liberté de mouvement. Il est tout d'abord la conscience socialisée soumise aux normes et aux habitudes longuement acquises pendant l'éducation, lesquelles déforment notre façon de prendre le mouvement. « Il faut divorcer de l'Ego » répétait-il souvent à ses

---

[1] Hanya Holm (1893-1992) et Truda Kashmann (1906-1986) ont toutes deux été formées à la danse moderne en Allemagne et ont joué un rôle prépondérant dans son introduction aux États-Unis. Holm fut la directrice de la filiale new-yorkaise de l'école Wigman dès 1931. Nikolais sera formé à la danse par Kaschmann puis par Holm (Suquet, 2012 : 436).
[2] L'échauffement au sol (*stretches*) a été élaboré par Holm (1893-1992) à New York dans les années 1930 avec l'aide de Joseph Pilates (1883-1967). L'improvisation était appelée chez Holm *theory class*, expression reprise par Nikolais.

danseurs. S'émanciper de l'Ego, c'est s'émanciper du carcan des normes sociales qui nous éloignent de notre propre nature. Mais l'Ego n'est pas seulement la raison sociale de la personne, c'est aussi le domicile fixe où naissent et se développent ses émotions ressenties. Or celles-ci, à la différence des sensations qui nourrissent le mouvement décentré, peuvent parasiter le mouvement dansé libre en lui imposant une situation dramatique relative à l'Ego. « *Motion, not emotion !* », disait souvent avec véhémence le maître américain à ses étudiants et interprètes, au point de passer auprès de ses contemporains pour un chorégraphe insensible qui déshumanisait ses danseurs.

Pris comme la négation du centre, le décentrement est un moyen de déconstruire, dans la perspective d'un projet de régénération des corps et du mouvement dansé, cette tendance entropique à toujours ramener le mouvement à son point de référence dramatique qu'est l'Ego. Sur le plan esthétique, et par recours à l'analogie avec la tonique en musique, Nikolais disait également que « l'Ego est à la danse ce que le *do* est à la musique. Trop souvent il devient le point central de la dynamique, le *motion*[1] lui étant asservi » (Nikolais, 2018 : 107). Le mouvement doit pouvoir se suffire à lui-même et sa libération passe ainsi par la neutralisation de ce qui l'aliène, le *do* en musique ou l'Ego pour la danse. Sur ce plan, Nikolais rejoignait à la fois la musique concrète pour laquelle il avait une grande estime et qu'il a pratiquée, mais également la doctrine bouddhiste dans son combat contre l'empire de l'Ego.

Le décentrement comme outil critique pour une relecture de l'histoire de la danse

En formulant son principe du décentrement, Nikolais esquisse également dans ses écrits les bases d'une philosophie critique de la danse. Celle-ci était caractérisée chez lui par le rejet radical de toutes formes de « centralisme » du corps et de l'espace scénique et dramatique qu'il avait observés dans la danse classique et dans un pan de la danse moderne. Le décentrement peut ainsi servir de fil conducteur d'une lecture rétrospective de l'histoire de la danse, en soulignant en particulier les trois principales formes de centralisme qui l'ont marquée.

---

[1] La *motion* peut être comprise comme le mouvement pris pour lui-même comme médium d'une qualité esthétique et non pas comme action dramatique.

1. Centralisme de l'espace de la scène : le ballet classique, depuis sa naissance et jusqu'à son aboutissement à la fin du XIXe siècle, est conçu comme une mise en perspective de rôles hiérarchiquement distribués autour d'un centre géométrique de la scène qui est occupé par le danseur étoile qui fait face au public. La danse moderne a cherché à déconstruire ce centralisme en abolissant sa mise en perspective des hiérarchies. Le recours aux pièces en solo, notamment des femmes sans le soutien du personnage masculin, a marqué à partir de Duncan et Fuller l'avènement d'une modernité. Le processus de décentralisation de l'espace est ainsi l'écho de celui de démocratisation des rôles sur scène.

2. Centralisme du corps dansant : le centre est soumis à l'axe vertical comme barycentre et repère géométrique absolu pour la mobilité du danseur. Or, en opposition avec ce principe axial limitant les possibilités de mouvements de ce dernier, la danse moderne a très tôt recherché d'autres repères cinétiques. À la quête d'une plus grande liberté de mouvement, les danseurs modernes se décentrèrent de l'axe vertical, inventant notamment la chute et l'évolution horizontale au sol. En faisant un bond d'un demi-siècle dans l'histoire, on peut dire que Nikolais poussera le décentrement encore plus loin en utilisant des techniques particulières qu'il avait élaborées pour faire partir le mouvement de n'importe quel point de référence dans le corps ou au-dehors de lui, et pour aller vers n'importe quel autre point du corps et de l'espace.

Ainsi pris, comme une négation du centralisme classique, le décentrement en danse est donc dans l'ADN de la danse moderne américaine et allemande depuis ses débuts et a été pour elle un moteur d'affranchissement. Mais cette dernière n'a pas su dans son ensemble déconstruire un troisième centralisme.

3. Centralisme de l'action dramatique : le danseur classique jusqu'à Balanchine est défini comme un personnage genré, Ego masculin, féminin ou travesti, un acteur dramatique dont l'apparition sur scène est souvent déterminée de façon narrative par un livret et rythmée par une partition musicale. Toutefois, alors que la plupart des chorégraphes modernes ont assez bien réussi à s'affranchir des deux premiers centralismes, ceux de l'espace et du corps dansant, ils ont souvent échoué à déconstruire le troisième, car ils sont restés attachés à l'élément dramaturgique, inspiré selon les périodes et les contextes, par l'exotisme, le naturalisme, le nativisme ou le nationalisme, et qui répondait aux attentes du public (Suquet, 2012). *A contrario*, dans le

sillage de l'expressionnisme abstrait en peinture, celui de Nikolais et Cunningham leur a permis de rejeter tout élément narratif de leurs chorégraphies, en parachevant ainsi le processus d'affranchissement du troisième centralisme de la danse, classique et moderne. L'action dramatique est devenue abstraite, et le décentrement est alors apparu comme une voie à explorer pour recomposer de façon cohérente l'espace, le corps dansant et la dramaturgie.

Mais l'originalité de Nikolais par rapport à la plupart de ses contemporains va s'exprimer comme suit : non seulement le mouvement est abstrait, mais la figure du danseur le devient également. En effet, chez Cunningham comme chez Balanchine, chaque mouvement dansé sur scène « renvoie toujours au danseur dans sa singularité, dans son incarnation individuelle » (Foix, 1998) alors que, chez Nikolais, le danseur se fond dans un tout qui le dispense de sa présence en tant que sujet d'une énonciation.

> Comme moi, avec Hanya (Holm) qui m'a permis de me rapprocher des fondamentaux, Merce (Cunningham) y est arrivé également, mais la différence majeure entre nous est que je sois allé vers le *décentrement*, ce qui correspond à un pas supplémentaire. Je n'étais pas intéressé par la présence figurative du danseur, mais par un danseur qui en soit complètement détaché pour accéder simplement à la phase suivante : (devenir) un instrument de *motion* plus libre plutôt qu'une figure dansante faite pour émouvoir[1].

Décentralisation et décentrement, deux concepts jumeaux intervertibles ?

De fait, il y a une certaine ambivalence dans l'emploi que Nikolais faisait de la notion de *decentralization* qui renvoie à deux éléments que nous avons mentionnés plus haut, à savoir d'un côté la volonté de déconstruire le centralisme du corps et de l'Ego par une technique de décentrement, et d'autre part la volonté de repenser le corps et l'espace selon le paradigme mcluhannien d'un monde entièrement connecté et décentralisé. Le recours aux « pluri-médias » (*multimedia*) selon l'expression du chorégraphe lui permettait en effet de produire un spectacle total où tous les éléments, danseurs, accessoires,

---

1 Nikolais cité par Kriegsman, 1982 : 255.

costumes, lumières, images projetées, sons, etc., communiquent. Autrement dit, deux modes du décentrement, respectivement convergent et divergent, sont réunis dans le terme de décentralisation.

Ce n'est donc pas un hasard que Claudia Gitelman (1936-2012), danseuse, pédagogue et spécialiste de l'œuvre du maître, dans son essai sur Nikolais « Sense your Mass Increasing with your Velocity : Alwin Nikolais' Unified Decentralization », ait eu recours à l'expression « décentralisation unifiée » qu'elle reconnaissait comme paradoxale, mais indispensable pour parler du mode spécifiquement convergent du décentrement (Gitelman, Martin, 2007). Marc Lawton a préféré traduire par « décentrement » le terme de *decentralization*, qui risquait d'après lui d'induire un sens politique[1] ou managérial trop prononcé et inapproprié à un concept qui ne relevait que du champ lexical de la danse. Et c'est par l'intermédiaire de son travail de thèse doctorale sur l'œuvre du maître américain (Lawton, 2012), suivie par quelques études d'autres chercheurs (Rebaud 2013a, 2015b), par la publication du livre *Le Geste unique* que Marc Lawton a traduit et commenté (Nikolais, 2018), que le terme de décentrement a commencé, avec bonheur, à essaimer dans le corpus de la danse en France. De façon assez étonnante, le concept de décentralisation, inventé en France à propos des États-Unis et traduit en anglais, nous est revenu de là-bas transformé en décentrement pour être mieux adapté aux nouvelles sensibilités françaises, ce qui représente un cas intéressant de migration culturelle transnationale.

Le choix sémantique du terme de « décentrement » convient bien pour exprimer l'un des aspects dominants de cette technique inventée par Nikolais, celui de la prise de mouvement indépendante de l'Ego. Il ne recouvre cependant pas tous les sens que peut prendre le terme ambivalent de *decentralization* chez Nikolais, notamment lorsqu'il s'agit du déploiement des danseurs et des différents éléments mobiles de la scénographie dans l'espace scénique qui est conçu comme un ensemble infiniment ouvert et divergent. Un mode divergent de scénographie que l'on peut également remarquer dans la composition de nombre de pièces de Merce Cunningham où la multiplication

---

[1] L'introduction du terme de *decentralisation* en France par Nikolais au Cndc d'Angers et ses disciples S. Buirge et C. Carlson a précédé de peu la grande réforme sociétale et politique de l'État français engagée par François Mitterrand après son élection en 1981, avec la création d'un ministère de l'Intérieur et de la Décentralisation.

d'éléments indépendants les uns des autres réalisent une structure événementielle décentralisée.

Conclusion

En raison de la richesse et de la complexité du décentrement nikolaien et des limites éditoriales imparties, de nombreux points évoqués dans cet article auraient très certainement mérité un plus ample développement ; d'autres n'ont pas pu être soulevés. Nous ne nous autoriserons donc qu'à tirer quelques brèves conclusions en commençant par rappeler que l'élaboration du décentrement par Nikolais n'a pas été pour lui un exercice de style ou une trouvaille technique, mais une réelle interrogation philosophique sur la danse, sur le sens du mouvement, sur la possibilité de déconstruire le corps et le reconstruire de façon démocratique et à laquelle le maître américain a apporté des réponses par ses expériences chorégraphiques audacieuses. Sa pédagogie, dans laquelle sont enchâssés les nombreux principes et notions qu'il a inventés et transmis aux danseurs, devait les aider à s'émanciper des normes et « à danser par eux-mêmes ». La préférence française pour le terme de « décentrement » sur celui de « décentralisation » ne doit pas occulter l'origine anthropologique et politique de cette dernière et, bien que cela puisse paraître incongru par rapport à l'œuvre esthétique de Nikolais, il faut reconnaître que sa philosophie de la danse décentrée et débarrassée de tout centralisme n'est pas étrangère à la réflexion critique sur les formes de *gouvernementalité* – au sens de Foucault – des corps et des mobilités dans l'espace. Sur certains éléments de la doctrine de Nikolais, comme celle de Cunningham, il peut également être utile et dans un esprit de clarté, de rappeler que le terme de décentrement est l'avatar de celui de décentralisation.

Si le choix de l'abstraction du mouvement et celui de neutraliser l'Ego en tant que facteur trop encombrant pour la liberté du mouvement dansant caractérisent la démarche intellectuelle déconstructive/constructive du décentrement nikolaien, celle-ci a également le mérite de donner un éclairage critique sur les enjeux et les conditions de l'évolution de la danse moderne au moment où, au sein de celle-ci, émerge le courant postmoderniste[1].

---

1 Nous ne pouvons développer ici la situation de Nikolais dans le passage du modernisme au post-modernisme.

Le décentrement nikolaien reste intéressant pour la création, la pédagogie en danse, et il mérite d'être intégré à la formation des danseurs. Il est aussi une clé importante pour une relecture critique et comparative de l'histoire de la danse classique et moderne, comme il peut également l'être pour la réflexion anthropologique sur le corps et la modernité.

Bibliographie

Foix Alain, 1998, « Décentralisation », *in* Philippe Le Moal (dir.), *Dictionnaire de la danse*, Paris, Larousse.

Gitelman Claudia, 2007, « Sense your Mass Increasing with your Velocity : Alwin Nikolais' Unified Decentralisation », *in* Gitelman Claudia & Martin Randy (dir.), *The Returns of Alwin Nikolais : Bodies, Boundaries and the Dance Canon*, Midletown, Wesleyan University Press.

Kriegsman Sali Ann, 1982, *Modern Dance in America : The Bennington Years*, Boston, G. K. Hall publisher.

Lawton Marc, 2012, « À la recherche du geste unique. Pratique et théorie chez Alwin Nikolais », thèse de doctorat, Université Lille 3.

Louppe Laurence, 2004, *Poétique de la danse contemporaine*, Bruxelles, Contredanse.

McLuhan Marshall, 1962, *The Gutenberg Galaxy : The Making of Typographic Man*, Toronto, University of Toronto Press.

McLuhan Marshall, Lewis H. Lapham, 1964, *Understanding Media : The Extensions of Man*, Londres, Routledge Classics.

McLuhan Marshall, Quentin Fiore, 1967, *The Medium is the Massage : An Inventory of Effects*, New York, Londres, Toronto, Bantam Books.

Nikolais Alwin, 2018, *Le Geste unique*, traduit, dirigé et annoté par Marc Lawton avec la collaboration de Julien Bambaggi, Montpellier, Deuxième époque.

Peirce Charles S., 1958-1966, *Collected Papers*, Cambridge, Belknap Press of Harvard University Press [1866].

Percival John, 1971, *Experimental Dance*, New York, Universe Books.

Rebaud Dominique, 2013, *Le Décentrement nikolaien. Définitions, transmissions, évolutions*, Pantin, Centre national de la danse.

Rebaud Dominique, 2015, *Le Décentrement à l'œuvre dans la création collective des années 1970/1980 en France*, Pantin, Centre national de la danse.

Suquet Annie, 2012, *L'Éveil des modernités. Une histoire culturelle de la danse (1870-1945)*, Pantin, Centre national de la danse.

Mapping Manhattan:
Performance in Depression-era Chinatown

Ann Dils

Manhattan during the Great Depression, usually and rightly, conjures up images of people standing in long lines waiting for food and job placements. The era should also be associated with people dancing and practicing other movement forms in pubs and dance halls, parks and streets, schools and settlement houses, and on stages. While Manhattan's immigrant population was diminishing, ethnic communities supported a plethora of movement activities transplanted from or associated with home cultures, often using them as expressions of group affiliation and solidarity, to raise money to help community members in New York or abroad, or as political protest. Thousands of people participated in these events as performers and attendees. Also, while ethnic neighborhoods had long been in flux as the children and grandchildren of immigrants moved to the boroughs and New Jersey and became increasingly Americanized, the Depression marked a tipping point. The cultural production of immigrant communities in Manhattan was as important to defining New York in this era as elite art forms would later be to a Manhattan remade as a center for the arts and commerce and symbol of American exceptionalism. This paper explores processes that enabled this transformation, among them federal immigration laws, New York urban planning and redevelopment projects, cultural elitism, and, for US-born Chinese New Yorkers, Americanization. While the examples in this paper are Chinatown and Chinese performance, these formed only part of a large number of dance and performance communities, festivals, and celebrations, across New York City in the 1930s.

The initial impetus for this project was my discovery of an

urban planning map based on the 1930 United States (US) census (Fig. 1) and published in 1936. Part of a collection of maps representing populations and land use with associated commentary (Mayor's Committee on City Planning), the map indicates neighborhoods in which at least 30% of residents self-identified or were identified as having a particular national or racial identity. This map does not include Chinatown, prompting questions about the social and governmental forces that influenced this cartographic absence. These include what questions or problems prompted the mapping exercise, what precedents were employed, and, perhaps unwittingly, what values were exerted in constructing this graphic representation of human communities. As urban anthropologist, Carolin Genz, and artist and architect, Diana Lucas-Drogan, point out in "Decoding Mapping as Practice: An Interdisciplinary Approach in Architecture and Urban Anthropology," a map is a piece of data that can help make "the invisible (or the obvious) visible" (2018). Further, citing cartographer Denis Wood (1992, 2010), maps help researchers get at attributes of urban populations – social class, cultural rituals, interactions among people – that allow them to tell multi-layered stories. Maps are evaluative and, as Wood points out, have a role in "creating what they pretend to no more than see" (1992: 6)[1].

---

[1] I approach this study as a dance scholar with broad interests in traditional dance and its role in ethnic communities, but no experience with practice in the movement forms investigated here, nor in Chinese American history per se. I have only consulted English-language sources, but hope that this initial essay can prompt further exploration by scholars who can also excavate pertinent sources in other languages.

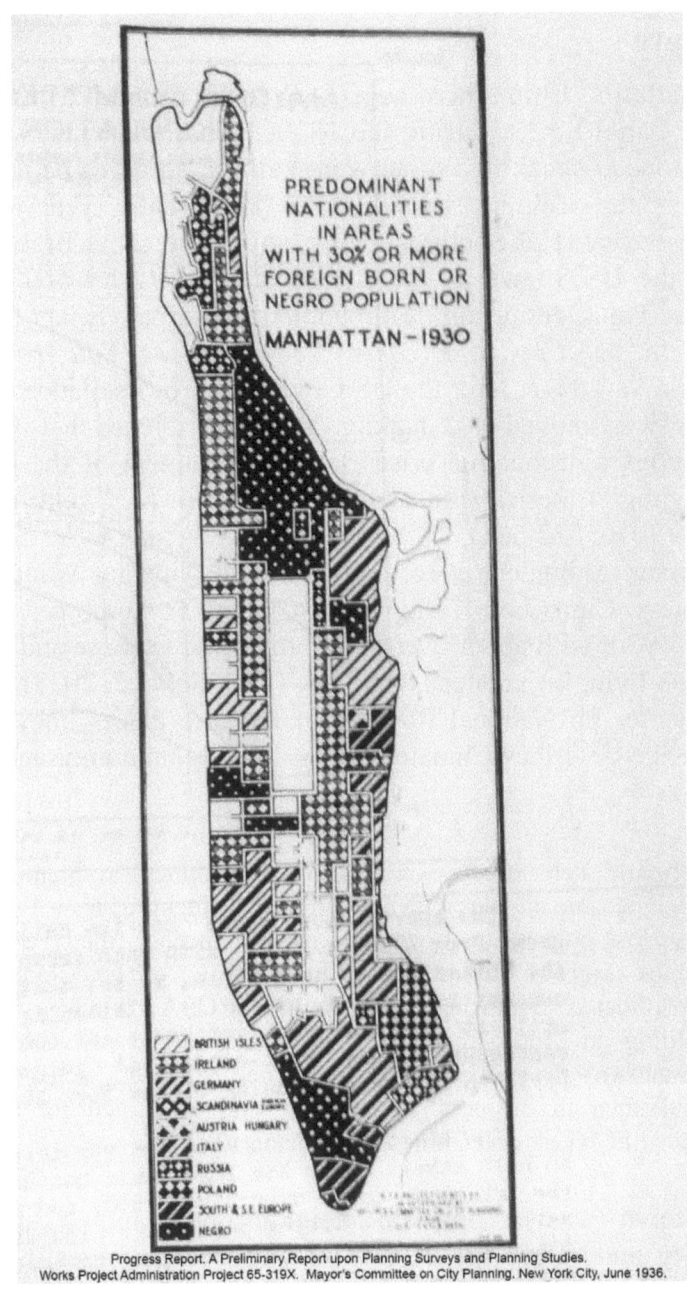

Fig. 1: From Mayor's Committee on City Planning, 1936, *Progress Report. A Preliminary Report upon Planning Surveys and Planning Studies*. Works Project Administration Project 65-319X. New York City, June. Pg. 19. US government works are in the public domain.

Chinatown

Manhattan's Chinatown began to form around Mott Street, south of Canal Street, during the 1870s. Most residents were men and Cantonese-speaking: some were sailors; some came to the US to escape the Taiping Rebellion, a large-scale civil war that encompassed most of Southern China; and some came first to other parts of the US, drawn by the California Gold Rush or recruited to build the Transcontinental Railroad. As historian Tyler Anbinder explains in his *City of Dreams: The 400-Year Epic History of Immigrant New York*, after the US Civil War, Chinese laborers in the American west moved east, hoping to escape violence that broke out after a series of economic crises led to resentment of the Chinese, compounding American suspicions based on race and religious practices (2016: 522-523).

Historians Anbinder (2016: 522-523) and Xinyang Wang (1999: 286) believe China-born residents of Chinatown numbered close to 7,000 by 1930, with about twenty-five thousand Chinese and Chinese Americans living in greater New York (Park Service, 2022). As part of their series on National Register of Historic Places, the National Park Service describes Chinatown as a lively community and tourist center:

> Mott and Pell Streets were lined with Chinese restaurants, which became popular with non-Chinese residents of New York City. Joss houses, an American name for incense-filled Taoist shrines, were a fixture in Chinatown. [...] The Chinese Consolidated Benevolent Association (CCBA) purchased a building on Mott Street that was considered the city hall of Chinatown. The organization mediated disputes, acted as middlemen in business transactions, and advocated for the rights of Chinese and Chinese Americans (2022).

Chinatown was a physical neighborhood and a space of familiarity and safety for people with shared heritages, histories, and cultural practices. While identified by its Chinese residents, it was not exclusively Chinese. European immigrants and others also lived in Chinatown.

Often described as a bachelor society, Chinatown, by 1930, numbered 7,549 men and only 865 women, according to Wang's census analysis (1999: 286). In a 2021 New York Historical

Society webpage presentation on women and girls in Chinatown, curator Laura Mogulescu, explains that the 1882 Chinese Exclusion Act limited the ability of Chinese laborers to bring Chinese wives into the US, while the spouses of merchants and elites could accompany their husbands. The Exclusion Act led to harsh treatment of Chinese women as they tried to enter the country and deterred others from trying. This did not preclude relationships. Mogulescu writes that,

> The 1900 census records, as analyzed by Mary Ting Ye Lui, [2007] show that of the 133 marriages in Chinatown, 51 were between Chinese men and Chinese women, but 82 were between Chinese men and non-Chinese women. Most of the women in these interracial marriages were white, but a small number were Black. Forty percent of the mixed-race couples had children. By 1910, the number of interracial marriages declined, but still made up approximately half of the marriages in the neighborhood. [...] Over 60 percent of interracial families lived in buildings with at least four other mixed-race families. These families socialized together, but also participated in the larger communities of Chinatown (2021).

Relationships between Irish women and Chinese men who worked together in Chinatown laundries were mentioned in period newspapers (Meagher, 2005: 5).

Chinatown was also a cultural space – Lunar New Year Celebrations and the Cantonese opera were popular events – and a commercial space that served residents, as well as more elite, and more numerous, co-nationals and second-generation Chinese New Yorkers living in more comfortable Manhattan neighborhoods, suburbs, and university enclaves. Other community members lived and farmed on Long Island, bringing traditional produce daily to the restaurants and shops of Chinatown.

Chinatown was impacted by outsiders. Initially a sojourner society, families and communities left behind in China expected men to send money home and remain "Chinese" in their self-identities (Woon, 1983-1984: 673-674). Chinatown was also defined by the fascinations, fears, exclusions and incursions of fellow New Yorkers. During the 1920s and 1930s, there were daily guided tours of Chinatown run by white-owned businesses, in part because of its lurid, and unearned, reputation for murders, gambling, and prostitution, and in part because of its excellent restaurants (*WPA*

Guide to New York City, 1939: 104-108). Nancy Yunhwa Rao (2000: 155) describes nightly tours featuring "the opium den and gambling dives," and Cantonese opera. Rao notes that tourists, who paid three times what Chinese people paid, were important to keeping the opera open, even though productions had to be changed, with displays of "physical strength and dexterity [...] more akin to circus acts" added when tourists attended (2000: 155). Christian missionaries and associations were also important to Chinatown, including the Baptist-sponsored Morningstar Mission and the Chinese Young Men's Christian Association. Chinese residents were also impacted, as explored below, by laws and regulations governing immigration and citizenship.

The people of Chinatown, like many immigrants and people of color, suffered disproportionately during the Depression. Peter Kwong and Dusanka Miscevic (2005: 181) note that a "thousand Chinese merchants lost their savings in bank failures" and many went bankrupt. In 1930 alone, "more than 150 Chinese restaurants closed their doors for lack of business." In the pre-Roosevelt era, New York City developed its own aid programs, with the police department distributing food, clothing, and coal. Even during the New Deal, accessing aid meant dealing with public officials in English, and many immigrants living in neighborhoods with people who shared home languages, preferred not to learn English. Chinese-run aid societies such as the Chinese Unemployed Council of New York and the CCBA (Kwong and Miscevic, 2005: 183) were especially important to non-English speaking residents. Some returned to China during the 1930s or moved elsewhere in the Americas. For others, as the 1930s progressed, the Depression became a turning point, with economic pressures impelling young, English-speaking and American-educated, Chinese New Yorkers to form labor unions and political action committees. These included the Chinese American Restaurant Association of Greater New York, New York Chinese American Voting League, Chinese Youth Patriot Society, and The New York Chinese American Committee of the National Democratic Party (Song, 2002: 387-388).

Why no Chinatown?

Chinatown was clearly on Manhattan's cultural map in the 1930s, covered by major newspapers, subject to a thriving tourist industry, and well-loved for its restaurants and for events like Lunar New Year. Why did it not appear in the city's 1936 population map? *Progress Report* authors' stated intent was to prepare New York City for an expanding population. The committee found that there was adequate room in the Bronx, Brooklyn, and Queens to accommodate new people without the overcrowding that had plagued lower Manhattan in earlier decades (Mayor's Committee, 1936: 15). The committee remarked that they were looking for the impact of "drastic restrictions on immigration imposed by Congress [through the 1924 Johnson-Reed Act]," and "expected that there would be fewer and smaller areas in 1930." They note that, "while Manhattan lost 285,000 foreign-born, the Bronx, Brooklyn, and Queens all had large influxes, exceeding Manhattan's losses" (Mayor's Committee, 1936: 20).

Perhaps the omission of Chinatown had to do with small numbers: Chinatown's 7,000 people seemed insignificant within Manhattan's population of nearly two million (New York City). The density of people of Chinese birth or heritage within the neighborhood might have been insufficient to meet the 30% threshold (Mayor's Committee on City Planning) and, perhaps, Chinese residents were reluctant to engage with census takers. It might be that city planners were eager to follow established formulas for population reporting which did not allow Chinatown to emerge as part of this report. Maps from all boroughs were included in the compilation, along with 1920s maps to allow for comparison[1]. Perhaps they used an old key, established when the population mix was different, for the sake of comparison? While the map is titled "Prominent Nationalities…," there's no mention of what "prominent" might have implied. Population listings are ordered as follows: British Isles, Ireland, Germany, Scandinavia, Austria, Hungary, Italy, Russia, Poland, South and Southeast Europe, and finally, "Negro" (Mayor's Committee, 1936: 19). While that listing might respond to population size for an earlier decade, by 1930, the population had changed. As Anbinder describes, "In 1900 there were twice as many Irish and German immigrants living in New York as there were Italians or eastern European Jews. By 1920 however, this ratio had been reversed." Anbinder further mentions that, "[e]migrants from the Caribbean and Asia were now clamoring to settle in New York" (2016: 295). These populations, notably people from Puerto Rico and Cuba living in Harlem, also did not appear on

---

1 Staten Island was referred to as "Richmond" in those days.

the map as communities. Why not work to show the growing diversity of Manhattan?

Planners may have believed that barriers to immigration and citizenship would encourage Chinese immigrants to seek economic and political futures elsewhere and that Chinatown would eventually disappear. In the 1920s, Americans became increasingly isolationist: mourning the casualties of WWI, they hoped to stay out of world politics. Some Americans were unhappy with the changing population. To combat these trends, and after trying other measures to curtail immigration, Congress passed the Johnson-Reed or Immigration Act in 1924. Its basic purpose was to preserve ethnic homogeneity in the United States. The Act limited entry through a national origins quota, providing visas to two percent of the total number of people of each nationality in the US as of the 1890 census (United States Department of State). Returning to 1890s numbers skewed the population towards people of British descent. As a result, the percentage of visas available to individuals from the British Isles and Western Europe increased, but immigration from areas like Southern and Eastern Europe was limited.

With some exceptions, Johnson-Reed furthered restrictions on immigration from Asia: Chinese people were already denied immigration visas under the Chinese Exclusion Act. In addition, Chinese people already in the United States were ineligible for citizenship, although Chinese American children born in the US were citizens and eligible to vote (Ngai, 2004: 17-20). That was a small number: Kwong and Miscevic estimate that by 1930, there were only about 31,000 Chinese American children in the US (2005: 171). Other barriers to people of Chinese origin settling in the US were embedded the 1888 Scott Act, which barred re-entry into the United States for Chinese who had been abroad, even when they had been certified as US residents, as well as a 1907 act requiring American women who married immigrants to take on the nationality of their husbands. This made it impossible for a Chinese man to get citizenship through marriage (Kwong and Miscevic, 2005: 119-134). While this daunting set of regulations kept legal immigration at bay, Chinese people continued to enter the country for employment, education, and trade. Ultimately, immigration to the US fell from around 1 million people a year to 150,000 people a year (Ngai, 2004: 17-20). Manhattan's 1920 population of 2,284,000 fell to 1,867,000 by 1930 (New York).

Plans for re-envisioning the Manhattan cityscape were not mentioned in the report, but city planners might have considered that a diminished population would aid this process. In the mid and late 1800s, journalist Jacob Riis and other reformers decried conditions in Manhattan's Lower East Side and began a housing and sanitation reform movement. While Riis made some progress initially, especially in the Five Points neighborhood to the south and west of Chinatown, much of what reformers hoped to do stalled because of uncertainties about how to access and pay for privately-owned land. A reduced population in the Lower East Side would simplify plans for land acquisition, demolition, relocation, and redevelopment. Because of the complications of this process, most of what Riis initiated was not accomplished until the 1930s when funds from the Works Project Administration helped create jobs for people developing new parks, highways, and housing projects on the Lower East Side (Page, 1999: 69-110).

Chinese Movement Practices

The challenges faced by people in Chinatown impacted the art forms they loved and returned to during times of celebration and leisure. Lion dancing and Cantonese-style opera were supported by, and supportive of, the Chinatown community of the late 1920s and 1930s. The production requirements of each form, however – training, costume, venue, and associated costs – and the degree to which each relied on interactions with outsiders, made for differences in sustainability.

Fig. 2: New York City Chinatown, 27 Apr. 1931. Performance in front of Hip Sing headquarters on Pell Street. Everett Collection Historical. Alamy Stock Photo. Used with permission.

Lion dancing, which needed only a two-person team to animate a brightly-colored, oversized costume of lion head and tail, was ubiquitous in the Chinese diaspora (Fig. 2). Performed in the streets and linked to martial arts skills practiced for other purposes, lion dancing assured good luck and warded off evil for new enterprises. Part of major Chinatown events in the 1920s and 1930s, it was especially important to Lunar New Year celebrations, held annually according to the cycles of the moon and generally falling in January or February of the western calendar. For the New Year, lion dancing would be part of a noisy, crowded celebration that might include a parade, martial arts matches, and firecrackers. In this era, lion dancers would have been exclusively male. Images of Chinatown festivals feature a preponderance of men, although women and children and people from outside Chinatown might also attend these public events.

In the below citation, I preserve reporters' comments on what they refer to as "dragon dancing," however their descriptions of two-person teams controlling head and tail would actually seem to suggest they were observing lion dancing. Dragon dancing, in fact, requires a large team. A January 1930 account describes how "the year 4883 crept into town yesterday, welcomed by only two green dragons, cymbals, red strings, lettuce and the drift of eddying snow," as "children on the curb called encouragement to the gentlemen within" (*New York Times*). A 1932 account more carefully describes the movement:

> The dragon's eyelids moved and its jaws snapped. The trained dragon dancers inside of it dived from one side of the street to another. They leaped upward, lowered the head and lunged off at crazy angles. Stripped to vest and trousers though they were, none of the dancers lasted more than one short block. Then relief dancers slipped in under the furred and lacquered head and tail and took up the frenzied gyrations and dives, while the gongs and the drums gave the tempo for the dance (*New York Times*).

The reporter noted that money showered on the dragons from the gathered celebrants would be given to "resist the Japanese in China" and to help "the homeless of Chapei [now Zhabei, a neighborhood of Shanghai] and Shanghai," referring to Japan's bombing of Shanghai, part of decades-long Japanese incursion into China (*New York Times*, 8 Feb, 1932).

One interesting line of investigation about lion dancing during this period comes from author and martial arts practitioner, Benjamin Judkin. On his website, *Kung Fu Tea*, Judkin analyzes an historic newsreel that features a New Year celebration, lion dancing, and martial arts matches from January 1929 (https://www.historicfilms.com/m7d9). Judkin believes that the individual martial artists included in the film were all male and most wear regalia "suggesting that they had just come from (or were headed to) Lion Dancing." Further, Judkin found that the martial arts performances and the presence of lion dancing suggest a martial arts culture of "remarkable sophistication":

> The conventional narratives suggest that modern Chinese martial arts schools... did not begin to appear in Chinatowns... until the 1950s. Prior to that... instruction tended to be sponsored by... fraternal societies, theater groups and criminal organizations that dominated much of these neighborhoods' associational life... Still, the existence of this film problematizes any attempt to bifurcate early 20th-century Chinese American martial arts into a 'practical' pre-war phase

and a post-war era that might be more recognizable. While it seems unlikely that any of the individuals received their instruction in public commercial martial arts schools in New York City during the 1920s... there were a large number of individuals who were regularly gathering to train in the traditional martial arts. Further, staging a Lion Dance and demonstration with as many individuals as we see on this film suggests a fair degree of organizational sophistication.

Judkin also sent the film to martial arts practitioners who were able to identify the material with some certainty.

Judkin's analysis suggests that lion dancing was carried out with sophistication in terms of practice and organization, and yet without creating a history easily accessible to current-day scholars studying martial arts. This intragroup independence made for a form that was viable, even during the difficult circumstances of the Depression. At the same time, lion dancing was colorful and athletic enough to be enjoyed and written about by outsiders as spectacle, without worries about its understandability. Cantonese-style opera, in contrast, could not continue in its pre-1930s form in New York's Chinatown. Initially performed by touring professional companies that took up residence in New York theatres, Cantonese opera required enormous casts and elaborate costumes, props, and sets. Immigration policies, the elitist attitudes of upper-class Chinese and Americans, and, according to *New York Times* reporters, its "unpleasantness" and "hideousness" (Rao, 2000: 148), made Cantonese opera as a touring phenomenon that linked Chinatown with professional companies based in Canton, impossible to sustain.

Cantonese opera, according to Kwong and Miscevic, "the favorite amusement of the Chinese" (2005: 147), originated in southern Guangdong Province[1]. Combining music, singing, costuming, martial arts, and acrobatics, Cantonese-style opera is distinguished by the use of Cantonese dialect for singing and spoken delivery. Rao believes that both men and women performed in Cantonese opera during this period, with women sometimes performing male "trouser" roles (2000: 150). As early immigrants to the Americas came from

---

1 Music scholar Nancy Yunhwa Rao details the history of Cantonese-style opera companies in New York since the late 1800s in *Chinatown Opera Theater in North America* (2017), and I rely on her Chapter 11, 267-296, extensively here.

Southern China, Cantonese opera is the opera of the Chinese diaspora in America.

In the 1920s, New Yorkers enjoyed performances by touring opera companies who performed on a circuit that included Vancouver, San Francisco, Boston, New York, and Havana. These companies appeared in vaudeville houses or as guests of Columbia University or the New School for Social Research. One such group was the Lok Tin Tsau company, which staged its first performance at the Thalia Theater in 1925. The Thalia, also called the Old Bowery Theater, had been home for more than a hundred years to vaudeville performers and to ethnic theatres, among them Irish, Yiddish, German, and Russian. Less than a year later, the company grew to forty-four performers and put on daily shows. Harriette Ashbrooke, writing in *New York Times*, notes packed houses and enthusiastic responses from Chinese audiences (1925: SM 15).

In addition to traditional, evening-length operas, contemporary operas were performed, including one reflecting the relationship between Chinese performers and opera companies and the US Immigration Office, whose officials determined how many performers could be in the country and the length of their stays. Rao describes:

> *In Search of Father in the United States, Lament at the Immigration Office* (1927) featured a conventional opera storyline – a son overcoming all obstacles to be united with his long-lost father. But this opera was set against the backdrop of US immigration and wove in common themes for immigrants: the glorious moment of returning to the village as a successful immigrant, the hardship of separation from family members, loyal and disloyal wives at home, detention at a US port, and love affairs in a bachelor society (2017: 286).

From 1925 to 1927, New York had two theaters with full-scale Cantonese opera performances: Jock Ming On at the London Theater and Lok Tin Tsau at the Thalia. The two companies merged in 1928 and took up residence at the Thalia. In 1929, the Thalia Theater burned to the ground. Theater owner, Charles King, found a new location, but it was difficult to resume full operations or retain its strongest cast members. By the end of 1930, the company declared bankruptcy. Some cast members continued to act in the community, offering a small number of regular performances. They would continue in this reduced way until they were all forced to leave the country by immigration officials in 1934. According to Rao, this situation was prompted when the theater's attorney made a routine request for renewal of permits for its performers (2017: 290).

In contrast, a 1930 visit to New York by Beijing opera star, Mei Lanfang, was enthusiastically received, and Mei and his 20-member company enjoyed sold-out crowds, positive press, and celebratory dinners (Guy, 2001: 377-380). Mei performed at the Shubert-owned 49th Street Theatre. From northern China and established in China's capital, Beijing opera was more representative of official, elite Chinese culture. The tour had been in the making since at least 1919 and was part of an effort to improve American understanding of and respect for Chinese culture. The 1919 Treaty of Versailles that marked the end of WWI allowed Japan to occupy Chinese land, setting off internal and external protests and attempts to improve China's image internationally. Mei's tour was part of those efforts (Guy, 2001: 382-385). Their major sponsor was the China Institute, a group dedicated to improving China's image founded in 1926 by American educators John Dewey and Paul Monroe, and Chinese reformers Hu Shi, who had studied with Dewey at Columbia, and Kuo Pingwen (China Institute). According to theatre scholar Guy, an American-friendly opera was composed and tested on American audiences in China before sending it abroad. Mei engaged Soo Yong, a Hawaiian-born Chinese American and veteran of Broadway to explain the evening's program in English. New Yorkers packed Mei's performances, and the troupe stayed on for additional weeks to satisfy public interest.

Chinese New Yorkers were largely absent from these performances. Outside of the wealthiest and most prominent, few could afford to see Mei or understand the dialect in which he sang (Brooks, 2016). Rao notes that a Cantonese opera appeared at the Grand Theatre close to Chinatown during Mei's performance run (2000: 127) and that a planned benefit performance for schools in Chinatown, "enthusiastically announced in the *Chinese Nationalist Daily*, was first postponed and finally completely dropped" (2000: 153). Reporters unkindly contrasted Mei's elegant Beijing opera with the local Cantonese variety (Rao, 2000: 148).

With the coopting attention of elite American culture, Mei Lanfang's Beijing opera performances flourished while Cantonese opera, more in service to everyday New Yorkers, languished. The Cantonese opera served as a space for socializing, enjoyment, and familiarity for Chinatown residents, however white New Yorkers saw it, according to Rao, in ways "mostly superficial" and "voyeuristic, [...] colored by a predetermined view of the stereotypical immigrant Chinese" (2000, 156). New Yorkers appreciated the cosmopolitan nature of Chinatown but did not see its opera as sufficiently appealing to American tastes, nor its community as appropriately American. This is a pattern important to the remaking of Manhattan beginning in the 1930s, explored below. Cantonese opera continued to be performed in Chinatown during the 1930s, but infrequently and under the precarious conditions of local theatre.

As the 1930s proceeded, a new generation of Chinese New Yorkers invested in other movement forms. One impetus was the Chinese Youth Patriot Society, an organization of 18- to 30-year-olds. Kwong describes the club:

> Although its stated purpose was to promote the anti-Japanese struggle [...] it actually did much more. It called for the elimination of passive and decadent behavior, encouraging participation in 'healthy' recreation and socializing instead. It also struck a blow against age-old male supremacist practices by admitting women. Even though most of its members worked a six-day week, the club was able to maintain an active program including photography, drama, and singing groups, a Chinese literature class, the publication of its own journal, and social dancing (2001: 81).

Research on similar organizations in Los Angeles' Chinese community suggests that young people would have organized their own dances in parallel with American popular culture – "football games, musical performances, benefit dances – the fundraising efforts of US-born youth reflected their recreational interests" – rather than mixing with other young people (Gow, 2018: 458).

Chinese American Studies and Performance Studies scholar, SanSan Kwan, in her "Performing the Geography of Asian Americans..." explores Asian American cabaret acts, which she describes as "American cabaret, with a few 'Oriental' touches" (2011: 120-136). Building on earlier vaudeville acts by Asian Americans and similar to touring acts of "ethnic specialties" such as Carmen Miranda, the cabaret acts of the 1930s toured night clubs where they performed for white audiences. Later, there were cabarets like The Forbidden

City in San Francisco and The China Doll in New York, that specialized in Asian American performers. Acts included exhibition ballroom dancers like Paul Wing and Dorothy Takahashi Toy, dubbed the Chinese Fred Astaire and Ginger Rogers, and dancers performing popular variations on Asian fan or sleeve dances or tap dance numbers in cowgirl outfits. While some Asian American performers developed long lasting careers, Kwong and Miscevic report that public dancing was seen as un-Chinese within Chinese communities (2005: 178).

As with Mei Lanfang's performances in New York, there were continued efforts to change public perception of the Chinese. During the late 1930s, *New York Times* writers featured stories of entertainments held as fund raisers for Sino-Japanese war relief. These were high-society events, often honoring a Chinese dignitary and produced by New York socialites. An especially performative example was a 1937 event held at the Park Lane Café for the benefit of the Chinese Women's Relief Association of New York, of which Wesleyan and Wellesley-educated, Mme Chiang Kai-shek, was honorary president. The entertainment consisted of "portraying characters prominent in Chinese drama to be presented by Cecelia S. L. Lung, Chinese authoress, whose book *Secrets of the Chinese Drama* had recently been published" (5 Dec. 1937: 87).

Mapping and Implications

The 1936 collection of materials I found in the Map Room at New York Public Library contains no mention of the Home Owners' Loan Corporation (HOLC) or the Federal Housing Authority, but it seems pertinent to ask at what point the data contained and represented in these maps may have influenced later redlining maps and urban renewal programs in New York City?

The federal government became a major player in the housing market as part of New Deal response to mortgage market distress in the 1930s. By 1936, the Home Owners' Loan Corporation had purchased one-tenth of all non-farm US mortgages, relieving a burden on banks and offering favorable refinancing terms to homeowners. To better manage its portfolio, the HOLC commissioned a survey of the riskiness of housing assets in neighborhoods of the more than 200 cities where it had refinanced loans. It graded neighborhoods on a scale from A through D, mapping them with the corresponding colors of green, blue, yellow, and red. The red areas on the maps identified locations where lenders said they were least likely to make loans (Nelson, Winling, 2022). Some scholars believe the term "redlining" originated with these maps. This discouraged people from buying housing in particular neighborhoods and allowed cities to take over uninsurable property to develop urban renewal projects.

In New York, this enabled Depression-era building projects under the New Deal and fueled its post-Depression identity as a tourism and commercial center. Projects were led by Robert Moses, reviled and powerful urban planner and New York public servant, whose redevelopment made profound changes to New York infrastructure (Caro, 1974). Using Works Project Administration money, Moses cleared away neighborhoods, mostly black and Latin, to build swimming pools, parks, housing projects, tunnels, and bridges. He helped the United Nations locate its headquarters in Manhattan, secured the land for Lincoln Center, and found campuses for the 1939 and 1964 New York World's Fairs (The New York Preservation Archive). Studies about Moses' legacy, including documents held by The New York Preservation Archive and Robert Caro's prize-winning biography, *The Power Broker* (1974), note Moses' conflicts with preservation groups, questionable ethics, vindictiveness, and racism. Real estate developers prospered in the wake of urban renewal, turning the island into a commercial center.

Chinatown, which was in a red area of the HOLC maps, had been targeted for redevelopment even before the 1930s. In their 2018 article, "The Planned Destruction of Chinatowns in the United States and Canada since c.1900," Domenic Vitello and Zoe Blickenderfer, provide an overview of these plans. In 1906, *New York Times* reported that a Chinese real estate syndicate had acquired land to move the entirety of Chinatown to Williamsburg, Brooklyn (8 Aug. 1906). In 1913, Alanson T. Briggs, Secretary of the Court House Board of New York, prepared a plan to demolish the blocks between City Hall and Canal Street to build a civic center with new court and office buildings. This plan would have meant "the entire destruction of Chinatown," along with "neighborhood tenement houses full of European immigrants" (2 Mar. 1913: 20). A 1920s plan proposed "white-collaring" the Chinatown area with modern apartments (Wasserman, 1994: 89-120).

The most enduring proposal to re-envision the Chinatown area came from the 1929 Regional Plan of New York, which suggested clearing away existing structures for a highway along Canal Street, connecting the Holland Tunnel with the Manhattan and Williamsburg bridges. In 1941, Moses revived the plan for a ten-lane Lower Manhattan expressway along Canal Street that would have displaced some 200 families and 800 businesses. Moses promoted the plan for three decades until it was shelved after protests from a coalition led by Jane Jacobs (Hunt, 1962, 7 Dec).

Transforming a neighborhood like Chinatown was difficult for many reasons: the legalities and costliness of obtaining land and of relocating people, consideration for competing interests engendered by Chinatown's proximity to city hall and to mid-town, and its value as a tourist destination. Other neighborhoods were more easily removed. The building of Lincoln Center, begun in 1955, is one example. Situated on Manhattan's west side between 62nd and 65th Streets, Lincoln Center replaced two neighborhoods: Lincoln Square, an area known for arts activity but shadowed by an elevated train, and San Juan Hill, a largely black and Puerto Rican neighborhood and home to jazz clubs and dance halls. The Lincoln Square Renewal Project was made possible when the New York City Housing Authority named San Juan Hill the worse slum in the city, situating the area for clearance and development (Williams, 2017). Lincoln Center opened in 1962[1].

Looking at the Lincoln Center Renewal area on a redlining map (see maps at Nelson, et al), located within a red, indicating "detrimental influence of undesirable populations" area and just a few blocks from a blue, "still desirable" and "good for lenders" area, this seems inevitable. While Manhattan neighborhoods shifted during the 20th century, it's notable that in the planning map based on the 1930 census, those areas were in fact home to Italian and Russian immigrants and "negroes," population groups situated in the bottom half of the "predominant nationalities" map key. Perhaps, as

---

[1] To inaugurate a newly renovated David Geffen Hall at Lincoln Center in 2022, Trinidad-born composer and trumpeter Etienne Charles was invited to create a multi-media work commemorating the San Juan Hill neighborhood and the founding of Lincoln Center. Called *San Juan Hill: A New York Story*, it was played by Etienne Charles & the Creole Soul and the New York Philharmonic. In an interview with National Public Radio (2022), Charles remarked that when Lincoln Center opened in 1962, "[It] [...] felt literally exclusive to some. The institution's general shape, [...] is of the letter C, with a large plaza and impressive fountain facing Broadway. [...] [T]he C has its back to the neighborhood – an area that includes the Amsterdam Houses, a public housing project immediately behind Lincoln Center. You can make huge statements with architecture. It's body language with bricks".

cartographer Woods has noted, this map had a role in "creating what [it] pretend[ed] to no more than see" (1992: 6).

Further Research and Conclusion

While American violence against Asian Americans during the recent COVID pandemic reveals continued racism, World War II is thought to be a turning point for acceptance of Chinese people in the US. As a new generation of Chinese New Yorkers created and joined labor unions and political organizations, they began to think of themselves as in solidarity with Chinese New Yorkers from other parts of China, rather than immigrants from Guangdong Province. After Pearl Harbor, Americans were allied with China, who had long been persecuted by the Japanese. Chinese American men fought in WWII in significant numbers – 18,000 – including men drafted or enlisted in the US, and men living in China whose family members lived in the US. War-related industries opened to Chinese Americans, who could now find employment other than restaurants, laundries, and garment factories. The Chinese Exclusion act was repealed in 1943 (Kwong, Miscevic: 201-212).

There is much yet to understand about the experiences of Chinese New Yorkers in the 1930s. Newspapers produced in Chinatown during the early part of the 20th century, while often described as containing news from China rather than local news, are one source of investigation. They include *The Chinese Journal* (*Meizhou Ri Bao*, published beginning 1926); *Nationalist Daily* (*Min Qi Ri Bao*, 1927); *Chinese Republic Weekly* (1931-1933); *Chinese Republic News* (1933); and *Chinese Vanguard* (*Xian Feng Bao*, 1934). As mentioned above, one area in need of research is the training and work of lion dance teams and of martial artists in general. Another is movement practices pursued by women and children in Chinatown. Was there participatory folk or social dancing at weddings and other events? How would this community, including partners from many different backgrounds, have negotiated celebratory events? While organizations like the CCBA, and the Chinese Consulate are most often mentioned as helping Chinatown residents with legal and immigration issues and as fighting for civil rights for Chinese Americans, they might have provided contexts to dance, or to observe dancing. It will be important also to question the role of Christian missionaries and associations in encouraging or discouraging particular dance practices in Chinatown;

these include the Baptist-sponsored Morningstar Mission and the Chinese Young Men's Christian Association. Was there dance education for children? if so, what kind? The New York Chinese School, established in 1909 for Chinese-speaking children, might have played a role in maintaining dance and other movement traditions. Chinese-language newspapers and programming records of local organizations would provide valuable clues.

I wonder if Chinese-language sources would reveal more information about patterns of disparity between traditional residents of Chinatown, their more elite counterparts from Beijing, and privileged Americans who consumed "Chinese" dance culture. Similar to the coalition that brought Mei Lanfang to New York in 1930, New York-based fundraisers for war relief in the late 1930s were increasingly led by Americans and upper-class Chinese. The event honoring Mme Chiang Kai-shek, described above, and various Bowl of Rice fundraisers serve as prime examples. Held across the United States between the outbreak of the Second Sino-Japanese War in 1937 and the entry of the United States into World War II in 1941, Bowl of Rice was a project of the United Council for Civilian Relief in China, headed by presidential scion Theodore Roosevelt Jr. Gow (2018: 440) believes that white businessmen and former missionaries to China spearheaded these efforts, with the participation of local Chinese American organizations. The 1939 New York City version was preceded by a dinner honoring Dr. Hu Shih, Chinese ambassador to the United States. On the one hand, these efforts to help suffering people in China seem part of a paternalistic pattern directed towards working class Chinese immigrants and their descendants. On the other, as Kwong and Miscevic argue, these successful efforts united Chinese people from different social classes and proved America's compassion for a suffering nation (2005: 197). Investigating Chinese-language sources might reveal more about how people in Chinatown perceived these efforts.

Finally, there is much yet to learn concerning government and urban development as tools of white privilege and power in relationship to the arts. The two examples explored here, the dissolution of Chinatown's preferred Cantonese opera that coincided with the arrival of elite Beijing opera productions and Lincoln Center's replacement of jazz clubs and dance halls in San Juan Hill, suggest that the performing arts were one area of contestation among newer immigrants and older white Americans. Where once, into the

1930s, ethnic festivals like Lunar New Year (and Irish feiseanna, Italian street festivals, and folk dance festivals featuring dances from many countries held in New York parks) characterized Manhattan, the island was increasingly a center for classical and commercial art forms. Aided by the mid-20th century remaking of Manhattan, the arts were institutionalized and made hierarchical, suiting elite tastes and the purposes of commerce and tourism.

Bibliography

Anbinder Tyler, 2016, *City of dreams: The 400-Year Epic History of Immigrant New York*, Boston, New York, Mariner Books.

Ashbrooke Harriette, 1925, "Chinese Players Revamp our Oldest Theatre: The Thalia in the Bowery, Having Exhausted the Repertory of the Occident, Turns to Oriental Drama," *New York Times* (1923-), 20 Sept.: SM15.

Brooks Charlotte, 2019, *American Exodus: Second Generation Chinese-Americans in China, 1901-1949*, Oakland, University of California Press.

Brooks Charlotte, 2016, "On Broadway," *Asian American History in NYC: Finding the Asian-American Past in the Five Boroughs*, 13 Jan, https://blogs.baruch.cuny.edu/asianamericanhistorynyc/?

Caro Robert, 1974, *The Power Broker: The Fall of New York*, New York, Vintage Books.

China Institute, 2021, "Mission and History," https://www.chinainstitute.org/about-us/mission-history/

Genz Carolin & Lucas-Drogan Diana, 2018, "Decoding Mapping as Practice: An Interdisciplinary Approach in Architecture and Urban Anthropology," *Urban Transcripts: The Journal*, vol. 1, n° 14, https://journal.urbantranscripts.org/article/decoding-mapping-practice-interdisciplinary-approach-architecture-urban-anthropology-carolin-genz-diana-lucas-drogan/

Gow, William, 2018, "A Night in Old Chinatown: American Orientalism, China Relief Fundraising, and the 1938 Moon Festival in Los Angeles," *Pacific Historical Review*, vol. 87, n° 3: 439-472.

Guy Nancy, 2001, "Brokering Glory for the Chinese Nation: Peking Opera's 1930 American Tour," *Comparative Drama*, vol. 35, n° 3: 377-392.

Hunt Richard P., 1962, "Expressway Vote Delayed by City; Final Decision is Postponed after 6-hour Hearing," *New York Times*, 7 Dec.

Judkin Benjamin, 2018, "Through a Lens Darkly (56): New York City's Kung Fu and the Roaring 1920s," *Kung Fu Tea*, 1 Nov, https://chinesemartialstudies.com/2018/11/01/through-a-lens-darkly-56-new-york-citys-kung-fu-and-the-roaring-1920s/

Kwan SanSan, 2011, "Performing the Geography of Asian Americans: The Chop Suey Circuit," *TDR: The Drama Review*, vol. 55, n° 1: 120-136.

Kwong Peter & Miscevic Dusanka, 2005, *Chinese America: The Untold Story of America's Oldest New Community*, New York, The New Press.

Kwong Peter, 2001, *Chinatown, New York: Labor and Politics, 1930-1950*, New York, New Press.

Lui Mary Ting Ye Lui, 2005, *The Chinatown Trunk Mystery: Murder, Miscegenation, and Other Dangerous Encounters in Turn-of-the-Century New York City*, Princeton, Princeton University Press.

Mayor's Committee on City Planning, 1936, *Progress Report. A Preliminary Report Upon Planning Surveys and Planning Studies*, Works Project Administration Project 65-319X, New York City, June.

Meagher Timothy, 2005, "The Irish as Immigrants and Ethnics," in *The Columbia Guide to Irish American History*, New-York, Columbia University Press: 3-18

Mogulescu Laura, 2021, "Behind the Photograph: Women and Girls in New York's Chinatown," *New York Historical Society*, 28 May, https://www.nyhistory.org/blogs/behind-the-photograph-women-and-girls-in-new-yorks-chinatown

National Park Service, 2020, "Chinatown and Little Italy Historic District New York, New York," 4 Mar., https://www.nps.gov/places/new-york-chinatown-and-little-italy-historic-district.htm

Nelson Robert K., Winling LaDale *et al.*, 2022, "Mapping Inequality," in Nelson Robert K. & Ayers Edward L. (ed.), *American Panorama: : An Atlas of United States History*, https://dsl.richmond.edu/ panorama/redlining/

New York City, "Total Population: New York City & Boroughs, 1900 to 2010," https://www1.nyc.gov/assets/planning/download/ pdf/data-maps/nyc-population/historical-population/nyc_total_pop_1900-2010.pdf

New York Preservation Archive Project, "Oral Histories: Robert Moses," https://www.nypap.org/preservation-history/robert-moses/

New York Times, 1913, "Brigg's New Plan for a Civic Center," 2 Mar.

New York Times, 1930, "Chinatown Greets New Year 4883 Casually with Two Dragons and Firecrackers in Snow," 31 Jan.

New York Times, 1932, "Chinatown Merry in New Year Fete: Second Day of 4885 Brings a Dance of Dragon and Shower of Money for War Relief," 8 Feb.

New York Times, 1937, "Chinese Women's Relief Group of New York to Benefit by Novel Entertainment," 5 Dec.: 87.

New York Times, 1939, "Final Bowl of Rice Ball," 4 Nov.: 18.

New York Times, 1906, "For a New Chinatown," 8 Aug.

Ngai Mae M., 2021, *The Chinese Question: The Gold Rushes and Global Politics*, New York, WW Norton and Co.

Ngai Mae M, 2004, *Impossible Subjects: Illegal Aliens and the Making of Modern America*, Princeton, Oxford, Princeton University Press.

Page Max, 1999, *The Creative Destruction of Manhattan, 1900-1940*, Chicago, London, University of Chicago Press.

Rao Nancy Yunhwa, 2017, *Chinatown opera theater in North America*, Urbana, University of Illinois Press.

Rao Nancy Yunhwa, 2000, "Racial Essences and Historical Invisibility: Chinese Opera in New York, 1930," *Cambridge Opera Journal*, vol. 12, n° 2: 135-162.

Song Jingyi, 2002, "Fighting for Chinese American Identity," *New York History*, vol. 83, n° 4 (Fall): 385-340.

Tsioulcas Anastasia, 2022, "Revisiting San Juan Hill, the neighborhood destroyed to make way for Lincoln Center, *NPR*, 7 Oct., https://www.npr.org/2022/10/07/1126189129/san-juan-hill-lincoln-center

United States Department of State, Office of the Historian, Foreign Service Institute, "The Immigration Act of 1924 (The Johnson-Reed Act)," https://history.state.gov/milestones/1921-1936/immigration-act

Vitiello Domenic & Blickenderfer Zoe, 2020, "The Planned Destruction of Chinatowns in the United States and Canada since c.1900," *Planning Perspectives*, 35, 1: 143-168.

Wang Xinyang, 1999, "Group Loyalties in the Workplace: The Chinese Immigrant Experience in New York City, 1890-1965," *New York History*, vol. 80, n° 3, July: 279-304.

Wasserman Suzanne, 1994, "Déjà Vu: Replanning the Lower East Side in the 1930s," *in* Janet Abu-Lughod (ed.), *Urban Village to East Village: The Battle for New York's Lower East Side*, New York, Blackwell: 89-120.

Williams Keith, 2017, "How Lincoln Center Was Built (It Wasn't Pretty)," *New York Times,* 21 Dec.

Wood Denis, 1992, "How Maps Work," *Cartographica*, vol. 29, n° 3 and 4, Autumn/Winter: 66-74.

Wood Denis, 2010, *Rethinking the Power of Maps*, New York, London, The Guilford Press.

Woon Yuen-fong, 1983-1984, "The Voluntary Sojourner Among the Overseas Chinese: Myth or Reality?," *Pacific Affairs*, vol. 56, n° 4, Winter: 673- 690

WPA Guide to New York City: The Federal Writers Project Guide to 1930s New York, 1939, New York, The New Press.

Angel Vianna, a Brazilian Pioneer in Somatic Dance
Jacyan Castilho

My name is Jacyan Castilho. I am a Brazilian actress, theater director, sometimes dancer and associate professor at the Federal University of Rio de Janeiro, where I teach in the undergraduate course in Theater Direction and also in the postgraduate program in Dance. From May 2021 to March 2022 I was a visiting researcher at Gießen Universität (Germany) by the Alexander von Humboldt Foundation/Stiftung and CAPES (Brazil) fellowship, which provided me grants for this research.

From 1995 to 1997 – when I was between 28 and 31 years old – I studied and graduated as a dancer in the vocational course in Contemporary Dance at Angel Vianna's New Space – Center for the Study of Movement and Arts, today known as Angel Vianna Faculty, because it currently offers undergraduate and postgraduate courses in dance, as well as a Master's level professional course. The Faculty takes its name from its founder and director, Angel Vianna, who turned 95 in 2022.

At 28, I had never taken regular dance classes. Or rather, I had taken some during a theater degree, but few. My experience boiled down to a few jazz dance classes in my teens, physical activities as a theater performer, a lot of pain in an inflexible body, often stiff despite my young age, and one magical encounter during a course with Angel Vianna, who gave us brief classes of what she called "awareness of movement." From then on, I started to follow the non-professional courses that she used to offer at her school. Then I joined the vocational course I've talked before. I became such a diligent student that Angel – we always call Mrs Vianna by her first name – took me as a personal assistant, as she used to often do with students, to work on somatic physical training with actors from the worlds of theater, cinema and TV. She was constantly asked to offer this, and it was an honor for me to be by her side. So important was this apprenticeship that it actually became a turning point in my career.

I will now stop talking about me, because this paper is about Angel Vianna. However, it was important to introduce myself as someone who would take not an external, objectifying look at this experience of dance, but someone who has lived this experience in her own body, in her own history, in addition to observing it in many others and in several generations of Brazilian dancers: a somatic approach to dance pedagogy as an alternative to the traditional teaching of dance, offered also to non-dancers.

I speak from a country, and specifically from a city (Rio de Janeiro), known abroad as a territory of free bodies, with plenty of racial diversity, sexual liberalism, and little repression of individual behavior. It is at once close to and far from reality. While it is true that Brazilians feel free to wear few clothes and have fun during Carnival celebrations, at beaches and street parties, these are clearly delineated territories, where our freedom is ostensible yet confined to a specific time and space. Outside of them, Brazilian society has experienced an increase in body repression, mainly due to religious oppression caused by the exponential growth of conservative and moralistic religions in the country in recent decades. This can be noticed by the increase and diversity of Neo-Pentecostal religions and their spread in legislative bodies, government agencies, and the educational system, as Ronaldo Almeida has described:

> Another line of force refers to the dispute for public morality, which in Brazil finds in Christian religions the main channels of sacralization of the family and the reproduction of life. [...] The most visible protagonists of religious moral conservatism in recent years have been Pentecostal evangelicals who have entered, more than at any other time, the dispute for public morality for greater control of bodies, behaviors and primary bonds (Almeida, 2017: 17).[1]

---

1 "Outra linha de força refere-se à disputa pela moralidade pública, que no Brasil encontra nas religiões cristãs os principais canais de sacralização da família e da reprodução da vida. [...] os protagonistas mais visibilizados do conservadorismo moral religioso nos últimos anos têm sido os evangélicos pentecostais que entraram, mais do que em qualquer outro momento, na disputa pela moralidade pública para

The myth of racial harmony has also recently unraveled in Brazilian society. Part of the population has begun to face the fact that this nation was structured around racist ideas, due to the exclusion of Black people (Almeida, 2019) and native groups from the sharing of goods, access to education, work and modes of production. In the case of native populations, this is considered by many a form of genocide of the multiple cultures that had developed on Brazilian territory before the arrival of European colonizers (mostly Portuguese, French and Dutch) (Araújo, Carvalho *et al.*, 2006).

It is in this environment, which features both religious and civic repression and sensual extraversion, that a movement of body awareness through movement awareness was born in the world of arts, pedagogy and therapy. It targets the perception of one's senses and the construction of one's self-image, through deeper internal listening. This movement has involved and sometimes been led in Brazil by movement educator Angel Vianna [Fig. 1].

Fig. 1: Angel Vianna in *Amanhã é outro dia*, 2017, dir. Norberto Pena, São Paulo, photo Mauricio Maia.

maior controle dos corpos, dos comportamentos e dos vínculos primários" (Almeida, 2017: 17).

Dancing on bare feet

Angel Vianna (1928-) is a Brazilian dancer, choreographer and movement researcher. She started taking classical ballet lessons in 1948, in the city of Belo Horizonte, in the state of Minas Gerais. For many years she played the piano and practiced sculpture at the School of Fine Arts at the State University of Minas Gerais. She married fellow dancer Klauss Vianna in 1955, forming a partnership in life and work that revolutionized dance education in the country, with larger repercussions in Latin America. Together, in Belo Horizonte, they opened the Klauss Vianna School and in 1959 founded the Ballet Klauss Vianna, a dance group following modern trends at that time. At the time, while teaching classical ballet technique, they introduced yoga, anatomy, kinesiology, music and Brazilian literature classes, a multidisciplinary concept that was then innovative. They didn't ask pupils to wear pointe shoes and started betting, in the company's choreographic research, on what they called "body expression" – a term that became quite popular in Brazil in the 1970s, 1980s and 1990s.

Klauss and I, together, removed our students' pointe shoes as soon as we started working. The Greek George Kritikos, with his yoga practice, introduced me to the ground [...]. One of his technique exercises was doing yoga positions and identifying the animals. I was fascinated (Angel Vianna interviewed by Suzana Saldanha, *in* Saldanha, 2009: 83)[1].

Their first attempts to release the body from the strictness of ballet were based on the observation of small children as well as work with disabled people – at first people with visual impairment, and later individuals with deafness, motor and cognitive disabilities. This thinking was characteristic of the open-minded Viannas. In the 1960s, in Minas Gerais,

> They were part of *"Geração Complemento"* [Complement Generation], a group of artists and intellectuals from different areas who met to discuss theater, dance, cinema, visual arts, etc. It was in this effervescent environment that the couple started to

---

[1] "Klauss e eu, juntos retiramos as sapatilhas de pontas dos nossos alunos logo que começamos a trabalhar. O grego George Kritikos com a sua ioga me apresenta o chão. Um dos exercícios de sua técnica consistia em dele era (sic) fazer as posições de ioga e identificar os animais. Fiquei fascinada" (Vianna in Saldanha, 2009: 83).

adopt an interdisciplinary stance in their work, creating choreographies that innovated in the soundtrack, costumes and aesthetics of movement (Polo, 2009: 50)[1].

This "effervescent atmosphere" nurtured the new approaches of Brazilian poets and writers, as well as the Viannas' search for a non-folkloric Brazilianness in dance (Freire, 2018).

In 1962, the Viannas were invited to teach at the Dance School of the Federal University of Bahia (UFBA), another Brazilian state, by the head of the School, Rolf Gelewski. Gelewski, a former pupil of Mary Wigman's from Berlin, kept his aesthetic affiliation to German expressionism and ran a vibrant university program, where outstanding names linked to music, visual arts and dance formed the avant-garde in Brazil. During the Viannas' stay from 1962 to 1964, Gelewski introduced them to Rudolf Laban, whose space-time connections were of particular interest to Angel Vianna. At the same time, local and regional influences, like *capoeira* and *candomblé* rituals, were gradually enlarging the Viannas' vocabulary and sense of musicality (Freire, 2018).

In 1964, after considering that their artistic horizons in Bahia were exhausted, the couple moved to the city of Rio de Janeiro. There, both earned a living by giving ballet and body expression lessons alongside jobs as dancers in television broadcasting, an expanding work field at the time. Most remarkably, they introduced and spread expressive physical training for theatre productions from the 1970s on, pioneering a then unexplored field.

"Body expression" as a field of freedom

The Brazilian coup d'état, in 1964, evolved into a political-military dictatorship in the 1970s. At the same time, the period saw the rise of hippie counterculture, which in Brazil, when it steered clear of politics, received the pejorative name of *desbunde*[2]. While most of the population was alienated from the political situation, activists reacted

---

1 "Fizeram parte da Geração Complemento grupos de artistas e intelectuais de diversas áreas que se encontravam para discutir sobre teatro, dança, cinema, artes plásticas, etc. Foi nesse ambiente efervescente que o casal passou a adotar uma postura interdisciplinar em seus trabalhos, criando coreografias que inovavam na trilha sonora, figurino e estética de movimento" (Polo, 2009: 50).

2 *Desbunde* could be described as akin to "dropping out" in the U.S. context.

to it. The approach of body expression is on the surface tied to hippie culture, but the Viannas focused on a type of movement research that requires commitment and focused on expressive goals. In that sense, it isn't appropriate to say that it focused only on fulfilment of the senses, as *desbunde* suggests.

On the other hand, although they didn't join any political resistance movement, like the students' movement, or political party, Angel and Klauss's work may be considered political and even revolutionary, if we look at it through the lens of micropolitics:

> In times of new fascisms as macro-politics [...] the victories of governments do not come from technology itself, but from a perverse plan towards some micro-politics of sad affections (such as frustration, hatred, envy, anguish, fear) (Rocha, 2020: 118-119).

This subversive force and energy offers, in my view, an enormous potential for rupture, because it allows us to expand our feedback, unaccustom our rationality, mobilize what escapes reason, and unlearn imposed forms of expression and existence (Rocha, 2020: 121)[1].

The focus was on the autonomy of the individual, on free will and self-determination, all in a fairly repressive sociopolitical environment. The first time they trained actors, in 1968, was for Bertolt Brecht's play *A Ópera dos Três Vinténs* (*The Threepenny Opera*, 1928). They were invited by director José Renato, one of the leaders of an important political theater group named Teatro de Arena (Arena Theater), linked to Augusto Boal's theater methodology. Faced with the challenge of working with actors who were not necessarily trained in dance, they adapted their method in order to take advantage of the potential of actors' bodies (Polo, 2009). In 1970's *Soma*, directed by Amir Haddad (an iconic director from the *desbunde* generation), Angel Vianna was also responsible for the

---

1 "Em tempos de novos fascismos como macropolítica [...], as vitórias dos governos não advêm da tecnologia em si, mas de um plano estrategicamente perverso, que movimenta uma micropolítica dos afetos tristes (tais como frustração, ódio, inveja, angústia, medo)" (Rocha, 2020: 118-119).
"Essa força e energia subversivas oferecem, a meu ver, um enorme potencial de ruptura, porque permitem expandir nossa senciência, desacostumar nossa racionalidade, mobilizar o que nos escapa à razão e desaprender formas impostas de expressão e de existência" (Rocha, 2020: 118-119, 121).

expressive training of the actors. In 1972, she also shared that role with Klauss for *A China é azul* (*Blue China*), written by a counterculture playwright.

The training developed on these productions was consistently based on body awareness. At this time, theater directors were increasingly turning to body language on the stage, possibly in an attempt to avoid the censorship that was imposed on texts. Since the dictatorship's censors were more concerned with disrupting resistance activity and those they called "terrorists," they did not realize the revolutionary content of those initiatives, which consisted, in keeping with then newer European theatrical trends, in the implosion of space, interactions with the audience, bodily freedom and freedom in interpersonal relationships as a dramaturgical theme. It is also likely that the Viannas were aware that the dictatorship was censoring works and arresting artists and "wisely used their asset: the body could speak what the voice could not" (Polo, 2009: 51)[1].

Angel Vianna's incessant desire to learn was key in developing that knowledge. Her interest in the sense of touch, perhaps born from her early piano and sculpture classes, led her to fruitful exchanges, first with the Argentines Patrícia Stokoe and Lola Brickman, two masters of body expression in South America. Stokoe, who came from a classical background, was already engaged in her research on *sensopercepción*, which she had expanded to Latin America. Angel Vianna visited her in 1973 at her studio in Buenos Aires, and returned a number of times over the years. Brickman, whom she had met in Brazil, told her of the similarity between her work and that of Gerda Alexander, the founder of Eutony, so Angel flew to France in 1974 for a workshop with her. It reinforced her conviction that the skin was crucial to body awareness. She was interested in Moshé Feldenkrais, Alwin Nikolais, Merce Cunningham and the technique of Joseph Pilates. She was increasingly sought after by non-dancers, people with all kinds of disabilities whom she led to dance. In a statement to interviewer Julio Cesar Lima, Angel Vianna says: "My encounter with Eutony was very interesting, because for the first time I realized the possibility of carrying out therapeutic work from the bones. Integration is the key word to define my therapeutic work" (Lima

---

1 "Motivado pelo momento histórico nacional, em que a ditadura militar estava agindo com força, censurando textos e prendendo artistas, o casal sabiamente usou o seu trunfo: o corpo poderia falar o que a voz não podia" (Polo, 2009: 51).

apud Freire, 2018: 228)[1]. For her, this opened up a new field of interest in therapeutic work through art.

Her work became a milestone in the physical training of actors and enabled a series of experiments that resulted in a style of pedagogy used to nurture actors and dancers all over Brazil, in addition to its therapeutic use. For a number of years, the choreographer has been responsible for the physical training of artistic casts through the methodology she elaborated, which she first called *Conscientização do Movimento* (Awareness of Movement), then *Conscientização do Movimento e Jogos Corporais* (Awareness of Movement and Physical Games). It is now known through her disciples as *Metodologia Angel Vianna*, or MAV (Angel Vianna Methodology), the name under which it is taught in the postgraduate course at Angel Vianna Faculty.

Research and education

In 1975, Angel Vianna founded, together with Klauss Vianna and Tereza D'Aquino, the Center for Body Research in Art and Education; in 1976 she founded with Klauss the Theater of Movement Group. After divorcing from her husband, who moved to São Paulo, in 1983 she opened New Space – Movemente and Arts Studies Center, a school that offered, in addition to regular dance classes, a professional course in Contemporary Dance. In 1992, the professional course of Motor Recovery and Therapy through Dance was inaugurated. In 2001, Faculdade Angel Vianna (FAV) was created, with the Faculty offering undergraduate courses, as well as bachelor's and education degrees. Currently, FAV also offers postgraduate *Lato Sensu* and *Strictu Sensu* courses (a professional Master's in Dance).

In total, Angel Vianna has founded and directed five institutions dedicated to the teaching and research of dance and body expression. In addition to the list above, she founded the Angel Vianna Art, Body and Education Research Institute (IPACEAV).

She opened research centers so that ideas, exchanges, studies could emerge there, without the purpose of establishing a technique, but rather to encourage practical and theoretical research. Her work of

---

[1] "Meu encontro com a Eutonia foi muito interessante, pois pela primeira vez percebi a possibilidade de realizar um trabalho terapêutico a partir da ossatura. Integração é a palavra chave para definir meu trabalho terapêutico" (Lima apud Freire, 2018: 228).

transformation through body awareness is a process, much more than a technique itself (Teixeira, 2009: 39-40)[1].

In addition to organizing countless courses, symposiums, seminars and workshops aimed at artists, therapists, teachers and professionals from other fields, Angel Vianna was active throughout her career as a pedagogue, having taught regularly as part of multiple and diverse courses, including music therapy and rehabilitation medicine. In 2003, she was honored with a recognised erudition title by the Federal University of Bahia[2], in recognition of her work in the areas of movement awareness, kinesiology and dance. Among many honors, distinctions and awards she was awarded the Order of Cultural Merit Medal, granted by the Presidency of the Republic of Brazil, on two occasions (Grand Cross in 1999 and Comendador in 2014); and the Cultural Pride Diploma in 2000, for her importance to the cultural life of the City of Rio de Janeiro.

Awareness of movement

This work, initially called body expression, was later called awareness of movement, since the term body expression would not give the exact precise extent of its meaning. Expressing, says Angel, is an act inherent to any human being, from birth to death. In the case of actors and dancers, people who use expression as a vehicle for their art, it was necessary to define this work in a clearer and more objective way. The body has a very sharp, very present memory, it records everything that happens in the individual's life and that record remains forever (Ramos, 2009: 72)[3].

---

1 "Ela abriu centros de pesquisas exatamente para que ali pudesse fazer emergir ideia, trocas, estudos, sem o propósito de fixar uma técnica, mas sim incentivar a pesquisa prática e teórica. Seu trabalho de transformação pela consciência corporal é um processo, muito mais que uma técnica propriamente dita" (Teixeira, 2009: 39-40).
2 Recognised erudition is an honorific academic title similar to Honoris Causa PhD in Brazilian universities.
3 "Este trabalho, inicialmente chamado de expressão corporal, recebeu posteriormente o nome de conscientização do movimento uma vez que o termo expressão corporal não daria a dimensão exata da sua extensão. Expressar, diz Angel, é um ato inerente a qualquer ser humano, do nascimento à morte. Em se tratando de atores e bailarinos, pessoas que usam a expressão como veículo de sua arte, era necessário definir esse trabalho de um modo mais claro e objetivo. O corpo tem uma memória muito aguçada, muito presente, registra tudo que acontece na vida do indivíduo e esse registro permanece para sempre" (Ramos, 2009: 72).

Gradually, by incorporating the notion of game as a tool for both expression and perception, Angel Vianna reinforced creative freedom as a basic principle of her self-knowledge principles. This approach allows every individual to be aware of themselves, to act creatively and finally, to dance. In her classes, diverse body types were welcome: athletic bodies, dancers, disabled people, injured people, people from a wide range of professions and social classes. At any level of learning, the classes were based mainly on contact with the ground, meaning the recognition of the body's support from the ground, recognition of the weight and the direction of the bones, alongside an awareness of the joints. The games – the last step – acted as the individual's individual laboratory, and aimed to be a source of joy through researching movement, individually or in groups.

Angel's work can be framed within what has come to be known in the West as Somatic Education, a broad term that encompasses a diversity of techniques and methods of studies of and about movement through conscious perception.

In the 1970s Hanna coined the term 'somatics' to describe and unify these processes under one rubric. Philosophers and scholars in the late twentieth century helped to forge the new field of Somatic Education. [...] In 2004, identified that there are three branches of the somatic world – *somatic psychology, somatic bodywork*, and *somatic movement* [...] I contend that dance professionals have especially driven the development of *somatic movement* and the field of Somatic Movement Education and Therapy (SME&T). SME&T involves 'listening to the body' and responding to these sensations by consciously altering movement habits and movement choices [...].

Professional practitioners of somatic movement disciplines use a variety of skills and tools, including diverse qualities of touch, empathic verbal exchange, and both subtle and complex movement experiences. This triune process helps a person discover the natural movement or flow of life activity within the body. If a student or client is uncomfortable with any of these modalities the practitioner will adjust the tools being used, as somatic work is, by definition, a creative interplay. The goal of the somatic movement professional is to heighten both sensory and motor awareness to facilitate a student-client's own self-organization, self-healing, or self-knowing. Movement includes the subtler movements of the breath, the voice, the face, and the postural muscles, as well as any large movement task, event, or expression. Somatic lessons often use touch to amplify sensory experience through the skin, the body's largest organ, and therefore more quickly awaken awareness (Eddy, 2009: 7-8).

Somatic Education principles, as explained here by Martha Eddy, are close enough to Angel Vianna's to classify her approach as somatic. As we have seen, her method arises from continued studies in anatomy, kinesiology and physiology, mixed with cultural and aesthetic studies, from the 1960s onwards. Although it is not easy to summarize her work, Suzana Saldanha tried to do this in a short list (with all the problems resulting from such a synthesis), drawing on Angel Vianna's own words:

> 1. The first thing is observation. The visualization, the memorization of the self, the other, the space (environment).
>
> 2. Then there is [floor] support ("at the beginning I put a lot of emphasis on the support", says Angel).
>
> a. The [forms of] support: hard (bones), soft (tissues), without support
>
> b. Support awareness
>
> c. On the floor
>
> d. On one's feet
>
> e. In daily life
>
> 3. Attention – being in the here, in the now, in the present and awake. Alive.
>
> 4. The joints – explore them. Expand spaces through aware of the hinges. Research the movements of everyday life.
>
> 5. Time – the time of each student. It is very important to respect the student's rhythm. The beginning, the development and the end of each one.
>
> 6. The five senses – working with a focus on the senses, awakening the senses in students. Seeing and listening are very important, fundamental for the actors, the dancers on the stage.
>
> 7. Three-dimensionality – works with the front, side and back. It is present in all of us, but it is the children who know them well when they spin.

8. Body awareness – it is important that the student is aware of his body, to be able to "dialogue with the other" (Saldanha, 2009: 22)[1].

A wide range of institutions ended up channeling Angel Vianna's approach:

> This process of raising awareness of the movement was extended to several other target groups. Initially, actors were really its target audience. However, with the spread of Angel Vianna's work, an ever-growing range of institutions began to request her courses and lectures. Her work was quickly extended to professionals in the fields of education, psychology and various forms of therapy. Public institutions and the Departments of Education and Culture in the cities of Rio de Janeiro, Cuiabá, Salvador and Macapá, music schools, theater research groups, art schools, colleges (undergraduate and graduate courses), therapy and recovery centers and so many others have introduced movement awareness into their curricula (Ramos, 2009: 76)[2].

---

[1] "1. A primeira coisa é a observação. A visualização, a memorização do eu, do outro, do espaço (ambiente).
2. Depois vêm os apoios ("no início dou muita ênfase nos apoios")
a. Apoios: duros, moles, sem apoio.
b. A consciência dos apoios:
c. no chão
d. nos pés
e. nos ísquios
f. os apoios do corpo no cotidiano
3. A atenção – estar no aqui, no agora, no presente e acordado. Vivo.
4. As articulações – explorá-las. Expandir os espaços as dobras. Pesquisar os movimentos do cotidiano."
5. O tempo – o tempo de cada aluno. É muito importante respeitar o tempo do aluno. O início, o desenvolvimento e o fim de cada um.
6. Os cinco sentidos – trabalhar com foco nos sentidos, despertar os sentidos nos alunos. O ver e o ouvir são importantíssimos, fundamentais para os atores, os bailarinos em cena.
7. A tridimensionalidade – trabalha com a frente, o lado e atrás. É presente em todos nós, mas quem conhece bem são as crianças quando giram.
8. A consciência corporal – é importante que o aluno tenha consciência do seu corpo, para poder "dialogar com o outro" (Saldanha, 2009: 22).
[2] "Este processo de conscientização do movimento se estendeu a vários outros segmentos. Inicialmente, eram realmente os atores seu público-alvo. Entretanto, com a divulgação do trabalho de Angel Vianna, uma gama sempre crescente de

Still, it is in the dance environment of Rio de Janeiro and Brazil more largely that Angel Vianna's school established itself as a creative breeding ground for dozens of choreographers, including some of the most important in the country today. Her school is still now known as "the barn of new choreographers." When she didn't act as a teacher or a direct interlocutor, Angel Vianna was at least widely considered a strong influence for the dance world in Brazil, a significant figure in the development of a somatic and liberating approach to the movement that never let itself become set in stone, as it was constantly stimulated by the incorporation of knowledge brought by students, collaborators and partners.

The term 'maieutics' refers to the act of the midwife, a mother's profession, bringing a life (or knowledge) into being. In Socratic maieutics, the teacher uses questions to get the student to answer using his own knowledge. Angel and Klauss made their instructions a maieutic pedagogy, leading each one to find their answer in their body. The fact that consciousness is understood by them as a process of self-reflection attests to this approach (Katz, 2009: 32).[1]

The thinking of Joana Ribeiro, a dancer and dance teacher at Universidade Federal do Estado do Rio de Janeiro (UNIRIO) who has researched the Vianna family's work, is similar when she writes:

> The Angel Vianna School dates back to the beginning of Brazilian modern dance research, crossed the history of theater and intervened in the fields of health and education, generating a pioneering social inclusion and recovery project in Brazil.

---

instituições começou a solicitar seus cursos e palestras. Sua atuação foi se estendendo rapidamente a profissionais das áreas de educação, psicologia e a terapeutas de várias linhas de atuação. Instituições públicas como Senac do Rio de Janeiro, as secretarias de educação e cultura do Rio de Janeiro, Cuiabá, Salvador e Macapá, escolas de música, grupos de pesquisa em teatro, escolas de arte, faculdades (cursos de graduação e de pós-graduação), centros de terapia e recuperação e tantos outros introduziram a conscientização do movimento em seus currículos." (Ramos, 2009: 76)

1 "O termo 'maiêutica' se refere ao ato da parteira, profissão de sua mãe, trazer uma vida (ou o conhecimento) à luz. Na maiêutica socrática, o professor se utiliza de perguntas para levar o aluno a responder utilizando seus próprios conhecimentos. Angel e Klauss fizeram das suas instruções uma pedagogia maiêutica, levando cada um a encontrar a sua resposta no seu corpo. O fato da consciência ser por eles entendida como um processo de autorreflexão atesta essa aproximação" (Katz, 2009: 32).

> Drawing a parallel between Brazil and foreign countries such as France and the United States, the importance of the Vianna couple could be enhanced by analyzing the trajectories of other pioneers, such as choreographer Anna Halprin in the United States or the modern dancer duo Françoise and Dominique Dupuy in France. Masters that, through their experiences, traced countless lines that make up the history of dance, spreading it among multiple directions, like a 'rhizomatic' net (Tavares, 2019: 7)[1].

Although Angel Vianna has been moved throughout her life by the difficulty of making and putting her discoveries into practice, according to Leticia Teixeira,

> In the course of her trajectory she was never concerned with registering her discoveries, with formalizing her technique or system by writing down her methodology. What she did over the years was to keep the Viannas' records (hers, Klauss's and her son Rainer's): reviews of the works, interviews, articles, ballet and theater programs, their thoughts, school records, theses about her work and an arsenal of photos, over a period that stretches from 1948 to the present day (Teixeira, 2009: 39)[2].

It was only from the 1990s onwards that the works written by former students, colleagues and researchers began to emerge, trying to

---

[1] "A Escola Angel Vianna data do início da pesquisa em dança moderna brasileira, atravessou a história do teatro e intervém no domínio da saúde e da educação, gerando um projeto de inclusão e recuperação social pioneiro no Brasil. Fazendo um paralelo entre o Brasil e alguns países estrangeiros, como França e Estados Unidos, poderíamos redimensionar a importância dos Vianna, se analisássemos as trajetórias de outros pioneiros tais como a coreógrafa Anna Halprin nos Estados Unidos, ou ainda o casal de bailarinos modernos Françoise e Dominique Dupuy, na França. Mestres que traçaram através de suas vivências e experiências, inúmeras linhas que compõem a história da dança, propagando-a entre múltiplas direções, tal qual uma rede 'rizomática'" (Tavares, 2009: 7).

[2] "No decorrer de sua trajetória nunca se preocupou em registrar suas descobertas, de formalizar pela escrita sua técnica ou seu sistema ou a sua metodologia de trabalho. O que fez ao longo dos anos foi conservar o registro dos Vianna (os dela, de Klauss e Rainer): resenhas dos trabalhos, entrevistas, artigos, programa de balé e teatro, seus pensamentos, registros de suas escolas, as teses sobre o seu trabalho e um arsenal de fotos; num período que vai de 1948 até os dias de hoje" (Teixeira, 2009: 39).

give an account of her biography and thoughts. In 1990 Klauss Vianna published *A dança* [*The dance*] (1990), his only book about his approach of dance and pedagogy, formulated during his years with Angel Vianna. In 1998, her former pupil Leticia Teixeira published a book based on her Master's dissertation (completed in 1995 at the Brazilian Institute of Rehabilitation Medicine), *Conscientização do Movimento – uma prática corporal* [*Awareness of Movement, a body practice*] (1998) – arguably the the first attempt to put Angel Vianna's work into words. In the early 2000s, I organized, with my colleagues Julieta Calazans and Simone Gomes, the first collection of articles by teachers, researchers and former pupils from her school, in order to build the theoretical body of work which arises from practice (Calazans, Castilho *et al.*, 2003). Enamar Ramos (2007) also published her doctorate thesis about Angel Vianna and since then many others have taken Angel Vianna as a source for their research. This paper is yet another contribution toward decentering the map of Western dance theory towards Latin America, and adding to it the aesthetic, professional and pedagogical contribution of this Brazilian, South American woman of Lebanese family; like the whole Brazilian population, she is the fruit of cultural legacies as diverse as those of European, African and pre-colonial Brazilian people.

Here I wished to claim this history of Brazilian bodies, far from known clichés about Brazilianness and Latin cultures. In a country of continental proportions like Brazil, there are several possible bodily histories: that of native people, that of Africans descendants, that of European colonizers, that of urban populations, of rural populations, of popular dances, of contemporary dances. A decentralized, decolonized look needs to take into account the specifics of this diversity, because each matrix represents a lineage of movement.

For the sake of a similar form of decentering, in this article I have primarily referred to titles in Portuguese, in order to contribute to the advancement of dance studies published in this language.

Angel Vianna is a central name in the history of contemporary Brazilian dance, but through her I also pay tribute to dozens of other dancers and pedagogues who have dedicated their lives to maintaining traditions or inspiring new proposals for movement and freedom [Fig. 2].

Fig 2: Angel Vianna, photo Mauricio Maia

Bibliography

Almeida Ronaldo de, 2017, "A onda quebrada – evangélicos e conservadorismo" ["The broken wave: evangelicals and conservantism"], *Cadernos Pagu*, n° 50, Campinas, UNICAMP.

Almeida Silvio, 2019, *Racismo estrutural*, São Paulo, Pólen.

Araújo Ana Valeria, Carvalho Joênia Batista *et al.*, 2006, *Povos Indígenas e a lei dos "brancos": o direito à diferença*, Brasília, MEC/UNESCO.

Calazans Julieta, Castilho Jacyan *et al.*, 2003, *Dança e educação em movimento*, São Paulo, Cortez.

Eddy Martha, 2009, "A Brief History of Somatic Practices and Dance: Historical Development of the Field of Somatic Education and its Relationship to Dance," *Journal of Dance & Somatic Practices*, vol. 1, June.

Freire Ana Vitória Silva, 2018, "Angel Vianna: da expressão corporal aos jogos corporais e à conscientização do movimento na dança contemporânea," *Repertório*, Salvador, year 21, n° 31: 214-235.

Katz Helena, 2009, "Método e técnica, faces complementares do aprendizado em dança," *in* Saldanha Suzana (dir.), 2009, *Angel Vianna – sistema, método ou técnica?*, Rio de Janeiro, Funarte: 26-32.

Polo Juliana, 2009, "Técnica Angel Vianna e técnica Klauss Vianna: existem realmente duas técnicas?," *in* Saldanha Suzana (dir.), 2009, *Angel Vianna – sistema, método ou técnica?*, Rio de Janeiro, Funarte.

Ramos Enamar, 2007, *Angel Vianna a pedagoga do corpo*, São Paulo, Summus.

Ramos Enamar, 2009, "Angel Vianna e o teatro," in Saldanha Suzana (dir.), 2009, *Angel Vianna – sistema, método ou técnica?*, Rio de Janeiro, Funarte: 67-76.

Rocha Cláudia Hilsdorf, 2020, "Escute com seu corpo: o potencial subversivo do afeto em tempos sombrios," *Revista X*, vol. 15, n° 4, Curitiba, Universidade Federal do Paraná: 115-125.

Saldanha Suzana (dir.), 2009, *Angel Vianna – sistema, método ou técnica?*, Rio de Janeiro, Funarte.

Tavares, Joana Ribeiro da Silva, 2009, "Escola Angel Vianna – uma escola 'em movimento'," *O Percevejo* online, vol. 1, n° 2, December, http://www.seer.unirio.br/opercevejoonline/article/ view/593/584

Teixeira Letícia, 1998, *Conscientização do Movimento – uma prática corporal*, São Paulo, Caioá.

Teixeira Letícia, 2009, "Trago na memória corporal o que Angel me favoreceu," *in* Saldanha Suzana (dir), 2009, *Angel Vianna – sistema, método ou técnica?*, Rio de Janeiro, Funarte.

Vianna Klauss, 1990, *A dança*, São Paulo, Siciliano.

Biographies des autrices et auteurs

Chloé d'Arcy
Chloé d'Arcy est diplômée de Sciences Po Paris (2017). Elle a soutenu un mémoire consacré au vedettariat de la ballerine Marie Taglioni (dirigé par Jean-François Sirinelli) qui a obtenu une mention spéciale du prix Mnémosyne 2018 : *Marie Taglioni, étoile du ballet romantique*, a été publié (Presses Universitaires de Bordeaux, 2022). Doctorante contractuelle à l'EPHE-PSL au sein du laboratoire Saprat, Chloé d'Arcy prépare une thèse d'histoire culturelle et sociale consacrée aux bals et aux spectacles organisés dans les stations thermales et balnéaires entre 1816 et 1872, sous la direction de Jean-Claude Yon. Elle est aussi l'autrice d'un article intitulé « Emma Livry brûlée à l'Opéra, un événement médiatique et judiciaire (1862-1875) » (*Romantisme*, n° 193, 2021-3). Après avoir été formée aux RIDC, elle a obtenu le Diplôme d'État de professeure de danse contemporaine (2022).

Michel Briand
Michel Briand est helléniste, professeur émérite, Université de Poitiers, UR 15076 FoReLLIS. Thèmes de recherche : poésie (Pindare, Sappho) et fiction narrative grecques (roman, Philostrate, Lucien) ; poésie/fiction, texte/image, esthétique/politique, identités/altérités, corps, genre, danse dans l'Antiquité et sa rémanence moderne ; réception *pop* et *queer* des cultures classiques, pratiques non professionnelles dans les arts du corps et artivismes contemporains ; écart, décentrement, anachronisme.

Jacyan Castilho
Jacyan Castilho, born in Rio de Janeiro, Brazil, is Associate Professor at the Federal University of Rio de Janeiro (UFRJ, Brazil),

and received a postdoctoral fellowship from CAPES (Brazil)/ Alexander von Humboldt Foundation/Stiftung (Germany) at Justus-Liebig Universität (Gießen, Germany) in 2021-2022. She holds a PhD in Performance Art (UFBA, Brazil) and M.A. in Theatre Studies (UniRio, Brazil). She graduated with a Professional Qualification in Contemporary Dance from the Angel Vianna School and Faculty. She has been an actress, dancer, choreographer and theatre director since the 1990s, working in the cities of Rio de Janeiro, Salvador, São Paulo and Porto Alegre (Brazil). Her main publications are: *Ritmo e dinâmica na encenação teatral* [*Rhythm and dynamics in staging*], São Paulo, Perspectiva (2003); *Dança e educação em movimento* [*Dance and education in movement*], São Paulo, Cortêz (dir. Calazans Julieta, Castilho, Jacyan & Gomes Simone, 2008).

Collectif Entre-Lignes
Le Collectif Entre-Lignes est composé d'artistes aux parcours très divers, tous issus de la formation en Notation du Mouvement Benesh dispensée au CNSMD de Paris. Créé d'abord comme un espace de travail, d'échange et de recherche, le collectif cherche à valoriser les atouts que ce système apporte à l'univers chorégraphique. Il propose des stages, des initiations et un espace de création artistique pour les projets « d'après partition ». Signent cette communication : Johanna Classe, Cindy Clech, Laurianne Faure, Gustavo Long, Helena Van Riemsdijk, Angela Vanoni.

Ann Dils
Ann Dils is a dance studies scholar with interests in movement analysis, feminist theory and research methods, and cultural studies. She is working on a collection of essays about vernacular dance in New York City in the 1930s. Dils is the author of numerous articles in journals and edited collections. Additional works include, with Ann Cooper Albright, *Moving History/ Dancing Cultures: A Dance History Reader* (2001) and Accelerated Motion: Towards a New Dance Literacy, a National Endowment for the Arts-funded digital collection of materials about dance. Dils is Professor and former Chair of the Department of Dance at the University of North Carolina at Charlotte. She served the former Congress on Research in Dance (CORD) as editor of *Dance Research Journal* and president of CORD's board of directors.

Elie Goldschmidt

Professeur de philosophie (titulaire d'un DEA d'esthétique sur « la formalisation de la danse par l'image cinématographique et vidéo », Paris 1) et anthropologue (études doctorales à l'EHESS et à l'Université de Chicago). Formé à la danse contemporaine (stagiaire du GRTOP sous la direction de Carolyn Carlson et au CNDC d'Angers sous la direction d'Alwin Nikolais), ses travaux de recherche, publications, productions filmiques et réalisations d'événements portent principalement sur la danse contemporaine, l'anthropologie des cultures diasporiques et de la migration, et le pragmatisme philosophique.

Guilherme Hinz

Guilherme Hinz est doctorant en danse à l'Université Paris 8, sous la direction d'Isabelle Launay et de Silvia Soter. Diplômé en théâtre à l'Université fédérale de l'État de Rio de Janeiro (UNIRIO) et en danse à la Faculdade Angel Vianna, à Rio de Janeiro, il poursuit depuis 2016 ses études au département Danse de Paris 8. Après un mémoire consacré à l'étude de la période de transition de Rudolf Laban de l'Allemagne vers l'Angleterre, il prépare une thèse sur la réception de la pensée labanienne au Brésil au prisme des circulations et des processus de transmission des savoirs en danse. Il est membre de l'équipe « Danse, geste et corporéité » du laboratoire Musidanse.

Maëva Lamolière

Maëva Lamolière est chercheuse en danse, pédagogue et artiste chorégraphique. Formée à la danse contemporaine au conservatoire de La Roche-sur-Yon puis au Trinity Laban Conservatoire de Londres, elle obtient ensuite son Diplôme d'État de professeure de danse contemporaine en 2017. Maëva a soutenu une thèse de doctorat en danse au sein de l'Université Paris 8 sous la codirection d'Isabelle Launay et Sylviane Pagès. Entre histoire, esthétique et études de genre, sa recherche porte sur la danseuse et chorégraphe de danse butô, Carlotta Ikeda. Elle est actuellement chargée de cours au département danse de Lille, au sein de la licence arts du spectacle de l'Université catholique d'Angers et au Conservatoire national supérieur de musique et de danse de Paris.

En parallèle, Maëva poursuit une activité chorégraphique et diffuse depuis 2021 son projet de conférence-dansée *Looking for Carlotta*.

Elle enseigne également la danse butô, la danse contemporaine et la culture chorégraphique auprès de différents publics.

Madison Mainwaring

Madison Mainwaring is an Assistant Professor of French and Francophone Studies at the University of Notre Dame in the U.S. Her academic research focuses on femininity and performance in nineteenth-and twentieth-century French and Francophone contexts. In her dissertation, *Reclaiming the Silences of Dance: Women and Ballet in Nineteenth-century France*, she interrogates the archetype of the ballerina as muse to the male writer/artist, finding women's perspectives that have been written out of the historical record. Mainwaring has been the recipient of the Marguerite Peyre Prize (Yale University), the Naomi Schor Memorial Award (*Nineteenth-Century French Studies*), the Mary Isabel Sibley Fellowship (Phi Beta Kappa), a MacDowell Fellowship, and the Chateaubriand. She has academic articles published or forthcoming in *Theatre, Performance Research*, and *Nineteenth-Century French Studies*. She is also writing a feminist reconsideration of French New Wave cinema, under contract with PublicAffairs.

Tatiana Nikitina

Tatiana Nikitina est chercheuse associée au laboratoire 4593 CLARE (Cultures, Littératures, Arts, Représentations, Esthétique) à l'Université Bordeaux Montaigne où elle a soutenu sa thèse de doctorat en 2018. Le résumé de sa thèse *Le Ballet « russe » de Marius Petipa : un exemple d'hybridation culturelle* a été publié dans la revue *Slavica Occitania*, n° 55, en 2022.

Ses recherches sont fondées sur le principe d'une méthodologie plurielle et interdisciplinaire, étendue entre les études littéraires, l'histoire de la danse et l'histoire culturelle. En 2019-2021, Tatiana a donné des cours d'histoire et de culture russes à l'Université Jean Jaurès. Elle a également écrit et animé un cours-atelier « Le ballet russe : exemples de transferts culturels entre la Russie et la France au XIXe siècle ».

Mélanie Papin

Mélanie Papin est maitresse de conférences à l'Université de Bretagne Occidentale (UBO, Brest). Membre du laboratoire Héritage et Création dans le Texte et l'Image (HCTI – UR 4249), elle s'associe également aux travaux de l'équipe Danse, Geste et Corporéité (UR Musidanse, Université Paris 8). Ses recherches portant sur l'émergence du champ chorégraphique contemporain en France interrogent l'historiographie en danse en croisant pratiques sociales et artistiques des danseurs.

Elle a codirigé avec Isabelle Launay, Sylviane Pagès et Guillaume Sintès *Danser en 68, perspectives internationales*, paru en 2018 aux éditions Deuxième Époque, et a co-écrit avec la chorégraphe et pédagogue Christine Gérard *Une parole libre en danse*, publié aux éditions Ressouvenances en 2021. L'ouvrage issu de sa thèse soutenue en 2017 paraîtra aux éditions Horizons d'attente sous le titre *Histoire collective de la danse contemporaine en France. 1950-1980 en passant par le moment 68*.

Madeleine Planeix-Crocker

Madeleine Planeix-Crocker est une chercheuse, enseignante et curatrice. Elle pratique la danse et le théâtre depuis l'enfance. Diplômée de Princeton University en études culturelles, elle a obtenu un Master spécialisé en Médias, Art et Création de HEC Paris et un Master 2 à l'EHESS. Elle y a porté un projet de recherche-création avec l'association Women Safe, où elle mène désormais un atelier de théâtre et d'écriture créative. Madeleine Planeix-Crocker poursuit actuellement une thèse à l'EHESS (CRAL) autour des modalités du faire-ensemble en performance contemporaine en France. Elle est également co-directrice de la Chaire Troubles, alliances et esthétiques aux Beaux-Arts de Paris. Depuis 2018, elle est curatrice associée à Lafayette Anticipations. En 2023, elle est commissaire de l'exposition collective *Scabs* tenue aux Mécènes du Sud, Montpellier.

Table des matières

Remerciements 7

Vers une histoire décentrée de la danse 9
Laura Cappelle, Elizabeth Claire, Marie-Helene Delavaud-Roux, Mariem Guellouz, Florence Poudru et Aude Thuries

Présentation du volume : Méthodes en mouvement 21
Marie-Helene Delavaud-Roux, Florence Poudru et Aude Thuries

Partie 1
Voir, pratiquer et noter la danse

La circulation et la réception des danseurs français en Russie dans la première moitié du XIXe siècle 29
Tatiana Nikitina

Bienfaits des eaux, plaisirs de la danse : organiser des bals dans les stations thermales et balnéaires au XIXe siècle. Aperçu de recherches 41
Chloe d'Arcy

Retour sur la construction d'une tradition labanienne au Brésil 55
Guilherme Hinz

Partitions chorégraphiques : sources premières et auto-suffisantes d'analyse et de transmission ? 69
COLLECTIF ENTRE-LIGNES

Partie 2
Métamorphoses et genre dans la danse

Dancing in Pants: Drag and Agency at the Paris Opera, 1858-1889 93
MADISON MAINWARING

Regarder danser Carlotta Ikeda : de la scène cabaret à la scène butô, regards croisés entre la France et le Japon 113
MAËVA LAMOLIERE

Des décentreurs de danse : Lucien de Samosate, le butō et les dionysiaques d'aujourd'hui... 127
MICHEL BRIAND

Partie 3
Transferts culturels de la danse
en France et aux Amériques
(XXe-XXIe siècle)

De la notion de « forces discrètes » : tentative pour une histoire des danseurs 147
MELANIE PAPIN

***Stay (Dis)Connected* : décentrements et rapprochements dans la performance en commun. Le cas des *Jam Sessions* au Centquatre**
.... 165
MADELEINE PLANEIX-CROCKER

Décentrement et décentralisation dans l'œuvre du chorégraphe Alwin Nikolais et de quelques autres de ses contemporains....... 181
ELIE GOLDSCHMIDT

Mapping Manhattan: Performance in Depression-era Chinatown 197
ANN DILS

Angel Vianna, a Brazilian Pioneer in Somatic Dance 221
JACYAN CASTILHO

Biographies des autrices et auteurs 239

Structures éditoriales du groupe L'Harmattan

L'Harmattan Italie
Via degli Artisti, 15
10124 Torino
harmattan.italia@gmail.com

L'Harmattan Hongrie
Kossuth l. u. 14-16.
1053 Budapest
harmattan@harmattan.hu

L'Harmattan Sénégal
10 VDN en face Mermoz
BP 45034 Dakar-Fann
senharmattan@gmail.com

L'Harmattan Congo
219, avenue Nelson Mandela
BP 2874 Brazzaville
harmattan.congo@yahoo.fr

L'Harmattan Cameroun
TSINGA/FECAFOOT
BP 11486 Yaoundé
inkoukam@gmail.com

L'Harmattan Mali
ACI 2000 - Immeuble Mgr Jean Marie Cisse
Bureau 10
BP 145 Bamako-Mali
mali@harmattan.fr

L'Harmattan Burkina Faso
Achille Somé – tengnule@hotmail.fr

L'Harmattan Togo
Djidjole – Lomé
Maison Amela
face EPP BATOME
ddamela@aol.com

L'Harmattan Guinée
Almamya, rue KA 028 OKB Agency
BP 3470 Conakry
harmattanguinee@yahoo.fr

L'Harmattan Côte d'Ivoire
Résidence Karl – Cité des Arts
Abidjan-Cocody
03 BP 1588 Abidjan
espace_harmattan.ci@hotmail.fr

L'Harmattan RDC
185, avenue Nyangwe
Commune de Lingwala – Kinshasa
matangilamusadila@yahoo.fr

Nos librairies en France

Librairie internationale
16, rue des Écoles
75005 Paris
librairie.internationale@harmattan.fr
01 40 46 79 11
www.librairieharmattan.com

Librairie des savoirs
21, rue des Écoles
75005 Paris
librairie.sh@harmattan.fr
01 46 34 13 71
www.librairieharmattansh.com

Librairie Le Lucernaire
53, rue Notre-Dame-des-Champs
75006 Paris
librairie@lucernaire.fr
01 42 22 67 13